Friedrich Ludwig von Kleinwächter

Die Kartelle

Ein Beitrag zur Frage der Organisation der Volkswirtschaft

Friedrich Ludwig von Kleinwächter

Die Kartelle
Ein Beitrag zur Frage der Organisation der Volkswirtschaft

ISBN/EAN: 9783743642188

Hergestellt in Europa, USA, Kanada, Australien, Japan

Cover: Foto ©Suzi / pixelio.de

Weitere Bücher finden Sie auf **www.hansebooks.com**

DIE KARTELLE.

EIN BEITRAG ZUR FRAGE

DER

ORGANISATION DER VOLKSWIRTHSCHAFT.

VON

DR. JUR. FRIEDRICH KLEINWÄCHTER,

K. K. REG.-RATH UND O. Ö. PROF. DER STAATSWISSENSCHAFTEN AN DER
FRANZ-JOSEFS-UNIVERSITÄT CZERNOWITZ.

———— ❦ ————

INNSBRUCK,

VERLAG DER WAGNER'SCHEN UNIVERSITAETS-BUCHHANDLUNG.

1883.

DRUCK DER WAGNER'SCHEN UNIVERSITAETS-BUCHDRUCKEREI.

Vorwort.

Die Vorrede zu einem Buche soll den Leser über die Entstehung desselben und seine Ziele orientiren. Dieser Sitte folgend will ich hier berichten, wie die vorliegende Schrift entstand und welche Grundgedanken mir bei ihrer Abfassung vorschwebten. Zunächst also einige Worte über die Beschaffung des Materials:

Die bisherige volkswirthschaftliche Literatur enthält meines Wissens nichts über Kartelle. Es blieb mir daher, wenn ich mich über diese interessante Erscheinung des heutigen Wirthschaftslebens belehren wollte, kein anderer Ausweg, als mich direkt mit Fragen an die betheiligten Kreise zu wenden. Indess war schon dies mit einigen Schwierigkeiten verbunden. Eine Studienreise zu diesem Behufe anzutreten, war mir nicht möglich; Czernowitz und die Bukowina besitzen so gut wie gar keine Grossindustrie, hier zu Lande konnte ich somit keine Daten sammeln und war demgemäss ausschliesslich auf die briefliche Korrespondenz angewiesen. Nun stand ich aber vor der weiteren Frage, an Wen ich schreiben solle, denn ich wusste nicht mehr, als dass Kartelle existiren, wusste aber weder die Namen noch den Standort der einzelnen Kartelle, noch kannte ich die Personen, die an den Kartellen irgendwie betheiligt sind. Es blieb mir daher nichts übrig als mich zunächst an einzelne mir bekannte Grossindustrielle, Kaufleute und Schriftsteller im Westen, in Deutschland und Oesterreich brieflich zu wenden und dieselben nicht nur um Mittheilungen über ihnen etwa bekannte Kartelle; sondern namentlich auch um die Adressen von solchen Personen zu bitten, die mir weitere Auskünfte über die in Rede stehende Frage geben konnten. Die Zahl der Briefe, die ich auf diese Weise in die Welt hinaussandte, war keine geringe, und ich muss dankend hervorheben, dass meine Anfragen fast durchgehends in der freundlichsten Weise und ausführlich beantwortet wurden. Allein so ganz unumwunden waren die Antworten doch nicht in allen Fällen. Die Kartelle werden begreiflicher Weise von den betheiligten Kreisen zumeist ziemlich geheim gehalten, überdies finde ich es selbstverständlich, dass nicht Jeder, an den ich schrieb, geneigt war einem ihm ganz unbekannten Menschen alle erdenklichen Details ohne weiteres mitzutheilen. Wo ich daher an Personen geschrieben hatte, die irgendwie an einem Kartell betheiligt sind, war die Mittheilung über das eigene Kartell in der Regel nur allgemein gehalten und nur von der Leitung eines einzigen Kartells wurden mir in liberalster Weise detaillirte Auskünfte ertheilt, allerdings mit der Bitte, die mitgetheilten Daten in diskreter Weise zu benutzen und zu veröffentlichen. Ganz unumwundene Mittheilungen und Meinungsäusserungen kamen mir nur von Personen zu, die den Kartellen ganz unbetheiligt gegenüberstehen.

Unter solchen Umständen ist es allerdings nicht ganz unbedenklich, wenn ich es unternehme über Kartelle zu schreiben, indess war für mich die nachstehende Erwägung massgebend. Zunächst der schon erwähnte Umstand, dass die Kartelle in der bisherigen volkswirthschaftlichen Literatur eine terra incognita sind, es dürfte daher das Wenige, das ich über dieselben zu bringen vermag, manchem meiner Leser nicht ganz unwillkommen sein — ist es doch immerhin mehr als Nichts. Sodann glaube ich, dass die Details, die mir verschwiegen wurden, bis zu einem gewissen Grade für die Wissenschaft ziemlich gleichgitig sein dürften. Ob das Eisenwerk X oder Y diesem oder jenem Kartell angehört, ob es jährlich so viel oder so viel Tausend Zentner Eisen oder Eisenwaare erzeugen darf, ob die kartellirten Werke den Preis des Eisens unter diesen oder jenen Umständen um so viel Kreuzer oder Pfennige erhöhen oder herabsetzen, und was dergleichen Einzelnheiten mehr sind, schien mir ziemlich unwesentlich. Endlich darf ich vielleicht so unbescheiden sein anzunehmen, dass die vorliegende Schrift, welche die Frage der Kartelle in unsere Wissenschaft so zu sagen einführt, den Einen oder den Anderen anregen wird, seine Aufmerksamkeit dieser interessanten Erscheinung zuzuwenden und mehr über die Kartelle zur Kenntnis des Publikums zu bringen als ich es vermochte.

Was sodann die Behandlung des Materials anbelangt, so schien es mir dem Karakter einer wissenschaftlichen Arbeit wenig zu entsprechen, wenn ich mich darauf beschränkt hätte, die Kartelle — so weit sie mir bekannt geworden — einfach zu beschreiben. Es schien mir nicht nur zulässig, sondern geradezu geboten zu untersuchen, welche Bedeutung den Kartellen, vom Standpunkte der Volkswirthschaft betrachtet, beizumessen ist. Hiezu kam noch ein anderer Gedanke. Das längere und eingehende Studium der sozialistischen Literatur hat in mir die Ueberzeugung

gefestigt, dass der Sozialismus im Irrthum befangen ist,
wenn er die soziale Frage als eine Frage der Eigenthumsverfassung auffasst. Meines Erachtens ist die Ursache der
unläugbar vorhandenen sozialen Uebelstände, unter denen
wir heute schwer leiden, weit weniger in der Institution
des privaten Eigenthums als in dem Mangel einer entsprechenden Organisation der Volkswirthschaft — in dem anarchischen Zustande unserer Volkswirthschaft — zu suchen,
eine Besserung unserer Zustände daher nicht so sehr von
der Einführung des Kollektiveigenthums als vielmehr von
einer Regelung der Volkswirthschaft, von der Anpassung
speziell der industriellen Produktion an den jährlichen Bedarf zu erwarten. Und ich glaube — d. h. so weit der Theoretiker, der sich sein Urtheil auf dem Wege des deduktiven
Denkens bildet, eben berechtigt ist überhaupt ein Urtheil
in derartigen Fragen zu fällen — dass die Kartelle, die ja
das Ziel verfolgen Ordnung in das Chaos zu bringen und
die Produktion dem Bedarfe anzupassen, berufen sein könnten
für die Gegenwart und nächste Zukunft Dasjenige zu werden, was die mittelalterlichen Zünfte für ihre Zeit waren.

Dass es ein gewagtes Beginnen ist ein Bild der künftigen oder der wünschenswerthen Organisation der Volkswirthschaft zu entwerfen, dass man nur zu sehr geneigt ist
einem derartigen Zukunftsbilde den Einwand entgegenzu-
halten: „Es ist eine Utopie mehr und die Zukunftsträu-
mereien eines Theoretikers sind für die Praxis ganz belang-
los" — weiss ich sehr wohl. Indess möchte ich auf diesen
Einwand Zweierlei erwidern. Zunächst möchte ich hervorheben, dass ich mein Urtheil nirgends in apodiktischer,
sondern immer nur in hypothetischer Form („wenn die Prä-
missen richtig sind") abgegeben habe, dass ich daher weit

davon entfernt bin, etwa den Reformator der Volkswirthschaft spielen zu wollen. Sodann möchte ich in materieller
Beziehung daran erinnern, dass die „Utopien" und „Zukunfts-
träume" auf dem Gebiete der praktischen Nationalökonomie,
der Volkswirthschaftspflege nicht so unbedingt werthlos sind
als sie auf den ersten Blick zu sein scheinen. Sie ver-
treten nämlich auf dem Gebiete unserer Disziplin das Experiment.

Der Gesetzgeber kann nicht auf gut Glück hin expe-
rimentiren wie etwa der Techniker, der im Begriffe ist eine
neue Erfindung zu machen und der die Richtigkeit seiner
Idee erproben will. Die Gesetzgebung kann eine Reform
nur dann in Angriff nehmen, wenn die eventuellen günstigen und nachtheiligen Folgen der geplanten Massregel
vorher auf das Reiflichste erwogen wurden. — Nun diese
Arbeit besorgen Diejenigen, welche Reformpläne erörtern.
Der Eine schreibt seine Gedanken nieder und versucht sie,
so gut er kann, zu begründen. Ein Zweiter, ein Dritter
widerlegt diese Ideen oder sucht sie in seiner Weise zu
begründen oder weiter auszuführen. Auf diese Weise klären
sich die Meinungen, die möglichen Folgen einer geplanten
staatlichen Massregel werden von allen Seiten beleuchtet,
unhaltbare Gedanken werden widerlegt, die richtigen weiter
ausgebaut, mit einem Worte, es wird dem Gesetzgeber vor-
gearbeitet, der sodann auf Grund des zusammengetragenen
Gedankenmaterials weiter vorgehen kann. Wer einer derartigen Arbeit keine Berechtigung zuerkennt, muss konsequent auch die Thätigkeit aller parlamentarischen Körperschaften, alle Enquêten, kurz alle legislatorischen Vorstu-
dien und Vorarbeiten als überflüssig bezeichnen, denn alle
diese Arbeiten verfolgen keinen anderen Zweck, als die

möglichen Wirkungen eines beabsichtigten Gesetzes in voraus zu erwägen und von allen Seiten zu beleuchten.

Mehr wollen die nachfolgenden Blätter nicht sein. Sie wollen weder einen fantastischen Reformplan für unsere Volkswirthschaft entwerfen, noch beanspruchen sie den Ruhm unfehlbare Wahrheiten zu verkünden; sie wollen lediglich die Frage anregen, ob nicht durch den konsequenten Ausbau der bestehenden Ansätze zu neuen wirthschaftlichen Institutionen eine Besserung der unläugbar vorhandenen Schäden unserer Volkswirthschaft erzielt werden könnte.

Endlich möchte ich noch einen Umstand erwähnen. Die Bitte um diskrete Benutzung der mir mitgetheilten Daten über die Kartelle, die von mehreren meiner Gewährsmänner an mich gerichtet wurde, zwingt mich zu einer doppelten Reserve. Zunächst glaubte ich die Namen der einzelnen Kartelle nicht nennen zu dürfen, indess ist es ja auch hier wieder sehr gleichgiltig ob das betreffende Kartell in Westfalen oder Schlesien, in Böhmen oder in den Alpen seinen Sitz hat. Sodann nöthigt mich diese Reserve gegen die Regeln des literarischen Anstandes zu verstossen. Es ist nicht nur eine Pflicht der Höflichkeit, sondern es wäre mir Bedürfnis gewesen, allen jenen Herren, die so gütig waren meine brieflichen Anfragen zu beantworten, an dieser Stelle namentlich zu danken, so aber muss ich fürchten, dass es dem Einem oder dem Anderen unerwünscht wäre, wenn sein Name hier ausdrücklich genannt würde. Ich kann daher nicht anders als nur im Allgemeinen jedem Einzelnen herzlichsten Dank zu sagen, der so freundlich war durch seine Mittheilungen mein vorliegendes Unternehmen zu fördern.

Czernowitz, im Juni 1882.

Friedr. Kleinwächter.

I.

Die bisherige Auffassung der sozialen Frage.

Es ist eine bekannte, aber darum nicht minder beachtenswerthe Erscheinung, dass derjenige Theil der volkswirthschaftlichen Literatur, den man als sozialistische Literatur
zusammen zu fassen gewohnt ist — von verhältnismässig
wenigen Ausnahmen abgesehen — die so genannte soziale
Frage als Frage des Eigenthums-Rechtes oder der
Eigenthums-Verfassung aufgefasst hat. Schon Plato
huldigt dieser Anschauung. In seiner Schrift „über den
Staat" lässt er allerdings die Frage, wie die irdischen Güter
vertheilt sein sollen um ein Volk glücklich zu machen,
noch unerörtert, allein schon bei der Frage, wie der Stand
der „Wächter" organisirt sein soll, stösst er auf die Eigenthumsverfassung. Er will seinem Staate einen tüchtigen
Kriegerstand sichern und weil er fürchtet, dass die Krieger
(„Wächter"), wenn sie Eigenthum besitzen würden, leicht
versucht sein könnten ihre Vermögensinteressen über ihre
Standespflichten zu stellen, dass sie versucht sein könnten
lieber gute Hausverwalter oder Landwirthe zu sein statt
gute Soldaten und Gendarmen, gelangt er zu dem Resultate, dass der Staat zwar die Aufgabe habe seine „Wächter"
mit allen zum Leben nothwendigen Gütern zu versorgen,

dass dieselben aber kein Eigenthum besitzen dürfen. In seiner späteren Schrift „über die Gesetze" hat Plato seine im „Staate" ausgesprochene Ansicht allerdings wesentlich gemildert; sein Ziel ist nicht mehr die „Abschaffung" der Institution des Eigenthums, sondern die Frage der besten Vermögensvertheilung. Er will die zu grossen Vermögensunterschiede mildern, und da eine absolute Vermögensgleichheit aller Bürger — so wünschenswerth sie wäre — wenigstens vorläufig nicht durchführbar ist, so soll der Gesetzgeber vier Vermögensklassen aufstellen, von denen die unterste „die Grenze der Armuth" (modern gesprochen: das Existenzminimum), und die folgende das zwei-, drei- und vierfache derselben darstellen sollen und möge gleichzeitig dafür Sorge getragen werden, dass jeder Bürger, der auf irgend eine Weise in den Besitz eines grösseren Vermögens gelangt, den Ueberschuss an die Staatskassa abliefere. Was Plato in den „Gesetzen" verlangt, ist also eine Eigenthums-Ordnung, welche es dem Einzelnen unmöglich macht mehr als ein bestimmtes Vermögensmaximum zu besitzen.

Von hier ab — und man weiss, welchen Einfluss die Ideen Plato's auf die späteren Forscher ausübten — blieb die soziale Frage mit der Frage der Eigenthums-Verfassung fast untrennbar verbunden. Thomas Morus, der Erste, der nach Plato die Frage wieder aufgreift wie die bestehenden Uebel in der Gesellschaft zu beseitigen wären, und der uns im zweiten Buche seiner „Utopia" eine Schilderung eines glücklichen, in voller Gütergemeinschaft lebenden Volkes entwirft, rechtfertigt im ersten Buche dieses Werkes seine Ideen durch ungefähr folgenden Gedankengang: Die Güter dieser Welt sind ausserordentlich ungleich und ungerecht vertheilt; einige Wenige befinden sich im Besitze grosser Vermögen, während die Masse der Menschen schwer arbeiten muss und trotzdem in Noth und Elend lebt. Das Elend ist die Mutter aller Verbrechen, die man durch Strafen vergeblich zu bekämpfen sucht. Will man die Verbrechen beseitigen, so muss man die Ursache derselben beheben und dies ist nur möglich, wenn man die Verhältnisse radikal umgestaltet; man muss das Privateigenthum und das Geld — den letzten Grund der Vermögensungleichheiten und damit der Verbrechen — abschaffen. Und zum Beweise dafür, dass wirklich nur ein Volk, dem die Institution des Privateigenthumes und des Geldes fremd ist, glücklich sein könne, legt Morus dem vielgereisten Seefahrer Rafaël Hythlodäus die Erzählung von seiner Reise nach der Insel Utopia und die Schilderung der dort bestehenden Einrichtungen in den Mund, die den Inhalt des II. Buches dieses Werkes bilden.

Derselbe Gedanke kehrt in Doni's „I. Mondi" [1]) und in

---

[1]) Nach R. v. Mohl: „Die Geschichte der Literatur der Staatswissenschaften", I. Bd. (Erlangen, 1855) pag. 184, „Anmerkung 1" lautet der Titel des genannten Buches: „I mondi celesti, terrestri e infernali degli academici Pellegrini" (2 Quartbände, 1552 und 1553, ohne Angabe des Druckortes). Mohl sagt, dass er das Buch nicht kenne, und dass eine französische Uebersetzung desselben „im Jahre 1578 in Lyon erschienen sein soll." — Das Original war auch mir nicht zugänglich, der vollständige Titel des von mir benutzten, der k. k. Hofbibliothek in Wien gehörigen Buches lautet: „Les Mondes Célestes, Terrestres et Infernaux. Le Monde petit, Grand Immaginé, Meslé, Risible, des Sages et Fols, et le Tresgrand, L'enfer des Escoliers, des mal Mariez, des Putains et Ruffians, des Soldats, des pietres Docteurs, des Usuriers, des Poëtes et Compositeurs ignorans: Tirez des oeuvres de Doni Florentin par Gabriel Chappuis Tourangeau. Depuis reuuez (revu), corrigez et augmentez du Monde des Cornuz (die „Welt der Gehörnten") par F. C. T.-A. Lyon, pour Barthelemy Honorati. 1580. Avec privilége du Roy." Das Buch ist eine für unseren heutigen Geschmack ganz unver-

den übrigen mit Geist geschriebenen Staatsromanen [2]) wieder. In dem „die Welt der Weisen und der Narren" über-

---

dauliche Allegorie, in der die verschiedenen „Welten" geschildert werden. Für den Volkswirth von einigem (aber sehr geringem) Interesse ist lediglich das „die Welt der Weisen und der Narren" überschriebene Kapitel, in welchem ein kommunistisches Gemeinwesen geschildert wird.

[2]) R. v. Mohl hat im ersten Bande seiner „Geschichte und Literatur der Staatswissenschaften" den Staatsromanen bekanntlich ein ganzes Kapitel (pag. 165 ff.) gewidmet und dieselben in zwei Gruppen eingetheilt, u. zw.: „I. die Schilderungen frei geschaffener staatlicher und gesellschaftlicher Einrichtungen", und „II. die Idealisirungen bestehender Einrichtungen." Ich bin gern bereit diese Eintheilung, die ja ihre Berechtigung hat, gelten zu lassen, möchte aber trotzdem die Staatsromane nach einem anderen Gesichtspunkte eintheilen, der mir das Wesen der Sache tiefer zu erfassen scheint. Meiner Ansicht nach zerfallen die Staatsromane in zwei Gruppen, u. zw.:

1. Staatsromane, welche die Frage der Wirthschaftsverfassung (eventuell auch die Frage der Staatsverfassung) behandeln, d. i. also die kommunistischen und sozialistischen Staatsromane. Für die nationalökonomische Literatur ist selbstverständlich nur diese Gruppe von Staatsromanen von Bedeutung.

2. Staatsromane, welche die Frage der Wirthschaftsordnung unberührt lassen und lediglich die staatlichen Einrichtungen (Staatsverfassung, Staatsverwaltung, Herrscher-Tugenden und -Pflichten u. dgl.) behandeln. Ob dieselben dann den Schauplatz der Begebenheiten in irgend ein fabelhaftes Land (wie etwa Klimm's unterirdische Reise) verlegen und erdichtete Zustände behandeln, oder ob sie (wie etwa Fénélon's Telemach) an die bestehenden Verhältnisse anknüpfen und diese lediglich idealisiren, scheint mir von geringerer Bedeutung zu sein.

In die erste Gruppe (komunistische und sozialistische Staatsromane) gehören:

a) Plato's „Staat" und „die Gesetze", die man mit Mohl „bedingungsweise" immerhin zu den Staatsromanen rechnen kann,

b) Thomas Morus' „Utopia", erste Ausg. v. 1515,

c) Doni's „J. Mondi", erste Ausg. v. 1552 und 1553,

d) Campanella's „Civitas Solis", erste latein. Ausg. v. 1620, (vorher — 1611? — schon in italienischer Sprache erschienen),

e) Andreä: „Reipublicae christianopolitanae descriptio", erste Ausg. v. 1619,

schriebenen Kapitel des Doni'schen Buches heisst es, dass
es in der „Welt der Weisen und der Narren" die Institu-

---

f) Harrington's „Oceana", erste Ausg. v. 1656,

g) Vairasse's „Histoire des Sevarambes", erste Ausg. v. 1677,

h) Morelly's „Nanfrages des îles flottantes, ou la Basiliade de Bilpaï",
erste Ausg. v. 1753,

i) Fontenelle's (?) „La république des philosophes, ou historie des
Ajaoiens", erste Ausg. v. 1768,

k) Rétif de la Bretonne's „La découverte australe par un homme vo-
lant", erste Ausg. aus den 80ger Jahren des 18. Jahrhundertes,

l) „L'heureuse nation . . . des Felicius" von einem unbekannten Verf.,
erste Ausg. v. 1792,

m) Cabet's „Voyage en Icarie", erste Ausg. v. 1842.

Alle übrigen Staatsromane, die R. v. Mohl a. a. O. anführt, lassen die
Frage der Wirthschaftsordnung unberührt, sind somit für den Volkswirth ohne
Interesse. Will man dann in der Unterscheidung und Eintheilung weiter
gehen, so kann man die vorstehend angeführten Staatsromane eintheilen:

α. in kommunistische Staatsromane, welche ein in voller Gütergemeinschaft lebendes Volk schildern, und

β. in sozialistische Staatsromane, welche nicht die volle Gütergemeinschaft lehren, sondern lediglich eine theilweise Abänderung der wirklich bestehenden Wirthschaftsordnung befürworten.

Hiernach würden in die Klasse der sozialistischen Staatsromane zu
rechnen sein:

αα. Plato's „Gesetze",

ββ. Harrington's „Oceana" und

γγ. „oder Staat von Felicien".

Alle drei Schriften kommen darin überein, dass sie die Institution des
Privateigenthums nicht antasten und lediglich eine Maximalgrenze des Vermögens festsetzen. Plato's Ansicht wurde oben im Texte erwähnt Auf der
Insel Oceana darf Niemand Grundeigenthum von mehr als 2000 Pfund Ster-
ling Werth besitzen; im „Staate von Felicien" endlich darf kein Bürger mehr
als 1500 Arpents Grund haben.

Die übrigen der oben speziell angeführten Staatsromane, gehören in
die Klasse der kommunistischen Staatsromane, weil sie die volle Gütergemeinschaft predigen.

Will man sich auf den streng wissenschaftlichen Standpunkt stellen,
so kann man aus der Reihe der genannten kommunistischen Staatsromane

tion der Ehe, des Eigenthumes und des Erbrechtes unbekannt ist, weil der ausschliessliche Besitz, sei es einer Frau,
sei es eines Vermögens die Ursache unzähliger Verbrechen
ist. In derselben Weise sagt Campanella in seiner „Civitas
Solis" (lateinische Ausgabe, Utrecht, 1643, pag. 16), dass

---

noch einige streichen, weil sie ein ganz geistloses Machwerk sind. Die
ersten eigentlichen Staatsromane (abgesehen also von den Schriften Plato's)
fallen bekanntlich in die Zeit der grossen geografischen Entdeckungen, also
in eine Zeit, in der das Publikum nach Schilderungen der neu entdeckten
Länder förmlich lechzte. In einer solchen Zeit lag es nahe, dass denkende
Männer, wie etwa Thomas Morus, welche über volkswirthschaftliche Fragen
nachdachten und das Elend der Massen erkannten und bedauerten, die Schilderung eines glücklichen Volkes entwarfen und jenes Volk nach irgend einem
Theile der neuen Welt (Anfangs nach Amerika, später nach Australien) ver-
setzten, weil sie hoffen durften auf diese Weise einen grossen Leserkreis zu
finden. Auf diese Weise verfuhren: Thomas Morus, Campanella, Vairasse,
Morelly und Cabet. Diesen Männern war die Darlegung ihrer volkswirthschaftlichen Ideen die Hauptsache, die Schilderung des betreffenden Wunder-
landes nur eine Beigabe um ihr Buch den Lesern mundgerecht zu machen.
Diese Schriften dürfen noch heute das Interesse des Nationalökonomen beanspruchen. Ihnen gegenüber stehen die Schriften derjenigen Autoren (wie
beispielsweise Rétif de la Bretonne), die in erster Reihe dem Publikum die
tollsten „Wundergeschichten" aus den neuen Welttheilen erzählen wollen,
und die nur nebenbei ihre Ideen über die beste Wirthschaftsordnung in ihr
Buch hineinflicken, sei es weil die Staatsromane überhaupt in der Mode
waren, sei es weil sie ihrem Buche doch wenigstens irgend einen vernünftigen Kern geben wollten. Zwischen diesen beiden Extremen mitten drin
stehen dann einige Staatsromane (wie z. B. die „Geschichte der Ajaonier"
oder der „Staat von Felicien"), deren Verfasser selbst nicht recht wissen,
ob sie über volkswirthschaftliche Fragen schreiben, oder ob sie blos jene
vorerwähnten „Wundergeschichten" erzählen wollen. Dass diese letzterwähnten
beiden Kategorien von Staatsromanen nur einen sehr geringen Werth besitzen, bedarf keiner weiteren Auseinandersetzung. — Die vorstehenden Bemerkungen über die Staatsromane schienen mir nicht ungerechtfertigt, weil
über dieses Gebiet der volkswirthschaftlichen Literatur noch immer ziemlich
verschwommene Ansichten herrschen; vielleicht finde ich später einmal Gelegenheit dieses Thema eingehender zu behandeln.

im Sonnenstaate die Güter-, Weiber- und Kindergemein-
schaft eingeführt ist um den Sondergeist im Menschen aus-
zurotten, denn in der Familie wie im Privateigenthum wur-
zeln der Sondergeist und die Eigenliebe und diese seien
die Ursache alles Uebels. Durch die Aufhebung der Familie wie des Privateigenthums werde jener Sondergeist in
der Wurzel zerstört, so dass lediglich der für die Gesammtheit segensreiche Gemeinsinn zurückbleibe. Aehnlich sagt
auch Vairasse in seiner „Histoire des Sevarambes" (Bd. I,
pag. 171 und 172 der Amsterdamer Ausgabe ohne Jahres-
zahl), dass fast alle gesellschaftlichen Uebel auf vier Ursachen zurückzuführen seien, auf den Stolz, den Geiz, den
Müssigang und die Ausschreitungen des Geschlechtstriebes.
Die Gesetzgebung müsse daher darauf gerichtet sein jene
Triebe im Menschen zu bekämpfen oder wenigstens unschädlich zu machen, und da der Stolz, der Geiz und der Müssigang auf die Ungleichheiten der Menschen in Folge ihrer
Geburt oder ihres Vermögens zurückzuführen seien, so gibt
es in Sevarambien weder Geburtsstände noch die Institution
des Privateigenthums. Derselbe Gedanke endlich kehrt bei
Morelly wieder, der in seinem „Côde de la nature" darauf
hinweist, das die Habsucht – das Kardinallaster der Menschen und die Ursache der meisten Verbrechen — lediglich
in der Institution des Privateigenthumes wurzele. Gäbe es
kein Eigenthum, so gäbe es keine Habsucht mit all ihren
Konsequenzen. Will man also einen befriedigenden Zustand
schaffen, so müsse man das Privateigenthum abschaffen und
durch die Gütergemeinschaft ersetzen (pag. 29 ff. der Ausgabe von 1755). An einer anderen Stelle desselben Werkes
(pag. 23) hebt Morelly hervor, dass der Zustand der Gütergemeinschaft der allein naturgemässe sei, weil die Natur

ihren gesammten Produktionsfond („champ producteur") dem
Menschen als eine untheilbare Einheit übergeben habe,
somit Niemand ein Recht habe, sich einen Theil dieses
Produktionsfondes ausschliesslich anzueignen.

Morelly's Schriften repräsentiren den Uebergang von
den Staatsromanen zu der eigentlichen kommunistischen
Literatur. Während sein früheres Werk, „der Schiffbruch
der schwimmenden Inseln, oder die Basiliade" noch zu den
Staatsromanen gehört, verlässt er in seinem „Côde de la
nature" das Gebiet der Dichtung und liefert in diesem
Werke ein Buch, welches ungeschminkt und unverhüllt den
Kommunismus predigt. Der „Côde de la nature" wurde
für die spätere kommunistische Literatur bis zu einem gewissen Grade mustergiltig und die von Morelly versuchte
Begründung der Gütergemeinschaft mit dem Hinweise auf
den Umstand, dass alle Menschen ein gleiches Anrecht auf
die Gaben der äusseren Natur haben, findet sich bei fast
allen älteren kommunistischen Schriftstellern wieder.

Die vorliegenden Blätter sollen keine Geschichte der
sozialistischen Literatur sein, es genügt somit an dieser
Stelle darauf hingewiesen zu haben, dass schon die ersten
Schriften, welche die wirthschaftliche Lage der menschlichen
Gesellschaft zum Gegenstande ihrer Untersuchung machen,
gegenüber der Frage der Eigenthumsverfassung Stellung
nehmen, und entweder die gänzliche Beseitigung oder
wenigstens eine Modifikation der Institution des Privateigenthums verlangen. Was sodann den späteren Sozialismus
im weitesten Sinne des Wortes und seine Parteistellung
gegenüber der Eigenthumsverfassung anbelangt, so lassen
sich innerhalb dieser Literatur deutlich drei Strömungen
unterscheiden, die man meines Erachtens in folgender Weise
kurz zusammenfassen kann.

Die älteste Richtung ist der ganze oder volle Kommunismus, als dessen Repräsentanten etwa die oben in der Anmerkung 2 genannten Verfasser der kommunistischen Staatsromane, namentlich Morelly, ferner unter den Späteren Babeuf und in gewisser Beziehung Fourier u. A. angesehen werden können. Das karakterische Merkmal dieses „ganzen Kommunismus" ist, dass er das Privateigenthum und die individuelle (oder private) Wirthschaft gänzlich verwirft. Der „ganze Kommunismus" will nicht nur das Privateigenthum am Produktionswerkzeug (Kapital) und die individuelle Güterproduktion, sondern auch das Privateigenthum am Genussvermögen und den individuellen (privaten) Haushalt abschaffen und durch das Kollektiveigenthum und die kollektive Wirthschaft ersetzen. Nicht nur die sämmtlichen Grundstücke, Bergwerke, Fabriken, Werkstätten und Kommunikationsanstalten, sondern auch die sämmtlichen Wohngebäude, Möbel (Artikel des Hausrathes), Kleider, Lebensmittelvorräthe, kurz Alles und Jedes soll dem ganzen Volke gehören. Gleichzeitig soll das Volk so zu sagen eine einzige grosse Familie bilden, es soll gemeinsam die Felder bestellen, gemeinsam die Gewerbe, Bergwerke und Kommunikationsanstalten betreiben, es soll in den gemeinsamen Wohngebäuden untergebracht und aus den gemeinsamen Magazinen mit Lebensmitteln, Kleidern, Möbeln, Haushaltungsgegenständen etc. versorgt werden.

Dieser ganz-kommunistischen Richtung trat später eine andere Richtung gegenüber, die ich als die sozialistische im engeren Sinne des Wortes bezeichnen möchte und als deren erster Repräsentant (wenn man von den oben in der Anmerkung 2 erwähnten sozialistischen Staatsromane absieht) St. Simon angesehen werden kann. Die Meinungen

dieser Schriftsteller gehen weit auseinander, nur in einem
Punkte stimmen sie überein, nämlich dass an der Institution des Privateigenthums im allgemeinen festzuhalten, und
dass die Organisation der menschlichen Gesellschaft ungenügend und daher reformbedürftig sei; bezüglich der Frage,
welche Reformen wünschenswerth wären, sind jedoch die
Anschauungen verschieden. Der Eine (St. Simon) will die
staatliche Herrschaft in die Hände der industriellen Klassen
gelegt wissen, der Zweite (Bazard) will das „Erbrecht der
Geburt" abschaffen und durch das „Erbrecht des Verdienstes"
ersetzt sehen, Manche (der sog. christliche Sozialismus) erwarten eine Besserung von der Hebung des religiösen Be-
wusstseins, wieder Andere glauben der unteren Volksklassen
durch Bildung von Genossenschaften oder Gewerkvereinen
zu helfen u. dgl. m. Selbst die Schriften, die Lassalle bei
seinen Lebzeiten veröffentlichte — sein Vorschlag der Pro-
duktivassoziationen mit Staatshilfe — sind in diese Kategorie zu rechnen [1]).

Zwischen diesen beiden Richtungen mitten drin steht

---

[1]) Der todte Lassalle zeigt allerdings ein wesentlich verändertes Ge-
sicht. In den von Ad. Wagner nach dem Tode Lassalle's herausgegebenen
„Briefen von Ferd. Lassalle an Carl Rodbertus-Jagetzow" (Berlin, 1878)
bekennt sich Lassalle, wenn er pag. 70 sagt: „dagegen ist ja so klar wie
die Sonne, dass wenn dem Arbeiter Boden, Kapital und Arbeitsprodukt nicht
gehört, von einer Lösung der sozialen Frage nicht die Rede sein kann" —
ganz unumwunden als Anhänger der dritten im Texte erwähnten „halb-kommunistischen" Richtung des Sozialismus im w. S. — Als Anhänger der im
Texte erwähnten zweiten Richtung, des Sozialismus im e. S. ist auch Rodbertus anzusehen, der zwar wiederholt davon spricht, dass die heutige Vertheilung des Arbeitsproduktes zwischen Kapitalist, Grundbesitzer und Arbeiter
ungerecht und reformbedürftig sei, der aber ausdrücklich sich gegen die
Zumuthung verwahrt, als wolle er die Institution des Privateigenthums und
speziell des privaten Kapitaleigenthums antasten.

die dritte, die man als „halb-kommunistische" bezeichnen kann, jene Richtung, die durch Marx eingeleitet und durch die heutige internationale Sozialdemokratie repräsentirt wird. Die Ideen derselben hat bekanntlich Schäffle in seiner meisterlichen kleinen Schrift „die Quintessenz des Sozialismus" in übersichtlicher Weise zusammengefasst. Dieser „halbe Kommunismus" will das Privateigenthum am Genussvermögen sowie den privaten Haushalt unberührt lassen, dagegen das Privateigenthum an den Produktionsmitteln sowie die private oder individuelle Güterproduktion abschaffen und durch das kollektive Eigenthum und die kollektive Produktionswirthschaft ersetzen.

Diese „halb-kommunistische" Richtung ist heute die vorherrschende, so dass man — wenn man von der zweiterwähnten Richtung, dem Sozialismus im e. S. absieht — heute unbedenklich sagen kann, der Sozialismus im w. S. kennzeichne sich durch seine Gegnerschaft gegen die bestehende Institution des Privateigenthums und durch sein Bestreben diese Institution ganz oder theilweise zu modifiziren.

Diese Auffassung der sozialen Frage als einer Frage des Eigenthumsrechtes oder der Eigenthumsverfassung ist eine beachtenswerthe Erscheinung, weil sie Zeugnis ablegt für die — ich möchte sagen — radikale Natur des menschlichen Denkens, das überall den letzten Grund der Dinge aufzuspüren bestrebt ist. Die gesellschaftliche Organisation ist eine ungenügende, einige Wenige schwelgen im Reichthum und im Ueberfluss während die grosse Menge, ungeachtet schwere und angestrengte Arbeit mit Noth und Elend kämpft — das war und ist die Thatsache, die vorliegt und der abgeholfen werden soll. Die nächstliegende

Antwort auf die Frage, wie dem abgeholfen werden könne,
wäre nun allerdings die gewesen: „Wenn das Einkommen
der unteren Volksschichten, speziell der Arbeitsklassen kein
genügendes ist, so muss man nach Mitteln und Wegen
suchen das Einkommen jener Klassen zu heben." Diese
Antwort giebt jedoch der Sozialismus nicht, sondern er
sagt: „die ungerechte Vertheilung der irdischen Güter ist
eine Folge der Institution des Privateigenthumes d. i. der
bestehenden Eigenthumsverfassung und daher muss diese
geändert werden." Und diese Anschauung, dass die soziale
Frage in ihrem Kerne eine Frage der Eigenthumsverfassung
sei, hat sich so tief eingelebt, dass sogar Männer wie
Adolf Wagner und Schäffle sich von derselben nicht ganz
loszureissen vermögen. Beide Männer sind selbstverständlich über den Verdacht erhaben als wollten sie das Eigenthum „abschaffen", beide betonen vielmehr an unzähligen
Stellen ihrer Schriften nachdrücklichst, dass das private
Kapitaleigenthum ungeachtet der ihm anklebenden Schattenseiten seine volle Berechtigung für die heutige Volkswirthschaft habe, und dass es in vielen Fällen geradezu unentbehrlich sei. Allein der Umstand, dass Wagner wie Schäffle
von der Ausdehnung des kommunalen oder staatlichen, kurz
des kollektiven Eigenthums eine Besserung der sozialen
Verhältnisse erwarten, dass sie also eine theilweise Ver-
drängung des privaten Eigenthumes durch das kollektive
wünschen, zeigt dass beide den letzten Grund des Uebels
in der bestehenden Eigenthumsverfassung erblicken, dass
sie dieselbe für unzureichend und eine Modifikation derselben für wünschenswerth erachten.

Der Grund dieser Identifikation der sozialen Frage
mit der Frage der Organisation des Eigenthums ist wohl

vorwiegend in dem Umstande zu suchen, dass man früher
den Begriff des Einkommens von dem des Vermögens nicht
recht zu trennen wusste. Die Organisation unserer Volkswirthschaft hat sich bekanntlich auf der Grundlage des
Privateigenthums entwickelt und die Einfachheit der wirthschaftlichen Verhältnisse im Mittelalter, wo jeder selbstän-
dige Mann sein eigenes, grösseres oder kleineres Vermögen
besass, brachte es mit sich, dass man sich daran gewöhnte,
nicht so sehr die Arbeit als vielmehr das Vermögen als
Quelle des Einkommens des Einzelnen zu betrachten. Da
war es denn sehr begreiflich, dass die Männer, denen die
Noth und die Leiden des Volkes zu Herzen giengen, die
Ursache jener Noth nicht in dem zu geringen Einkommen, sondern in dem zu geringen Vermögen der unteren
Volksschichten erblickten, und dass das Bestreben nicht auf
die Hebung des Einkommens, sondern auf die Beseitigung
der Vermögensungleichheiten gerichtet war. Und da es
evident war, dass eine gleiche Vermögensvertheilung nie
und nimmer erreicht werden kann, so lag es nahe das private Eigenthum in Bausch und Bogen zu verwerfen und
statt dessen die volle Gütergemeinschaft als anstrebens-
werthes Ziel hinzustellen. Wären die sozialistischen Ideen
erst in unseren Tagen aufgetaucht, wo so viele Personen
nur von dem Ertrage ihrer Arbeit leben und selbst grosse
Einkommen (aus persönlicher Thätigkeit) ohne jedes wer-
bendes Vermögen keine Seltenheit sind, so wäre es leicht
möglich gewesen, dass die sozialistischen Bestrebungen sich
nicht gegen die Institution des Privateigenthums gekehrt
hätte, sondern auf die Hebung des Einkommens der Unbe-
mittelten gerichtet worden wären.

Die Auffassung als sei der letzte Grund der sozialen

Leiden und Uebelstände in der bestehenden Organisation
des Eigenthumsrechtes, d. i. in der bestehenden Gesetzgebung zu suchen, welche die Institution des Eigenthums eben
so und nicht anders normirt, ist indess keine vereinzelte
Erscheinung, sondern ein Ausfluss jener Vorliebe für das
„Prinzip", die uns Allen im Blute steckt. Wir wollen eben
immer Alles auf ein bestimmtes Prinzip zurückführen und
in diesem Streben lassen wir uns verleiten aus einer unge-
nügenden Beobachtung der Thatsachen gewisse vermeintliche allgemeine Grundsätze zu abstrahiren und konstruiren
sodann auf dem Wege der Deduktion aus diesen „Prinzipien" ein ganzes Gebäude, das natürlich zusammenstürzen
muss, sobald es sich herausstellt, dass die Induktion eine
ungenügende war, und dass die aus derselben gewonnenen
Prinzipien hinfällige waren. Diese Gefahr ist in den Ge-
sellschaftswissenschaften um so grösser, als hier der Forscher,
ich möchte sagen, auf die blose passive Beobachtung angewiesen ist, während der Naturforscher in den meisten Fällen
seine Beobachtung durch das Experiment kontrolliren und
daher eine etwaige falsche Annahme leichter richtig stellen
kann als der Sozial-Forscher. Die Vorliebe für das Prinzip erzeugt sodann auf dem Gebiete des praktischen staatlichen
Lebens einen ferneren Irrthum, nämlich die Vorliebe für
das Gesetz, d. i. die Vorstellung, als brauche man lediglich
das vermeintliche oder wirkliche Prinzip in ein Gesetz zu
kleiden um sofort die betreffenden Uebelstände verschwinden
zu lassen oder die gewünschten Zustände herbeizuführen. —
Als ob die sozialen Uebelstände im Gesetze und nicht vielmehr in der Natur und dem Karakter der Menschen wur-
zeln würden!

Der Streit um das beste Gesetz hat bekanntlich früher im „filosofischen" Staatsrecht und in der Rechtsfilosofie eine grosse Rolle gespielt und wird heute praktisch in den Parlamenten gekämpft, wir dürfen uns daher nicht wundern, wenn er auch in der volkswirthschaftlichen Literatur da oder dort entbrennt. In gar vielen Fällen allerdings ist dieser Streit ein müssiger, weil es im praktischen Leben nicht auf das Prinzip, sondern auf den Effekt ankommt und der nämliche Effekt auf Grundlage der verschiedensten Prinzipien erreicht werden kann. Beispielsweise sei an den Streit über die Vielheit oder Einheit der Zettelbanken erinnert. Die Einen wiesen auf das Bedürfnis des Verkehres hin, welches gebieterisch die einheitliche Qualität der Note verlange und forderten demgemäss, dass nur eine einzige Bank im Staate Noten ausgeben dürfe. Die Andern beriefen sich auf die wohlthätigen Wirkungen der Konkurrenz und folgerten hieraus, dass eine Mehrheit von Zettelbanken wünschenswerth sei. Endlich bewies Ad. Wagner in seinem bekannten Werke: „System der deutschen Zettelbankgesetzgebung" (Freiburg im Br., 1873), dass es sich nicht so sehr um die Einheit der Bank als um die einheitliche Qualität der Note handele, und dass diese erzielt werden könne sowohl auf Grundlage des „Prinzips" des Bankmonopols, als des „Prinzips" des Konzessionssystems (wenn z. B. die Banken verpflichtet werden ihre Noten gegenseitig anzunehmen und einzulösen), wie auch auf Grundlage des „Princips" der Bankfreiheit (vgl. z. B. das nordamerikanische System).

Ein anderer Streit dieser Art ist der Streit, ob Staatsoder Privatbahnen vorzuziehen seien. Der Streit wurde lange mit „prinzipiellen" Argumenten hin und wider geführt,

bis er endlich von Sax [1]) entschieden wurde, aber in einer
Weise entschieden wurde, die zeigt, dass beide Theile gleichzeitig Recht und Unrecht hatten. Sax weist nämlich mit
Recht darauf hin, dass sowohl Staats- als Privatbahnen gut
wie schlecht sein können, weil es nicht so sehr auf das
„Prinzip", nicht auf die papierene Einsenbahn-Verfassung,
als vielmehr auf die Handhabung der Eisenbahnen ankomme,
und dass der Staat Mittel genug in der Hand habe um
auch die sogenannten Privatbahnen zu einer wahrhaft volkswirthschaftlichen oder gemeinnützigen Ausübung des ihnen
verliehenen Privilegs zu zwingen. Mit anderen Worten,
Sax zeigt, dass die sogenannten Privatbahnen keine reinen
Privatgeschäfte, sondern staatlich regulirte Unternehmungen oder „delegirte Verwaltungen" seien,
und dass der Staat auf dem Wege der Regulirung privater
Unternehmungen dieselben Vortheile erreichen könne, die
den staatlichen oder sonstigen öffentlichen Unternehmungen
zugeschrieben werden.

Das scheint mir ein Gedanke von nicht geringer Trag-
weite zu sein. Ist es nämlich richtig, dass der Staat durch
Regulirung der privaten Unternehmungen, also durch Regulirung der individualistisch organisirten Volkswirthschaft
die derselben anklebenden Mängel beseitigen oder doch wesentlich mildern kann, dann drängt sich unwillkürlich die
Frage in den Vordergrund, einmal, ob die Beseitigung des
Privateigenthums möglich ist und sodann, ob denn die bestehenden sozialen Uebelstände wirklich mit so zwingender
Nothwendigkeit zur Abschaffung oder Einschränkung der

---

[1]) Emil Sax: „Die Verkehrsmittel in Volks- und Staatswirthschaft",
2 Bde., Wien, 1878 und 1879. Insbes. Bd. II. pag. 139 193.

Institution des Privateigenthums (auf das Genussvermögen) hindrängen als die Sozialisten dies behaupten, und ob nicht auch auf diesem Gebiete durch einen regulirenden Eingriff der Staatsgewalt das nämliche, oder doch ein ähnliches Resultat erzielt werden könnte, wie dasjenige, das der Sozialismus durch die Einführung des kollektiven Eigenthums schlechthin oder wenigstens des kollektiven Grund- und Kapitaleigenthums zu erreichen hofft [1]).

[1]) Ich selbst habe früher auch der von Wagner und Schäffle vertretenen Anschauung gehuldigt, dass eine Besserung der sozialen Verhältnisse vorwiegend von einer Ausdehnung des kollektiven Eigenthums an den Produktionsmitteln anzuhoffen sei, dass also der letzte Grund der sozialen Leiden in einer umgenügenden Organisation der Institution des Eigenthums zu suchen sei. Meine Anschauung wurde jedoch durch das Studium des eben citirten Sax'schen Werkes, noch mehr aber durch die Schrift von Gumplowicz: „Rechtsstaat und Sozialismus" (Innsbruck, 1881) erschüttert.

II.

Ist die Aufhebung des Privateigenthums durchführbar?

Die erste Frage, die sich gegenüber der sozialistischen Forderung der gänzlichen oder theilweisen Aufhebung der Institution des Privateigenthums in den Vordergrund drängt, ist — wie schon erwähnt — die Frage, ob denn das Eigenthum wirklich beseitigt, beziehentlich durch das Kollektiveigenthum ersetzt werden kann? Die Frage der Entbehrlichkeit oder Unentbehrlichkeit des Eigenthums, d. i. die Frage der „Begründung" des Eigenthums ist mehrfach zu beantworten versucht worden, u. zw. durch die verschiedenen sog. Eigenthumstheorien. Dieselben wurden von Ad. Wagner [1]) und theilweise auch von Schäffle [2]) in folgender Weise übersichtlich zusammengestellt:

1. Die sogenannte „natürliche Eigenthumstheorie" der eigentlichen Filosofen (Kant, Fichte, Hegel, Krause, Stahl u. A.), welche das Eigenthum aus der menschlichen Natur und aus dem Wesen und Begriffe der individuellen Persönlichkeit ableitete. Das Eigenthum soll hiernach eine noth-

---

[1]) Ad. Wagner: „Grundlegung" (auch unter dem Titel: „Allgemeine oder theoretische Volkswirthschaftslehre" 1. Bd.) 1. Aufl. (Leipzig und Heidelberg, 1876), § 254 ff. o. pag. 439 ff.

[1]) Schäffle: „Kapitalismus und Sizialismus", 1. Aufl. (Tübingen, 1870), pag. 82 ff.

wendige Konsequenz der menschlichen Natur und der Selbständigkeit der Individuen sein, sich aus der „freien Gestaltung der Lebensweise", aus der „Selbstbethätigung", „Selbstbehauptung" oder „Selbsterweiterung" der Person ergeben; der Begriff der „Person" erfordere „eine Sfäre der äusseren Freiheit" u. dgl. m.

2. Die sog. „natürlich-ökonomische Eigenthumstheorie", deren Vertreter vorwiegend die Nationalökonomen der individualistischen Richtung sind. Die Beweisführung geht auf das wirthschaftliche Selbstinteresse zurück. Dasselbe sei nach allgemeinster und sicherster Erfahrung bei jeder Persönlichkeit im Wesentlichen gleichartig und in grosser Stärke vorhanden. Eben desshalb, weil es sich um einen allen Menschen angeborenen Naturtrieb handle, sei eine Rechtsordnung in Betreff der Sachgüter nothwendig, bei welcher sich das Selbstinteresse allseitig gehörig geltend machen könne. Die hiernach an die Rechtsordnung zu stellenden Anforderungen erfülle, wenn nicht allein so jedenfalls „nach der Natur des Menschen" am besten die Institution des Privateigenthums, u. zw. des Privateigenthums in möglichst absoluter Form und an allen Sachgütern, einschliesslich derjenigen, welche als Produktionsmittel dienen.

3. Die spezifisch juristische (römisch-rechtliche) sog. „Okkupationstheorie", der namentlich nach dem Vorgange von Hugo Grotius die Naturrechtslehre des 17. und 18. Jahrhundertes huldigen. Dieselbe begründet das Eigenthum mit dem „natürlichen" Rechtsanspruche desjenigen, der zuerst von allen Anderen herrnlosen Sachen okkupirt, d. i. seinem Willen unterworfen hat.

4. Die sog. „Arbeitstheorie" (Locke und namentlich auch Thiers) erklärt das Eigenthum aus dem natürlichen

Rechtsanspruche des Arbeiters auf das Produkt seiner Arbeit. Das Eigenthum am Kapital wird damit gerechtfertigt, dass das Kapital ein Ergebnis der Sparsamkeit sei, das Eigenthum am Grund und Boden damit, dass der Eigenthümer so und so viel Arbeit an sein Grundstück gewendet habe.

5. Die sog. „Legaltheorie" (Hobbes, Montesquieu, Bentham) endlich verzichtet darauf das Eigenthum besonders zu „begründen" und sagt einfach, dass das Eigenthum eine durch die bestehenden Gesetze geschaffene Institution sei, vor dem Gesetze habe es kein Eigenthum gegeben.

Sieht man etwas genauer zu, so zeigt es sich allerdings, dass die „Begründung" des Eigenthums durch diese Theorien ziemlich viel zu wünschen übrig lässt.

Die sog. „natürliche" Eigenthumstheorie, welche das Eigenthum aus der „Idee" oder aus der „Natur" des Menschen ableiten will, besagt im Wesen nichts weiter, als dass der Mensch nicht existiren kann, wenn er nicht wenigstens essen, trinken und athmen darf. Soll also der Mensch leben, so muss er in der Lage sein (oder das „Recht" haben) gewisse Theile der äusseren Natur (Speise, Trank, Luft) ausschliesslich für sich in Anspruch zu nehmen. Will man dies ein „Recht auf Eigenthum" nennen, so ist gegen diese Bezeichnung nichts einzuwenden, nur darf man dann zweierlei nicht übersehen. Einmal, dass auch das Thier und die Pflanze essen, trinken und athmen müssen, d. h. dass sie sog. feste, tropfbarflüssige und gasförmige Bestandtheile der äusseren Natur in sich aufnehmen müssen, wenn sie existiren sollen. Man muss also in diesem Falle auch dem Thiere wie der Pflanze ein „Recht auf Eigenthum" zugestehen. Freilich geräth man dann in die fatale Lage, dass dem Menschen die Befugnis aberkannt werden muss

animalische oder vegetabilische Nahrung zu sich zu nehmen,
denn dasselbe „Recht auf Existenz", das dem Menschen
zasteht, muss auch dem Thiere und der Pflanze zuerkannt
werden. Andererseits erstreckt sich dann aber auch das
„Eigenthumsrecht" des Menschen nicht weiter als auf Speise,
Trank und Luft, denn mehr braucht der Mensch zum blosen
Leben nicht. Die weitere Argumentation, dass die „freie
Gestaltung der Lebensweise", die „Selbstbethätigung",
„Selbstbehauptung", „Selbsterweiterung" — und wie die
tönenden Worte alle heissen — aus der Idee der „freien
Persönlichkeit" fliesse, dass der Begriff der „Person" eine
„Sfäre der äusseren Freiheit" erfordere u. dgl. m., beweist
gar nichts, weil dieselbe eine petitio principii involvirt.
Zunächst wird behauptet, dass die „freie Persönlichkeit"
eine „gewisse Sfäre der äusseren Natur" unumgänglich
haben müsse, damit sie in dieser Sfäre „sich selbst bethä-
tigen", „sich behaupten", „sich erweitern" könne u. s. w.
Sodann wird der nicht bewiesene Untersatz „der Mensch
ist eine freie Persönlichkeit" eingeschmuggelt und hieraus
wird endlich der Schluss gezogen: „also muss der Mensch
Eigenthum haben."

Die zweite, die sog. „natürlich-ökonomische" Theorie
besagt nichts mehr, als dass die Institution des Eigenthums
zweckmässig sei, weil das Eigeninteresse die wirksamste
Triebfeder des menschlichen Handelns ist. Die Sozialisten
stellen bekanntlich dieser Thatsache die nicht minder fest
stehende Thatsache gegenüber, dass die Selbstsucht (das
Eigeninteresse) die Ursache der meisten Verbrechen sei und
folgern hieraus, dass die Gütergemeinschaft die zweckmässigste Ordnung der Volkswirthschaft sei.

Die sog. „Okkupationstheorie" glaubt das Eigenthum

mit dem Hinweis auf dem „natürlichen" Rechtsanspruch
desjenigen zu begründen, der als der Erste herrenlose
Sachen ergreift und seinem Willen unterwirft, sie bleibt
jedoch den Beweis dafür schuldig, woher denn jener „natürliche" Rechtsanspruch des primus occupans stamme.
Will man nicht annehmen, dass Gott dem Menschen das
„Recht" verliehen hat die Natur in Besitz zu nehmen —
und dies kann man nicht, so lange das Dasein Gottes nicht
bewiesen ist, — so kann man höchstens zugeben, dass die
Okkupationstheorie zwar eine Thatsache erkläre, immer
aber, dass sie ein Recht beweise.

Die vierte, die sog. „Arbeitstheorie" wäre richtig, wenn
der Mensch Sachgüter durch blose Arbeit, also aus eigener
Kraft herzustellen vermöchte. Dies ist aber bekanntlich
nicht der Fall, denn die Arbeit muss sich an irgend einem
Stoff verkörpern, den Stoff aber hat der Mensch nicht durch
seine Arbeit hergestellt, den hat die Natur geliefert, der
Mensch hat somit nicht das Recht sich denselben anzueignen Ueberdies folgert der moderne Sozialismus bekanntlich aus dem „natürlichen Anspruche des Arbeiters
auf das Produkt seiner Arbeit" gerade umgekehrt, dass
das kollektive Eigenthum an die Stelle des privaten zu
treten habe.

Die sog. „Legaltheorie" endlich, wie schon erwähnt,
versucht es gar nicht das Eigenthum weiter zu „begründen",
sondern nimmt es als eine einfache Thatsache, als eine
Institution des geltenden Rechtes hin.

Ein „natürliches Recht" des Menschen auf Eigenthum wird sich auch nie erweisen lassen. Ein „Recht"
(im subjektiven Sinne) ist eine Befugnis, die Jemandem
durch eine positive Satzung ausdrücklich eingeräumt wird.

Von einem „natürlichen Rechte" des Menschen auf Eigenthum, d. h. von einem „Rechte" des Menschen, welches existiren soll noch ehe das menschliche Gesetz ein solches statuirt, kann somit nur Derjenige sprechen, der eine göttliche Weltordnung annimmt, der also von der Anschauung ausgeht, dass der Schöpfer der Welten dem Menschen ausdrücklich oder stillschweigend die Befugnis verliehen habe die Erde mit all den Dingen, die auf ihr vorkommen, in Besitz zu nehmen. Eine derartige Annahme liegt bereits jenseits der Grenzen des menschlichen Wissens, sie gehört in das Gebiet des Glaubens, der sich bekanntlich jedem Beweise entzieht. Unter solchen Umständen wird man schon darauf verzichten müssen das Eigenthum zu „begründen", d. h. aus gewissen unumstösslichen Prinzipien mit logischer Nothwendigkeit auf deduktivem Wege abzuleiten, und wird man sich begnügen müssen seine Unentbehrlichkeit für die Gesellschaft nachzuweisen [1]).

Diesen Nachweis hat Gumplowicz in seinem Buche: „Rechtsstaat und Sozialismus" (Innsbruck, 1881) in einer meines Erachtens überzeugenden Weise erbracht.

Gumplowicz geht von der Thatsache aus, die alle historische und prähistorische Forschung lehrt und die wir heute noch bei wilden Völkerschaften beobachten können, dass nämlich der Mensch von Hause aus ein Hordenwesen ist, d. h. dass

---

[1]) Die „natürlich-ökonomische" Theorie will strenggenommen das Eigenthum nicht in dem angedeuteten Sinne „begründen", sondern begnügt sich zu beweisen, dass die Institution des Eigenthums eine zweckmässige sei. Damit aber leistet sie zu wenig, denn der Umstand, dass irgend eine gesellschaftliche Einrichtung zweckmässig ist, hindert nicht, dass eine andere Einrichtung bestehen oder gefunden werden kann, die ebenso zweckmässig oder noch zweckmässiger ist.

die Urmenschen in Horden umherschweifen, die sich gegenseitig befehdeten und gelegentlich auch auffrassen, und dass
nicht nur die ersten, sondern fast alle Staaten in der Weise
entstanden, dass ein Stamm über den anderen herfiel, dass die
Sieger die Besiegten zu Sklaven machten und von ihnen das
Land bebauen liessen. Dieser echt naturwissenschaftlichen Anschauung gemäss versteht Gumplowicz unter dem Urrecht den
Inbegriff jener Grundsätze und Normen, nach welchen die Sieger
vorgiengen um die Besiegten dauernd in Abhängigkeit zu erhalten. Dass dieses erste Recht nach unserer heutigen Anschauung ein himmelschreiendes Unrecht war, ändert nichts an der
Sache, lehrt uns doch die Anthropologie, dass das Menschengeschlecht aus furchtbar rohen und thierischen Anfängen sich
nur sehr allmählich zu halbwegs zivilisirten Zuständen empor-
gearbeitet hat.

Das nächste Interesse der Sieger gieng selbstverständlich
dahin sich im Besitze des eroberten Landes zu erhalten und
die Besiegten davon auszuschliessen, weil eben der Besitz des
Grund und Bodens das sicherste Mittel war die Besiegten zu
knechten. Demgemäss vertheilten sich die Sieger über das
Land, u. zw. in der Weise, dass jedem derselben ein Theil des
eroberten Landes zugewiesen wurde, den er „anfänglich vielleicht für die Gesammtheit in Schutz zu nehmen hatte, woraus
später das Sondereigenthum der einzelnen Bürger, Patrizier,
Ritter, Mannen u. dgl. (d. i. eben der Eroberer) direkt her-
vorgieng. "

„Mit der blosen Landanweisung und Zutheilung jedoch
war jenes oberste gemeinsame Interesse gegen die unterworfene
Klasse noch nicht genug gewahrt. Der herrschende Stamm
musste darauf bedacht sein, nachdem er einerseits auf dem
ganzen eroberten Territorium zu dessen besserem Schutze sich
zerstreute und vereinzelte, die Einheit unter sich aufrecht zu
erhalten, der unterworfenen Klasse das Eindringen in seine

Reihen unmöglich zu machen«. Mit anderen Worten, es wurden Normen nothwendig über die Ehe, die Familie und die Erbschaft. Sass der einzelne Angehörige des herrschenden Stammes auf seinem Landgute gewissermassen wie ein Statthalter und hatte er dort die Herrschaft über die Mitglieder seiner Familie und über die ihm zugetheilten Sklaven zu führen, so musste dafür Sorge getragen werden, dass diese Statthalterschaft nach gewissen Regeln an die Mitglieder des herrschenden Stammes — und zwar nur an diese — sich vererbe [1]).

„Wie die einzelnen Krieger und Landloosbesitzer auf ihrem Bessitzthum das Regiment als Mitglieder des herrschenden Stammes, als Vertreter der Staatsgewalt führen, wie sie in Folge dessen über ihre Frauen und Kinder, über Sklaven und Gesinde unumschränkte Herrschaft als einen auf sie entfallenden Theil der Staatsgewalt üben und ihr Besitzthum als einen Theil des Staates schützen und verwalten, so können nur wieder Männer, also Söhne ihre Nachfolger sein. Das ursprüngliche Recht der Frauen tritt zurück; die Verwandten von Vaterseite treten in die erste Reihe; sind sie es doch, die die wichtigste aller Verbindungen, die mit der kriegerischen Organisation des Stammes vermitteln und darstellen. An sie fällt das Besitzthum, wenn kein männlicher Erbe da ist« [2]).

Alle diese Normen aufrecht zu erhalten und zu schützen hat der Staat ein eminentes Interesse, denn das Wesen des Staates ist: Herrschaftsorganisation zu sein und das wesentlichste Mittel diese Herrschaftsorganisation aufrecht zu erhalten, ist die Institution des Eigenthums, durch welche jedesmal der Dienstnehmer von dem Willen des Dienstgebers, des „Herrn" abhängig gemacht wird, und aus diesem Grunde ist die Institution des Eigenthums ebenso sakrosankt und unverletzlich wie

---

[1]) Gumplowicz, a. a. O. pag. 91 und 92.
[2]) Gumplowicz, a. a. O. pag. 92.

der Staat selbst. Die Juristen allerdings definiren das Eigenthum als die Befugnis und das Recht über einen Gegenstand nach Belieben zu verfügen und jeden Anderen von der Benutzung dieses Gegenstandes auszuschliessen, allein diese Definition fasst lediglich die juristisch-formale Seite des Eigenthums in's Auge, ohne das innere Wesen desselben zu berühren. Das Wesen des Eigenthums kann nur erkannt werden, wenn man seinen Zweck erkennt, und dieser letztere besteht nicht — wie die Juristen meinen — in der Herrschaft über die leblose Sache, sondern in der Herrschaft über lebende Menschen.

„Denken wir uns jene, den Staat gründenden Eroberer, die das eroberte Land gewaltsam in Besitz nahmen. Was für ein Ziel konnten sie dabei im Auge haben, welchen Zweck konnten sie dabei verfolgen? War es ihnen etwa darum zu thun über das eroberte Land, d. h. über den okkupirten Grund und Boden ausschliesslich zu verfügen. War ihr Augenmerk etwa nur darauf gerichtet den eroberten Boden benützen zu können — und von der Benutzung desselben jeden Anderen auszuschliessen? Wollten sie, mit einem Worte, ein solches Eigenthum für sich konstituiren wie es die römischen Juristen und ihre modernen Jünger formuliren? Um was es sich diesen ersten Begründern des Eigenthums handelte, das war mit nichten das Verfügungsrecht über die S a c h e, über den Grund und Boden. Wenn es sich ihnen nur darum gehandelt hätte, so brauchten sie denselben nicht erst mit Gewaltanwendung anderen Besitzern abzuringen und vielleicht gar mit Strömen Blutes zu erkaufen, denn herrnlosen Grund und Boden gab es damals noch genug in der Welt. Aber diesen ersten Staatengründern handelte es sich in erster Linie nicht um das Land, nicht um den Boden, sondern um die A r b e i t e r, die den Boden für sie bearbeiten sollten, um die S k l a v e n, die ihnen Dienste leisten sollten. Die unterworfene und nun zu Diensten verurtheilte Bevölkerung, das war die Hauptsache, das war das Ziel der Eroberung und

Staatengründung; der Boden als solcher kam erst in zweiter Reihe in Betracht. Wenn sich in Folge dieser Eroberung dann aus der späteren Zutheilung der Landloose an die Mitglieder des herrschenden Stammes das Institut des Individualeigenthumes an Grund und Boden zu entwickeln anfieng, so lag der Schwerpunkt dieses Instituts, dessen Zweck und Aufgabe nicht in der ausschliesslichen und beliebigen Verfügung über die todte Sache, sondern darin, dass durch das formale Eigenthum an Grund und Boden den Eigenthümer zugleich die Dienste der an die Scholle gebundenen Arbeiter und Sklaven zufielen.«

»Mit anderen Worten und im allgemeinen ausgedrückt, der Werth und das Wesen des Eigenthums lag nicht in der Möglichkeit und Befugnis über die todte Sache zu verfügen, sondern darin, dass der Besitz und das Eigenthum an dieser todten Sache dem Besitzer und Eigenthümer zugleich die Dienste der an diese todte Sache gefesselten lebenden Kräfte, der auf diesem todten Eigenthumsobjekt ansässigen Unterthanen sicherte. Diese letzteren, respektive ihre Dienste, das war das Wesentliche, das Meritorische am Eigenthum; die Verfügung über die todte Sache, das war nur die leere Form.«

»Das war also die ursprüngliche Aufgabe des Eigenthums, das seine Natur und sein Wesen: ein Mittel der Herrschaft zu sein und dem Eigenthümer nicht etwa die Verfügung über eine todte Sache, sondern die Herrschaft über menschliche Arbeit zu sichern. Und diese Natur hat das Eigenthum in der Folge nie verläugnet, dieses sein innerstes Wesen blieb ihm, welche verschiedenen Formen und Gestalten es auch in der Folge mit der Entwickelung des Verkehrs, der Volks- und Weltwirthschaft annahm. Ob wir das mittelalterliche Grundeigenthum oder das moderne Kapitaleigenthum betrachten, wir werden auf dem Grunde dieses in wechselnden Formen immer sich gleichbleibenden Institutes dieselbe Tendenz ent-

docken, dem Eigenthümer nicht etwa die ganz zweck- und nutz-
lose Verfügung über leblose Dinge, sondern ihm die freie Verfügung über menschliche Arbeit, über menschliche Dienste zu
sichern. Heute wie in den ersten Anfängen des Individualeigenthums ist das Wesen desselben ein Mittel der Herrschaft
zu sein; an diesem Wesen ändert nichts, ob es in Grund und
Boden, in Gold, Silber oder in Werthpapieren besteht. Fasst
man aber das Wesen des Eigenthums so auf, wie wir es hier
thun, so bietet sich für die Lösung der Frage nach der Nothwendigkeit desselben ein ganz neuer, bis jetzt unseres Erachtens vollkommen übersehener Standpunkt [1]).

Die Frage nach der Nothwendigkeit oder Zulässigkeit des
Eigenthums ist bisher immer auf nationalökonomischem Boden
erörtert worden, und das war falsch. Die Kommunisten und
Sozialisten haben immer nur die wirthschaftlichen Schattenseiten
des Privateigenthums betont, während ihre nationalökonomischen
Gegner bemüht waren „das mit dem Privateigenthum innig ver-
bundene und als getrennt von denselben undenkbare Individual-
Interesse als den mächtigsten Hebel aller wirthschaftlichen Entwickelung darzustellen. Auf diesem Boden wird der Kampf
um diese Frage ewig unentschieden bleiben, denn die beiderseitigen Argumente sind gleich begründet und gleich inhaltsschwer.
Die Schattenseiten und üblen Folgen des Privateigenthums und
eben auch des Individualinteresses sind nicht zu läugnen;
ebenso wenig die Unersetzlichkeit desselben als ökonomischen
Hebels . . . . Aber auf diesem Boden scheint uns diese Frage
ganz deplacirt.“

„Auf diesem Boden wird sie in der Theorie nie gelöst
werden. Vielmehr muss die Frage nach der Nothwendigkeit
des Eigenthums von dem Gesichtspunkte des oben dargelegten
wahren Wesens desselben als Herrschaftsmittel beurtheilt werden.

---

[1]) Gumplowicz, a. a. O. pag. 345 ff.

Wir wollen den Kommunisten und Sozialisten gern zugeben, oder eigentlich wir wollen darüber mit ihnen nicht streiten, dass sich das Individualinteresse als wirthschaftlicher Hebel durch irgend ein anderes von ihnen vorgeschlagenes Mittel ersetzen lasse; wir wollen es als erwiesen annehmen, dass die wirthschaftliche Produktion ohne Privateigenthum, ohne Privatinteresse ebenso gut vor sich gehen könnte, wie unter dem Regime des Privateigenthums. Aber wir sehen, dass das Eigenthum als Herrschaftsmittel, als Massregel der Herrschaftsorganisation entstand, dass es nur eine Form war für den viel wichtigeren Inhalt und zwar die Verfügung über fremde Dienste, für die Benutzung fremder Arbeit, mit einem Worte für die Herrschaft."

„Und dieses wahre Wesen, diese innerste Natur des Eigenthums können wir an demselben immer und überall beobachten. Der Gutsbesitzer wäre ein wenig beneidenswerther Mensch, wenn er mit seinem Eigenthum nichts anderes anfangen könnte, als was ihm die römischen Juristen und ihre Nachbeter mit seinem Eigenthum zu thun erlauben. Wenn er seine 1000 Morgen Grund nur ganz willkürlich benützen und jeden Anderen von der Benutzung desselben ausschliessen könnte — mit dem allein wäre ihm wenig gedient. Da fasst der Gutsbesitzer das Wesen seines Eigenthums und sein Eigenthumsrecht ganz anders auf. Er rührt nicht einen Finger um seinen Boden zu benützen — dagegen lässt er andere Leute für sich arbeiten, ist höchstens der Befehlende und Verwaltende auf seinem Gute, also der über die Dienste seiner Arbeiter verfügende und bezieht schliesslich seine Rente, die ihm seinen Unterhalt sichert. Oder nehmen wir den Kapitalisten. Was ihm die juristische Definition des Eigenthums mit seinem Golde und Silber zu thun gestattet, das ist es nicht, was ihn erfreuen möchte. Das, was er mit seinem Golde und Silber thut, das scheint die juristische Definition ganz zu ignoriren und nur so in den weiten Falten

ihrer logischen Konsequenzen verborgen zu halten. Für ihn
ist aber gerade dieses Verborgene das Wichtigste. Mit seinem
Gold und Silber erkauft er sich die Dienste anderer Leute;
dass die anderen für ihn arbeiten müssen, dass sie ihm mittelbar oder unmittelbar dienen, dass er über ihre Dienste verfügt, also sie in versteckter Form beherrscht — das ist das
Wesen seines Eigenthums, und nur deswegen hat es für ihn
einen Werth.«

„Aber nicht nur in den Einzelverhältnissen des gesellschaftlichen Lebens bewährt das Eigenthum diese seine unver-
wüstliche Natur: in den grossen Herrschaftsorganisationen aller
Staaten der Vergangenheit, wie nicht minder im modernen
Staate können wir diese Funktion des Eigenthums konstatiren.
Wer herrscht im Staate? Die durch Eigenthum und Besitz
mächtige Klasse. Warum herrscht sie, was ist die Grundlage
ihrer Herrschaft? Weil sie durch Besitz und Eigenthum mächtig
ist; ihre Herrschaft beruht auf dem Besitz und auf dem Eigenthum. Denken wir uns heute die besitzende Klasse ihres Besitzes beraubt und es kann keinem Zweifel unterliegen, dass
sie mit dem Besitz auch ihre Herrschaft an den glücklichen
Nachfolger in ihr Besitz- und Eigenthum verlieren wird [1].

---

[1] Einen interessanten Beleg für die Richtigkeit dieses Satzes bildet
die gegenwärtige Lage der Ruthenen in Galizien. Die Ruthenen (Klein-Russen)
bilden die weitaus überwiegende Majorität der Landbevölkerung in Ostgali-
zien, aber trotzdem werden sie von den Polen, welche die Majorität im
Landtage haben, vollständig beherrscht und unterdrückt. Der Grund dieser
Erscheinung liegt lediglich darin, dass die Ruthenen fast ausschliesslich
bäuerliche Grundbesitzer sind, und dass sie keinen grundbesitzenden Adel
haben. Besässen die Ruthenen einen reichen und damit einflussreichen Adel,
der dem polnischen Adel wenigstens einigermassen die Spitze zu bieten im
Stande wäre, so könnte ihre Nationalität nie und nimmer so gänzlich unterdrückt werden wie dies gegenwärtig der Fall ist. So aber, wo die Ruthenen
über verhältnismässig wenig gebildete Elemente verfügen, die im Wege der
Studien (als Advokaten, Aerzte, Beamte, Priester, Professoren) sich emporge-

Eigenthum und Besitz ist also immer und überall ein Mittel der Herrschaft, u. zw. ein unentbehrliches Mittel derselben."

„Die Frage nach der Nothwendigkeit des Eigenthums darf also keineswegs blos vom Standpunkte der Produktion und Volkswirthschaft formulirt werden, wie das die Kommunisten und ihre Gegner aus den Reihen der Nationalökonomen thun. Diese Frage sollte einfach lauten: ist ein Zusammenleben der Menschen ohne Herrschaft möglich? Ist's möglich, die Herrschaft und ihre Organisation, also den Staat aufzuheben? Ist eine gedeihliche Entwickelung der Menschheit bei anarchischen Zuständen denkbar?"

„Stellt man die Frage nach dem Eigenthum in dieser Form, und so muss man sie stellen, wenn man das wahre Wesen und die wahre Natur des Eigenthums im Auge hat, so glauben wir, dass über die Antwort nicht lange Zweifel herrschen

---

arbeitet haben, ist es kein Wunder, dass dieses geringe Häuflein die Interessen seiner Nationalität gegenüber dem Andringen des polnischen Stammes nicht mit Erfolg zu vertheidigen vermag. So schroff wie Gumplowicz möchte ich allerdings die Behauptung nicht hinstellen, dass der Geldsack herrscht. Was herrscht, ist m. E. nicht so sehr der Geldsack als der Kopf. In der Praxis gestalten sich allerdings die Dinge jedesmal so, dass die besitzende Klasse die Herrschaft führt, aber der Grund hievon liegt m. E. nicht ausschliesslich darin, dass sie das Vermögen besitzt, sondern in dem Umstande, dass sie gleichzeitig Vermögen und Bildung besitzt, und dass beide Elemente, Intelligenz und Besitz im Allgemeinen untrennbar mit einander verbunden sind. Die besitzende Klasse repräsentirt die Intelligenz, weil ihr Vermögen sie in den Stand setzt ihren Kindern eine bessere Erziehung zu Theil werden zu lassen. Andererseits zieht aber auch wieder die Bildung das Vermögen nach sich, weil sie ihren Träger in den Stand setzt ein grösseres Einkommen zu erwerben. Wenn die Söhne armer Leute sich etwa in der Beamten-Carrière emporarbeiten, so zählen sie eben, selbst wenn sie kein eigentliches „Vermögen" erwerben, vermöge ihrer Stellung und ihres Einkommens zu den sog. „besitzenden" Klassen. — Dies hindert jedoch nicht, dass die Institution des Eigenthums das wesentlichste Herrschaftsmittel ist, wie weiter unten auseinander gesetzt werden soll.

kann. Proudhon freilich hat die Konsequenzen seiner kommunistischen Lehre zu ziehen sich nicht gescheut und als letzte derselben die Anarchie hingestellt, womit er wenigstens seine Logik rettete. Aber abgesehen von solchem rohen anarchistischen Kommunismus ist es ja jedermann klar, dass Menschen ohne Herrschaft gar nicht existiren können. Die Natur der Menschen macht Herrschaft zur Bedingung eines halbwegs erträglichen Zustandes. Ohne Herrschaft verfallen die Menschen in die furchtbarste Barbarei — alle Kultur aller geistige Fortschritt ist nur im Staate, durch den Staat, also durch die Herrschaft möglich geworden. Anarchie wäre gleichbedeutend mit dem Verluste alles dessen, was die Menschheit in jahrtausendalter staatlicher Entwickelung an materiellen und geistigen Gütern gewonnen und errungen hat.«

„Die Frage der Herrschaft aber entscheidet die Frage des Eigenthums. Ist die Herrschaft unentbehrlich und entschieden nothwendig, dann ist es auch das Eigenthum, u. zw. das „„Sondereigenthum““. Denn ohne Eigenthum ist Herrschaft undenkbar und unmöglich« [1]).

„Ist aber der Staat mit seiner Gewalt und seinem Zwange eine conditio sine qua non einer fortschrittlichen Entwickelung der Menschheit, dann rühre man nicht an den Grundlagen des Staates, an den Mitteln seiner Herrschaft, am Eigenthum und Kapital. — Gewiss, diese Herrschaft lastet schwer auf dem Volke, aber es gibt kein anderes Mittel es zu besseren Zuständen zu erheben . . . .« [2]).

Dies im Wesentlichen die Darstellung Gumplowicz's, die meines Erachtens nur in einem Punkte einer Vervollständigung bedarf. Gumplowicz sagt zwar, dass der Staat unentbehrlich ist, weil ein halbwegs erträglicher Zustand

[1]) Gumplowicz, a. a. O. pag. 347 ff.
[2]) Gumplowicz. a. a. O. pag. 505.

ohne staatliche Herrschaft ganz undenkbar ist, damit scheint
mir jedoch der letzte und eigentliche Grund für die Nothwendigkeit des Staates und der staatlichen Organisation
noch nicht berührt. Diesen letzten Grund hat Schäffle [1])
hervorgehoben, wenn er darauf hinweist, dass der Mensch
als einzelnes Individuum viel zu schwach ist um allein für
sich den Kampf mit der äusseren Natur aufzunehmen und
sich eine auch nur einigermassen erträgliche Existenz zu
schaffen, dass es hiezu eines gemeinsamen Zusammenwir-
kens mehrerer Menschen bedarf. Schäffle nennt dies den
„kollektiven Kampf um's Dasein“. Sollen aber mehrere
Menschen nach einem bestimmten und einheitlichen Plane
zusammenwirken, so ist eine Organisation nothwendig, welche
diese verschiedenen Individuen (wie etwa die Soldaten eines
Regiments) zu einem einheitlichen Ganzen zusammenfasst
und diese Aufgabe löst eben der Staat mit seiner Herrschaftsorganisation oder mit seiner Rechtsordnung, und ganz
besonders mit der Institution des Eigenthums.

Das Zusammenwirken mehrerer Menschen nach einem
einheitlichen Plane erfordert selbstverständlich eine gewisse
Subordination, kein Mittel aber vermag die Subordination
so sehr herbeizuführen und so kräftig zu wahren wie wenn
man dem Betreffenden einen Vortheil in Aussicht stellt
und die Erlangung dieses Vortheiles an die Erfüllung gewisser Bedingungen knüpft. Keine Androhung von Strafen
wirkt so intensiv wie die Aussicht auf einen Vortheil, weil
der Betreffende eben weiss, dass er den Vortheil nur erlangen kann, wenn er die Bedingung erfüllt. Dies beugt

---

[1]) Schäffle: „Bau und Leben des sozialen Körpers“, 1. Aufl. Bd. II.
(Tübingen, 1878) pag. 59 ff.

seinen Willen und veranlasst ihn dasselbe zu wollen, was der „Herr" will, bringt also die Uebereinstimmung beider Willen hervor, während die Androhung von Strafen — und wären sie noch so hart — nicht leicht eine Uebereinstimmung des Willens erzeugt, sondern lediglich einen äusseren, widerwilligen Gehorsam erzwingt und immer noch dem Hintergedanken Raum giebt, dass man sich durch einige Schlauheit der Strafe werde entziehen können.

Derartiger Vortheile, die die Gesellschaft dem Einzelnen als Prämie dafür in Aussicht stellen kann, dass er seinen Willen dem der Gesammtheit unterordnet, und dass er die übernommenen Verpflichtungen gewissenhaft erfüllt, giebt es indess nicht viele, präziser ausgedrückt, zwei: das Avancement (höheres Jahreseinkommen, einflussreichere Stellung mehr Ansehen) und der einfache pekuniäre Vortheil. Und da man selbstverständlich nicht die gesammte Bevölkerung eines Staates in die Stufenleiter einer Beamten-Hierarchie hineinpressen, und nicht bei jedem Einzelnen die Unterordnung seines Willens unter den der Gesammtheit durch die Aussicht auf ein Avancement herbeiführen kann, so bleibt für die grosse Masse der Nichtbeamten als einziges Auskunftsmittel der pekuniäre Vortheil übrig. Und da ferner ein sog. pekuniärer Vortheil ohne die Institution des Eigenthums nicht möglich ist, so erweist sich die Institution des Privateigenthums als das einzige zuverlässige Mittel um die unzähligen Einzelnwillen bis zu einem gewissen Grade dem einheitlichen Willen des Staates zu unterwerfen, d. h. um diejenige staatliche Organisation der Massen zu erzwingen, die der „kollektive Kampf um's Dasein" gebieterisch fordert.

Dabei ist es durchaus nicht nothwendig — wie dies

von sozialistischer Seite so häufig geschieht — auf den „Hunger und die Kälte" hinzuweisen, die den „armen Teufel" zwingen sich den harten Bedingungen zu unterwerfen, die ihm der Arbeitgeber vorschreibt. Generale und Regierungspräsidenten hungern und frieren in der Regel nicht, wenn sie aber trotzdem ihren Willen dem der Gesammheit unterordnen, so geschieht dies — abgesehen von dem Pflichtgefühl, das jedem wahrhaft gebildeten Menschen innewohnt — aus dem Grunde, weil sie sehr wohl wissen, dass sie im entgegengesetzten Falle ihre Stellung verlieren würden. Mit anderen Worten, die Institution des Eigenthums sichert zwar die Subordination, allein es ist zu diesem Behufe absolut nicht nothwendig, dass der Untergebene sich in einer traurigen Lage befinden müsse. Ueberdies ist das Verhältnis ein zweiseitiges. Wer auf der einen Seite Geldempfänger ist und daher sich dort bis zu einem gewissen Grade beugen oder fügen muss, ist gleichzeitig auf der anderen Seite Geldgeber und kann daher hier bis zu einem gewissen Grade als Herr auftreten und seinerseits wieder Gehorsam fordern.

Das Bedürfnis nach einheitlicher Organisation der Massen, wie sie der kollektive Kampf um's Dasein fordert, nun macht sich namentlich nach drei Richtungen hin fühlbar, auf dem Gebiete der Landesvertheidigung, auf dem der staatlichen Verwaltung und schliesslich auf dem der volkswirthschaftlichen Produktion.

Das Bedürfnis der Landesvertheidigung ist dasjenige, welches zuerst hervortritt, und welches die strammste Organisation der Massen erfordert. Wir sehen daher, dass schon der mittelalterliche Staat, der im Punkte der einheitlichen Leitung bekanntlich weit hinter dem modernen Staate zurückblieb, zunächst bemüht war das Heerwesen zu organisiren, um auf diesem Gebiete wenigstens ein einheitliches Vorgehen und Handeln zu sichern. Und wie erreicht der mittelalterliche Staat dieses Ziel? Durch die Institution des Eigenthums in der Form des Lehenwesens. Der König giebt den Vasalen Land zu Lehen, d. i. zu erblicher Nutzniessung, knüpft jedoch die Bedingung daran, dass der Vasall ihm zur Leistung der Heeresfolge verpflichtet sein und im Falle der Pflichtversäumnis sein Lehen verlieren soll. Und dieses einfache Auskunftsmittel erweist sich das ganze Mittelalter hindurch kräftig genug um den Gehorsam der Vasallen zu erzwingen und die Heeresorganisation zu sichern.

Im modernen Staate ist es abermals die Institution des Eigenthums, u. zw. in der Form der Besoldung, welche die Subordination aufrecht und die einheitliche Organisation sowohl auf dem Gebiete des Heerwesens als auf dem der staatlichen Administration ermöglicht. Der Staat besoldet seine Truppen und seine Beamten und diese widmen ihre Kraft dem Staate und gehorchen seinen Befehlen, weil sie wissen, dass sie im Falle des Ungehorsams ihrer Stelle entsetzt und ihre Besoldung verlieren würden.

Auf dem Gebiete der Volkswirthschaft fehlt heute eine derartige sichtbare einheitliche Leitung, aber die Leitung ist darum nicht minder vorhanden, u. zw. ist es abermals die Institution des Eigenthums, welche die Einzelnen veranlasst ihren Willen dem der Gesammtheit zu unterordnen und ihre Kräfte der Gesammtheit zu widmen. Bestünde ein kommunistisch organisirter Staat, etwa in der Weise wie ihn die kommunistischen Staatsromane in so anziehender Weise schildern, so würde die weitaus wichtigste Auf-

gabe in diesem Staate einem Ministerium für Volkswirthschaft zufallen, welches dafür zu sorgen hätte, dass diejenigen Güter erzeugt würden, deren die Gesammtheit bedarf.
Eine derartige Aufgabe zu lösen, ist nicht leicht, und ganz
besonders wären es zwei gewaltige Schwierigkeiten, mit
denen jenes Ministerium für Volkswirthschaft zu kämpfen hätte.

Die erste Schwierigkeit würde aus der kontinuirlichen
Veränderung und Verbesserung der bestehenden Industrien
hervorgehen. Die Industrie steht bekanntlich nicht still
und tagtäglich werden kleine Veränderungen und Verbesserungen erfunden; bald wird das Produkt verbessert oder
wenigstens in gefälligerer Form hergestellt, bald wird
der Produktions-Prozess vereinfacht, bald wird das Produktionswerkzeug da oder dort vervollkommnet. Es ist
wahr, dass ein guter Theil dieser angeblichen „Verbesserungen" sehr problematischer Natur ist. Zunächst darf
man wohl die Behauptung hinstellen, dass vielleicht der
grössere Theil derjenigen Bemühungen, welche auf die ge-
fälligere Form des Produktes abzielen, eine volkswirthschaftliche Verschwendung repräsentirt. Ob das Tuch, aus dem
unsere Kleider hergestellt werden, gestreift oder karrirt ist,
ob das Muster aus diesen oder jenen Farben zusammenge-
setzt ist, oder ob mein Trinkglas so oder so geschweift
oder geschliffen ist, ist ziemlich gleichgiltig, denn nicht die
Form sondern die Qualität des Artikels ist das Wesentliche. Der heutige Unternehmer allerdings muss der Form
seines Artikels eine grosse Sorgfalt zuwenden, weil er hoffen
darf auf diesem Wege seine Konkurrenten aus dem Felde
zu schlagen, d. h. ihnen einen Theil ihrer Kundschaft abzujagen. Stellt man sich dagegen auf den höheren Standpunkt der ganzen Volks- oder Menschheitswirthschaft, so

darf man es bis zu einem gewissen Grade beklagen, dass
so viele Hunderte oder Tausende von Personen ihre ganze
Kraft lediglich zu dem Behufe verschwenden um neue
Muster von Stoffen, neue Formen von Trinkgläsern, Tinten-
fässern, Hüten, Leuchtern etc. etc. zu ersinnen — sie hätten
nützlichere Dinge vollbringen können. Allein wer will es
läugnen, dass auch diese Bemühungen — wenn sie nicht
in eine krankhafte Sucht nach „Nouveautés" ausarten —
bis zu einem gewissen Grade ihre Berechtigung haben, weil
die gefällige Form der Artikel unseres täglichen Bedarfes
uns erfreut und das Leben angenehmen gestaltet. — Von
denjenigen „Verbesserungen", die in einer effektiven Ver-
schlechterung der Waare bestehen, weil sie lediglich darauf
abzielen einen sog. Schund, der äusserlich nett ausgestattet
ist, dem Kunden anzuhängen, sei hier nicht einmal die
Rede.

Was ich hier im Auge habe, sind jene wirklichen
kleinen Verbesserungen des Produktes, des Produktionspro-
zesses oder des Werkzeuges, die heute tagtäglich erfunden
und in der Praxis eingeführt, jene unscheinbaren kleinen
Vervollkommnungen, die aber (analog den Hebungen oder
Senkungen der Erdoberfläche im Laufe der Jahrtausende)
sich summiren und schliesslich einen ganz gewaltigen Fortschritt repräsentiren. Heute werden diese kleinen Verbesserungen, ohne viel Worte darüber zu verlieren, von den
Einzelunternehmern eingeführt, weil jeder derselben kontinuirlich bemüht ist jeden noch so geringen Vortheil zu
erhaschen um seine Konkurrenten zu überflügeln. Nun
denke man sich die Industrie in den Händen des Staates
konzentrirt, u. zw. noch überdies in den Händen eines
Staates, in dem der Stachel der Konkurrenz fortfällt —

werden sich da nicht eine Menge kleiner Reibungen und
Schwierigkeiten ergeben, welche jene kleinen Fortschritte
verzögern oder unmöglich machen? In irgend einer der gesellschaftlichen Fabriken wird Seitens eines Arbeiters oder
eines Ingenieurs irgend eine kleine Verbesserung erfunden.
Denjenigen Personen, die in dieser Fabrik beschäftigt sind,
leuchtet der Vortheil sofort ein, weil sie das Ding vor
Augen haben und alle Details der Arbeit aus eigener Erfahrung kennen. Sie wenden sich an die Oberbehörde und
ersuchen um die Einleitung derjenigen Schritte, die erfor-
derlich sind um die Verbesserung sofort einzuführen; die
Oberbehörde aber, die dem praktischen Treiben ferner steht,
vermag den Gewinn nicht richtig zu würdigen und weigert
sich die Verbesserung einzuführen. Derartige Fälle kommen
in Staats- oder Aktienfabriken ausserordentlich häufig vor.
Man wende nicht ein, dies sei büreaukratischer Schlendrian "
v. dgl., der wohl heute häufig vorkömmt, der aber im
Sozialstaate der Zukunft nicht denkbar sei. Derartige Mei-
nungsdifferenzen sind nicht immer „büreaukratischer Schlendrian", sondern entspringen häufig aus dem Umstande, dass
derjenige, der auf einem höheren Posten steht — und derartig höhere Posten oder Aemter wären auch im Sozialstaate unvermeidlich — dessen ganze Aufmerksamkeit also
durch die Fragen höherer Ordnung in Anspruch genommen
wird, unmöglich die Details des praktischen Lebens alle
genau kennen kann. Er betrachtet die Dinge gewissermassen aus der Vogelperspektive, er hat den weiten Blick,
der nothwendig ist wenn es gilt die grossen Fragen zu
lösen, aber das Detail entzieht sich seinem Auge. Umgekehrt — und davon soll weiter unten die Rede sein —
kommt derjenige der unten, der mitten d'rin steht im Ge-

triebe des täglichen Lebens, leicht in die Gefahr, über die
kleinen Vorkommnisse das Verständnis für das Allgemeine
zu verlieren; er sieht die Bäume, kann aber den ganzen
Wald nicht überblicken.

Man versetze sich nur recht lebhaft in einen Kommu-
nistenstaat, etwa nach Utopien oder nach Ikarien, und man
wird die Schwierigkeiten wenigstens ahnen können, die sich
nach der in Rede stehenden Richtung ergeben müssten.
Die Ikarier oder Utopier besitzen — wie wir annehmen
wollen — mechanische Spinnereien, die alle im vollen Betriebe stehen, weil die Regierung ganz genau weiss, wie
gross der jährliche Garnbedarf ist und die Produktion demselben angepasst hat. Sollen die Spinnfabriken im regel-
mässigen Gange erhalten werden, so muss selbstverständlich auch für die Spinnmaschinen vorgesorgt werden. Die
Regierung hat daher auch ihre Maschinenfabriken, in denen
die erforderlichen Spinnmaschinen erzeugt und vorräthig
gehalten werden Nun wird eine vervollkommnete Spinn-
maschine erfunden, die die Arbeit des Spinnens wesentlich
vereinfacht, gleichzeitig ist aber noch ein grösserer Vorrath
an älteren Spinnmaschinen vorhanden. Soll man diese
älteren Spinnmaschinen etwa wieder einschmelzen und die
neuerfundenen Maschinen bauen? — dann war die ganze
auf die Herstellung der bisherigen Spinnmaschinen gerichtete
Arbeit verschwendet. Soll man den Vorrath an älteren
Maschinen erst langsam aufbrauchen und dann erst die
neuen konstruiren? — dann verschwendet man abermals
Arbeitskräfte, weil man an dem älteren Produktionsverfahren festhält, während das verbesserte bereits bekannt ist.
Ueberdies wäre es möglich, dass die neuen Maschinen, wenn
sie jetzt schon in Verwendung kämen, in der Zwischenzeit

(ehe noch der Vorrath der älteren aufgebraucht ist) abermals verbessert worden wären — dann unterbleibt der
zweite Fortschritt, weil man den ersten nicht sofort ver-
werthet hat. Weiter: was geschieht mit den Arbeitern?
Werden die verbesserten Spinnmaschinen in einigen Fabriken
sofort eingeführt, während in den übrigen noch die alten
Maschinen in Verwendung bleiben, so werden die Arbeiter
in den erstgedachten Spinnereien leichter arbeiten als in
den letztgedachten — diese Ungleichheit muss selbstverständlich ausgeglichen werden, was auch wieder einige Unzukömmlichkeiten verursacht.

Diese Schwierigkeiten sind nicht klein, wie man sieht,
trotzdem möchte ich dieselben verhältnismässig nicht so
hoch veranschlagen, u. zw. aus dem Grunde nicht, weil wir
heute schon Industrien in den Händen des Staates, der
Kommunen oder in den von Aktiengesellschaften haben,
welche diese Schwierigkeiten im allgemeinen in befriedi-
gender Weise zu besiegen wissen. Auch die Gefahr, dass
eine gegen die Konkurrenz geschützte monopolisirte Staats-
industrie es unterlassen könnte durch kontinuirliche Verbesserung des Produktes den Wünschen der Konsumenten
entgegen zu kommen, scheint mir nicht so bedeutend, weil
wir sehen, dass z. B. die Verwaltungen der Post oder die
Verwaltung der staatlichen Tabakfabriken in den Ländern
des Tabakmonopols (wenigstens in der Gegenwart) bemüht
sind immer neue Verbesserungen einzuführen und die
Wünsche des Publikums thunlichst zu berücksichtigen.

Weit grösser scheint mir die zweite Schwierigkeit, die
sich aus der Einführung neuer Industriezweige ergeben
kann, und die — wie vorhin erwähnt wurde — aus dem
Umstande hervorgeht, dass derjenige der unten steht, also

das eigentliche Volk, nicht leicht das Verständnis für die Lösung der sog. grossen Fragen besitzt und besitzen kann, die an die Regierung (in unserem Falle also an das Ministerium für Volkswirthschaft im Kommunistenstaate) so häufig herantreten. Versetzen wir uns abermals etwa nach Utopien, wo bekanntlich die Eisenbahnen noch nicht existiren und nehmen wir an, dass der Regent und das Ministerium von dieser europäischen Erfindung hören und die grosse Bedeutung derselben richtig erfassen. Die Regierung habe also den Wunsch Eisenbahnen im Lande zu bauen — das ist in Utopien nicht so leicht durchzuführen als in einem anderen Lande. Die Utopier sind an ein bestimmtes Leben gewöhnt, sie haben ihre bestimmte Kost, Jeder erhält sein bestimmtes Quantum an Kleidern und sonstigen Bedarfsartikeln aus den gemeinsamen Magazinen jährlich geliefert etc. und dieser gewohnten Lebenshaltung ist auch die jährliche Produktion angepasst. Mit kurzen Worten, jeder Einzelne ist an einen gewissen Konsum an eine bestimmte Arbeit und an eine bestimmte der Erholung gewidmete freie Zeit gewöhnt.

Sollen nun Eisenbahnen gebaut werden, so verursacht dies eine ganz kollossale Revolution in dem bisherigen Leben unserer glücklichen Insulaner. Die Berg- und Hüttenwerke müssen ihre Thätigkeit verdoppeln um die Schienen zu liefern, in den Wäldern muss mehr Holz geschlagen werden um das Material zu den Schwellen, Waggons etc. beizustellen, die bestehenden Maschinenfabriken müssen ihren Betrieb ausdehnen um die Lokomotiven und sonstigen Maschinen, Pumpwerke, Krahne etc. herzustellen, Waggonfabriken müssen errichtet werden und schliesslich braucht man so und so viel Tausende von Erdarbeitern, Maurern

etc. etc. mehr als bisher. In Utopien geht Niemand müssig,
jeder einzelne Bürger ist in der bisherigen gewohnten
Weise vollauf beschäftigt. Sollen also diese riesigen Arbeiten ausgeführt werden, die der Bau von Eisenbahnen
voraussetzt, so muss die Arbeitslast des ganzen Volkes bedeutend gesteigert werden. Das Personale der Berg- und
Hüttenwerke, der Maschinenfabriken, der Baugewerke u. dgl.
muss bedeutend verstärkt, oder seine tägliche Arbeitszeit
muss um ein namhaftes verlängert werden. Der stärkere
Bedarf dieser Industriezweige an Arbeitskräften kann jedoch
nur in der Weise befriedigt werden, dass die letzteren ihren
bisherigen Industrien entzogen werden; die Landwirthschaft,
die Spinnereien, die Webereien, die Schneider- und Schuh-
macherwerkstätten, die Papierfabriken und Druckereien, kurz
alle übrigen Etablissements werden einen Theil ihrer bisherigen Arbeiter an die Eisenbahnen abtreten müssen und
müssen entweder ihre restlichen Arbeitskräfte weit stärker
anspannen als bisher, oder sie müssen ihre Produktion
wesentlich reduziren, das will aber besagen, dass die Utopier in der Zwischenzeit weniger (oder schlechter) zu Essen,
weniger Kleider, Möbel und sonstige Bedarfsartikel bekommen. Die Utopier also, wenn sie Eisenbahnen haben wollen, stehen vor der sehr unangenehmen Alternative, dass
sie entweder die Mehrarbeit auf sich nehmen oder ihren
gewohnten Konsum wesentlich einschränken müssen. Und
wenn das Volk anfängt zu murren, weil es den Vortheil
der Eisenbahnen nicht sofort begreift und sich weigert die
eine wie die andere Last auf sich zu nehmen, dann steht
die Regierung vor der Alternative, das Volk (wenn sie es
kann) mit Kartätschen zum Eisenbahnbau zu zwingen oder
die Bahnen ungebaut zu lassen. Ich sage absichtlich „mit

Kartätschen", denn die brutale Gewalt wäre das einzige
denkbare Mittel, das der Regierung, beziehentlich der Majorität in einem Kommunistenstaate zur Verfügung stehen
könnte, um ihren Willen gegenüber der Bevölkerung respektive der Minorität derselben durchzusetzen.

Heute lösen sich diese Schwierigkeiten so zu sagen
von selbst, u. zw. durch die Institution des Privateigenthums.
Der Unternehmer weiss, dass sein Gewinn um so grösser
wird, je richtiger er den Bedarf erkannt und je rationeller
er seine Produktion eingerichtet hat, er ist daher unabläs-
sig bemüht den 'Bedürfnissen und Neigungen des Publikums entgegen zu kommen und seine Artikel, seine Produktion und seine Werkzeuge fortwährend zu vervollkomm-
nen. Handelt es sich um die Einführung neuer oder um
die Ausdehnung und Beschränkung bestehender Industriezweige, so ist es abermals der Unternehmer, der — ange-
lockt durch den möglichen Gewinn — seine Entschlüsse
in geräuschloser Weise fasst und sie ebenso geräuschlos
durchführt, denn mit Hilfe des Geldes, d. i. eben der Institution des Eigenthums lenkt er seine Arbeiter an unsicht-
baren Fäden, die indess nie ihren Dienst versagen. Sollen
beispielsweise heute in einem Lande Eisenbahnen gebaut
werden, so sind es die Unternehmer (ob diese Unternehmer
„Staat" oder „Aktiengesellschaft" oder „Einzelunternehmer"
heisst, ist unter den bestehenden Verhältnissen gleichgiltig),
welche diesen Entschluss fassen und ausführen. Allerdings
wird dadurch auch heute dem Volke eine gewisse Mehrarbeit und eine gewisse Einschränkung aufgebürdet, u. zw.
ganz in der nämlichen Weise wie in Utopien, nur mit dem
gewaltigen Unterschiede, dass die wirklich existirenden

Völker diese Mehrarbeit mit Vergnügen auf sich nehmen, weil sie hiefür gut bezahlt werden.

Wenn heute in einem wirklich existirenden Lande Eisenbahnen gebaut werden sollen, so erklären die Unternehmer in den Eisen- und Kohlenwerken, in der Maschinen- und Waggonbau-Industrie, in der Forstwirthschaft, in den Baugewerben, und wie die betheiligten Industrien alle heissen, ihren Leuten: „Wir brauchen viele Arbeitskräfte, die alle tüchtig und mehr arbeiten müssen als bisher, sie sollen aber auch alle gut bezahlt werden." Das wirkt. Wird dem Arbeiter eine gute Bezahlung in Aussicht gestellt, so unterzieht er sich mit Freuden der Mehrarbeit. Ganz anders in Utopien. Dort kann die Regierung den Arbeiter nicht bezahlen, sie kann ihm den Vortheil der Mehrarbeit nicht handgreiflich vor die Augen führen, sie kann dem Volke lediglich auseinander setzen, dass die Eisenbahnen seiner Zeit — wenn sie fertig sein werden — eine Wohlthat sein werden, weil sie den Transport von Personen und Gütern erleichtern werden. Eine derartig akademische Belehrung des Volkes wird aber nie so überzeugend und namentlich nie so rasch wie wenn man dem Einzelnen den blanken Thaler zeigt und ihm sagt: „Siehst du hier den Thaler, den kannst du sofort haben, wenn du etwas mehr als gewöhnlich arbeiten willst."

Dieser blanke Silberthaler ist der Talisman, der heute die Arbeiter in den Berg - und Eisenwerken, in den Maschinen- und Waggonfabriken, in den Forsten, in den Baugewerben etc. antreibt die Mehrarbeit zu leisten. So werden schon die Arbeiter in den betheiligten Industrien veranlasst einen nicht unbedeutenden Theil der durch den Eisenbahnbau verursachten Mehrarbeit auf sich zu nehmen, und wer-

den demgemäss den übrigen Produktionszweigen verhältnismässig weniger Arbeitskräfte entzogen. Und auch hier
wieder genügt es die restlichen Arbeiter durch höheren
Lohn zu erhöhter Thätigkeit anzuspornen um den Ausfall
an Arbeitskräften auf diese Weise zu decken. Mit anderen
Worten, die Institution des Eigenthums gewährt den un-
geheueren Vortheil, dass die wirklich existirenden Völker
die Mehrarbeit, die durch eine neue Produktion (wie beispielsweise der Eisenbahnbau) verursacht werden, mit Freuden auf sich nehmen, ferner dass — eben weil sie die
Mehrarbeit leisten — die Einschränkung im gewohnten
Konsum eine relativ geringere ist. Endlich vollzieht sich
diese Einschränkung des Konsums in der Form einer Preissteigerung der betreffenden Artikel, d. i. in einer Form, über
die man allenfalls murrt, gegen die man aber nicht revoltiren kann und überdies wird die Preissteigerung von allen
Denjenigen weniger empfunden, die in Folge des Bahnbaues
oder der gesteigerten Produktion mehr verdienen als bisher.

Eines dürfte aus dem Gesagten ziemlich zweifellos
hervorgehen, dass nämlich die Institution des Eigenthums
thatsächlich ein eminentes Herrschaftsmittel, d. h. ein Mittel
ist um auf dem Gebiete des Heerwesens, der politischen
Verwaltung (im weitesten Sinne) und der volkswirthschaftlichen Produktion die .Menschen zu einem einheitlichen
Ganzen zusammen zu fassen und die vielen Einzelnwillen
dem Willen der Gesammtheit zu unterwerfen. Gegenüber
dieser im Laufe der Jahrtausende durch die Erfahrung er-
probten Thatsache erscheint es mindestens gesagt fraglich,
wie eine staatliche Organisation der Menschen, d. i. wie
eine Subordination der Einzelnen unter die Gesammtheit
auf Grundlage der Institution des Kollektiveigenthums mög-

lich sein soll. Allerdings versichern uns die Anhänger der modernen Sozialdemokratie (des „halben Kommunismus"), dass die Bürger des künftigen Sozial- oder Volksstaates zur Hingebung an die Gesammtheit erzogen sein werden, und dass man der Jugend auf dem Wege der Erziehung die Liebe zur Menschheit und strenges Pflichtgefühl bei- bringen könne, allein wenn sie dies thun, thun sie im Grunde nur dasselbe, was die Verfasser der Staatsromane thun, die uns auch jedesmal versichern, dass die Utopier, die Sonnenbürger, die Sevarambier, die Ikarier, und wie sie alle heissen, von der regsten Hingebung an das Vaterland, vom strengsten Pflichteifer, von Fleiss und Arbeitslust u. dgl. beseelt seien. — Ja, wenn die Erde nicht von Menschen, sondern von Engeln bevölkert wäre, dann gäbe es allerdings keine sozialen Leiden, dann wäre nicht nur die Institution des Privateigenthums, sondern überhaupt jedes Gesetz ent- behrlich, weil Jeder nur dasjenige thun würde, was im Interesse der Gesammtheit wünschenswerth ist.

Der Hinweis auf das Gedeihen der ammerikanischen Kommunistengemeinden beweist nichts [1]), denn einmal nehmen dieselben nur solche Personen als Mitglieder auf, die sich freiwillig den Regeln des gemeinsamen Lebens unterordnen, und zweitens gestatten sie denjenigen ihrer Mitglieder, die sich in der Gemeinschaft unbehaglich fühlen, auszutreten. Der Bestand einer Gesellschaft, deren Mit- glieder sich freiwillig zusammenfinden und freiwillig bei- sammen bleiben, beweist aber nicht, dass ein Staat, der seine Bürger nicht beliebig auslesen und zusammenstellen

[1]) Dr. Charles Nordhoff: „The communistic societies of the United States". Newyork, 1875.

kann, auf der nämlichen Basis des Kollektiveigenthums
und der Kollektivwirthschaft organisirt sein könne, wie eben
jene Gesellschaft.

Eigenthümlich bleibt es immerhin, dass gerade die
Anhänger der halbkommunistischen Richtung, welche eine
weit strammere Organisation des Staates und der gesammten Volkswirthschaft verlangen als wir sie heute besitzen
und je besessen haben, dass gerade die Anhänger dieser
Richtung dasjenige Band lockern wollen, welches erfahrungs-
mässig das geeignetste, wenn nicht das einzige ist, das die
Menschen zusammen zu fassen vermag — die Institution
des Privateigenthums.

Beide Theile, die Anhänger des Privateigenthums wie
seine Gegner scheinen mir jedoch zu irren, wenn sie die
Institution des Privateigenthums „prinzipiell", d. i. unbedingt und allgemein giltig vertheidigen oder verwerfen, weil
sie gewisse Sätze, die für ein beschränktes Gebiet Geltung
haben oder Beachtung verdienen, verallgemeinern, ohne gehörig den konkreten Fall zu unterscheiden und zu berücksichtigen. Wenn beispielsweise die Anhänger der sog. „natürlichen Eigenthumstheorie behaupten, dass der Mensch
die Befugnis haben muss gewisse Bestandtheile der äusseren
Natur (Luft, Speise, Trank) ausschliesslich für sich in Anspruch zu nehmen, weil er sonst nicht leben kann, so haben
sie bis hierher unbedingt recht. Wenn sie dagegen aus
der Thatsache, dass der Mensch — um zu leben — athmen,
essen und trinken muss, den weiteren Schluss ziehen, dass
das Privateigenthum alle erdenklichen Gegenstände und
namentlich etwa auch den Grund und Boden umfassen
müsse, so ist dieser Schluss ein übereilter, denn bekanntlich hat es lange genug Völkerschaften gegeben, denen die

Institution des privaten Grundeigenthums unbekannt war. Umgekehrt darf man aber auch aus der Thatsache, dass ein unbeschränktes Privateigenthum an den Wegen undenkbar ist, weil durch dasselbe der gesammte Verkehr in die grauenhafteste Verwirrung gebracht würde, unmöglich folgern, dass das private Eigenthum überhaupt verwerflich sei. — Adolf Wagner hat dies in seiner „Grundlegung" (1. Aufl. pag. 499—687) sehr richtig hervorgehoben.

Adolf Wagner gelangt durch seine Untersuchung zu folgenden Resultaten:

1. Das Privateigenthum am Kapital (an den Produktionsmitteln) „muss wenigstens in der heutigen Volkswirthschaft und für weitere noch unabsehbare Zeiten aus den schwerwiegendsten Gründen des volkswirthschaftlichen Interesses vom Rechte zugelassen werden." Denn das unentbehrliche Nationalkapital kann sich grossentheils nur als Privatkapital in der erforderlichen Menge und Beschaffenheit bilden und vermehren und zweckmässige Verwendung finden. Andererseits fordert jedoch Wagner nach zwei Richtungen hin eine Beschränkung jenes privaten Kapitalbesitzes, u. zw. einmal durch Ausdehnung des „öffentlichen Kapitals", d. i. durch Ausdehnung der staatlichen, der kommunalen oder der sonstigen zwangsgemeinwirthschaftlichen Unternehmungen. Sodann durch administrative Beschränkung der Verfügungsfreiheit der privaten Kapitalsbesitzer, d. i. durch Zinsgesetze, Pacht- und Miethgesetze, Fabriksgesetze u. dgl. („Grundlegung", pag 554—556).

2. Bezüglich des Grundeigenthums ist nach den fünf Hauptkategorien des Bodens zu unterscheiden. „Ländliches, zumal mittleres und kleines (bäuerliches) Eigenthum ist auch jetzt noch zu billigen, Grossgrund-

Kleinwächter, Kartelle. 4

besitz insbesondere, wenn die Eigenthümer ihre im Ge-
sammtinteresse liegende soziale Funktion richtig erfüllen
Städtisches, namentlich grossstädtisches privates
Grundeigenthum hat überwiegende Bedenken und bedarf
daher im Falle seiner Beibehaltung um so dringender einer
eingreifenden Reform seines Rechtes. Am Bergwerks-
boden und Bergwerken ist Privateigenthum der Privaten (Gesellschaften u. s. w.) wenigstens neben öffentli-
chem Eigenthum zuzulassen. Bei Waldboden ist das
letztere vorzuziehen und daher faktisch lieber auszudehnen,
als zu beschränken. Der Wegeboden muss endlich prinzipiell Privaten nicht gehören können". („Grundlegung",
pag. 686 und 687). — Dass Adolf Wagner das private
Eigenthum am Genussvermögen (Gebrauchs- und Ver-
brauchsvermögen) unberührt lassen will, bedarf keiner weiteren Versicherung.

Wagner gelangt durch Erwägungen wirthschaftlicher
Natur zu den vorstehenden Resultaten; im Interesse einer
genügend intensiven und haushälterischen Produktion einerseits und Behufs Vermeidung von Missbräuchen und Unzukömmlichkeiten andererseits fordert er die Beibehaltung
und beziehentlich Beschränkung oder Einengung des Privateigenthums. Einen zum Theil ähnlichen und doch zum
Theile verschiedenen Gedanken regt von Böhm-Bawerk in
seiner kürzlich erschienenen Schrift: „Rechte und Verhältnisse vom Standpunkte der volkswirthschaftlichen Güter-
lehre" (Innsbruck, 1881, pag. 51—75) an. Böhm geht
von der mehr naturwissenschaftlichen Auffassung aus, dass
der Nutzen, den uns die verschiedenen Sachgüter gewähren,
nicht in den Gütern selbst, sondern in den ihnen innewoh-
nenden natürlichen Kräften zu suchen ist, dass wir daher

nicht die Güter als solche begehren, sondern die Nutzleistungen oder die Kräfteleistungen, welche diese Güter abzugeben im Stande sind, und dass eben diese Nutzleistungen (und nicht die Güter selbst) „prinzipiell die primären Einheiten, die eigentlichen Elemente unserer Wirthschaftsmittel bilden, von denen die Güter ihre eigene Bedeutung erst in zweiter Linie ableiten und erborgen." (A. a O. pag. 61). Die Zahl der Nutzleistungen, die ein Gut abzugeben vermag, ist selbstverständlich eine sehr verschiedene. Manche Güter, die sog. Konsumtibilien oder Verbrauchsgegenstände sind bekanntlich so geartet, dass sie — wenn sie überhaupt nützen sollen — ihre ganze Nutzkraft mit einem Schlage in einer einzigen Nutzleistung hingeben. Die meisten der übrigen Güter besitzen so zu sagen einen grösseren Vorrath von Nutzkraft, so dass sie eine längere oder kürzere Reihe von Nutzleistungen abzugeben vermögen; es sind dies die meisten der sog. dauerhaften oder nicht verzehrbaren Güter wie Kleider, Mobilien, Bücher, Maschinen, Gebäude u. dgl. Einige wenige Arten von Gütern endlich besitzen eine (sogenannte) unerschöpfliche Nutzkraft, wie bespielsweise die Grundstücke, das Meer, die fliessenden Gewässer u. dgl.

Das scheint mir ein sehr fruchtbarer Gedanke, weil er den Schlüssel bietet zur Lösung der Frage, in wie weit der Kommunismus möglich ist oder nicht. Böhm hat diesen Gedanken in seiner vorhin genannten Schrift allerdings nicht weiter ausgeführt.

Der Kommunismus verlangt bekanntlich, dass das Eigenthum an den diversen Dingen der Gesammtheit zustehen soll. Das ist ein Gedanke, der auf den ersten Blick gar keine Schwierigkeiten verursacht, denn das Recht ist

4*

eine ideale Beziehung des Menschen zu einer Sache und
kann ebenso wohl einem Einzelnen wie einer Mehrheit von
Personen zugestanden werden, überdies ist die Institution
des gemeinschaftlichen Eigenthums unserer Gesetzgebung
nicht fremd. Andererseits liegt es jedoch in der Natur der
Dinge, dass die Nutzungen des fraglichen Gutes nur von
den Individuen genossen werden können, nicht aber von der
„Gesammtheit" als solcher, da die letztere nichts Reales,
sondern lediglich ein Begriff, ein bloser Name für die
mehreren Individuen ist. Der eigentliche Grundgedanke
oder Kern des Kommunismus ist also die Trennung des
Eigenthums an der Substanz des Gutes von dem Anspruche
auf seine Nutzungen, diese Trennung ist aber nach dem
oben Gesagten nicht immer durchführbar.

Die Güter der ersten Kategorie, die nur eine einzige
Nutzleistung abzugeben vermögen, also die eigentlichen
Verbrauchsartikel, die müssen schliesslich in das volle und
unbedingte Privateigenthum des Konsumenten übergehen.
Ein Brot, das ich nicht essen, ein Wasser, das ich nicht
trinken darf, sind nicht im Stande meinen Hunger und
meinen Durst zu stillen. Soll das Brot oder Wasser mir
den Nutzen gewähren, den sie ihrer Natur nach zu gewähren geeignet und bestimmt sind, so muss mir schliesslich die Befugnis zustehen, diese Güter nach Belieben zu
gebrauchen oder zu verbrauchen und jeden Anderen von
der Benutzung derselben ausschliessen; hier muss der Anspruch auf die Nutzung mit dem Rechte auf die Substanz
schliesslich unbedingt zusammenfallen. Verbrauchsgegenstände (wie Lebensmittel, Brennstoffe u. dgl.) können allenfalls im gemeinschaftlichen Eigenthume stehen, so lange sie
in den gemeinsamen Magazinen lagern, sobald sie aber

den einzelnen Bürgern zum Konsum zugewiesen werden, müssen sie in deren volles und unbeschränktes Privateigenthum übergehen.

Bei den übrigen Gütern, die eine längere oder kürzere Reihe von Nutzleistungen abzugeben vermögen, muss man unterscheiden, u. zw. einerseits je nach der Beschaffenheit des Gutes und andererseits je nach den Wünschen und Bedürfnissen des Benützenden.

Ist das Gut derart beschaffen, dass es ohne gegenseitige Beeinträchtigung von mehreren Personen gleichzeitig benutzt werden kann — etwa ein Haus, das in der Regel von mehreren Personen gleichzeitig bewohnt wird, ein grösserer Tisch, an dem mehrere Personen gleichzeitig sitzen können u. dgl. — so ist es durchaus nicht nothwendig, dass das Eigenthumsrecht an der Substanz und die Ansprüche auf die Nutzungen stäts und unbedingt zusammenfallen, derartige Güter können ohne Weiteres irgend einem Dritten gehören oder auch im Eigenthume irgend einer Gesammtheit stehen. Dasselbe gilt, wenn ein Gut von so langer Dauer ist, d. h. wenn es eine so lange Reihe von Nutzleistungen abzugeben vermag, dass ein einzelner Mensch während seines ganzen Lebens die sämmtlichen Nützungen nicht konsumiren kann. Ist der Gegenstand von sog. unbegrenzter Dauer oder wenigstens voraussichtlich von längerer Dauer als mein Leben, dann ist mein Interesse genügend gewahrt, wenn ich, so lange ich lebe, die ausschliessliche Verfügungsgewalt über denselben oder das ausschliessliche Recht auf die Nutzungen habe. Was nach meinem Tode mit dem Gegenstande geschieht, den ich ohnehin nicht vernutzen kann, kann mir verhältnismässig gleichgiltig sein. Bei Gütern also, die so dauerhaft sind,

dass sie von mehreren Generationen nach einander benutzt werden können, unterliegt es gleichfalls keinem Bedenken, dass das Eigenthum an der Substanz und die
Nutzungsrechte zwei verschiedenen Personen zustehen, derartige Güter können somit gleichfalls im Kollektiveigenthum
stehen. Das ist auch der Grund, warum sich der Agrar-
kommunismus, wie er heute noch in Russland vorkommt,
oder die Gebundenheit des Grundbesitzes mit ihrer Spaltung des Eigenthums in Ober- und Unter- oder Nutzungs-
eigenthum so viele Jahrhunderte hindurch erhalten konnte.
Wer den Boden bebaut, der will in der Regel so lange er
lebt und eventuell für seine Kinder und Kindeskinder über
die Nutzungen des Bodens und damit über diesen selbst
ausschliesslich verfügen, d. h. er will die Befugnis haben
die Grundstücke heute so und morgen so zu bestellen, wie
er es eben im Interesse des Betriebes für gut findet. Weil
er aber unter keinen Umständen die Grundstücke selbst
vernutzen oder konsumiren kann, kann es ihm ziemlich
gleichgiltig sein, Wem das Eigenthum an der Substanz des
Landgutes zusteht. Die Gesammtheit ihrerseits kann ihm
und eventuell seiner Familie auf Generationen hinaus die
Nutzungsrechte bis zu einem gewissen Grade unbedenklich
einräumen, weil sie weiss, dass schliesslich nach dem Tode
der Berechtigten oder nach dem Aussterben seiner Familie
die Grundstücke, u. zw. in wesentlich unveränderter Gestalt
doch wieder an sie zurückfallen.

Fasst man die Wünsche und Bedürfnisse des Benützenden in's Auge, so gelangt man unter Umständen zu dem
nämlichen Resultate. Es kommt nämlich — wie Böhm
(a. a. O. pag. 70) sehr richtig hervorhebt — im täglichen
Leben hundert- und tausendmal vor, dass Jemand für seine

Zwecke blos der Verfügung über einzelne Nutzleistungen eines Gutes bedarf, während ihm an den restlichen Nutzleistungen desselben oder gar an dem Eigenthumsrechte gar nichts gelegen ist. Ein Reisender z. B. will die Bahn oder das Dampfschiff oder den Wagen und die Strasse einmal benützen, oder er will in der fremden Stadt die Museen, die Sammlungen, die Kirchen, die sonstigen Bauwerke und Sehenswürdigkeiten besichtigen, er würde jedoch in arge Verlegenheiten gerathen, wenn er all die Anlagen und Gegenstände, die er in seinem Leben einmal benützt oder besichtigt, sofort in's Eigenthum übernehmen und wenn er für deren Erhaltung Sorge tragen müsste. Wer in einer fremden Stadt vorübergehend, und wäre es selbst für mehrere Jahre seinen Aufenthalt nimmt, der will wohl dort ein Haus finden, in dem er wohnen kann, er denkt aber nicht daran, auch das Eigenthum an jenem Hause zu erwerben. In allen derartigen Fällen — und sie kommen, wie gesagt, im täglichen Leben unzählige Male vor — können oder müssen sogar die Nutzungsansprüche von dem Eigenthumsrechte an der Substanz getrennt werden, ist also das Kollektiveigenthum an den fraglichen Gütern nicht nur möglich, sondern unter Umständen geradezu geboten.

Alle diese Fälle, so zahlreich sie auch sein mögen, bilden indess doch nur die Ausnahme. Als Regel gilt, dass die Güter keine so ausserordentlich lange Dauer haben, d. h. dass sie von kürzerer Dauer sind als ein Menschenleben, dass die einzelnen Güter nicht gleichzeitig von mehreren Personen benutzt werden können, und dass die Absicht des Menschen nicht lediglich auf einzelne Nutzleistungen des fraglichen Gutes, sondern auf die Gesammtheit derselben gerichtet ist. Dabei ist es durchaus nicht noth-

wendig, dass man den betreffenden Gegenstand kontinuirlich
benütze; ich trage meinen Hut nicht ununterbrochen auf
dem Kopfe, aber der Fall, dass ich ausgehe tritt so häufig
und so unvorhergesehen ein, dass ich meinen Hut zu meiner
ausschliesslichen Verfügung haben muss und seinen Besitz
oder seine Benützung unmöglich mit einem Zweiten theilen
kann. In allen diesen Fällen liegt es in der Natur der
Dinge, dass mir die Befugnis eingeräumt werden muss die
fraglichen Dinge beliebig zu benutzen, zu vernutzen und
jeden Anderen von der Benutzung auszuschliessen, d. h. dass
das Recht auf die Nutzungen von dem Eigenthumsrechte
an der Substanz der Sache nicht getrennt werden kann, oder
mit anderen Worten, dass ein Kollektiveigenthum an derartigen Dingen nicht möglich ist.

Hierin liegt der Grund warum der ältere „volle" oder
„ganze" Kommunismus, wie ihn die Staatsromane fordern,
ein Traum bleiben musste und von der heutigen Sozialdemokratie, der „halb-kommunistischen" Richtung aufgegeben
wurde. Ein Kollektiveigenthum, das jeden Bissen Brot und
jede Stecknadel umfassen soll, ist eben einfach unmöglich
und ein Mensch, der gar nichts sein Eigen nennen darf,
kann nicht leben. Auch der Soldat, der nicht einmal seinen
eigenen, sondern „des Kaisers Rock" trägt, muss über ein
„Eigenthum" — und wäre es noch so klein — verfügen
dürfen und sogar dem antiken Sklaven musste sein Herr,
durch die Macht der Thatsachen gezwungen, ein gewisses
„peculium" zugestehen. Und auch dort, wo der Versuch
gemacht wurde den „vollen" Kommunismus praktisch zu
verwirklichen, in den katholischen Klöstern und in den
nordamerikanischen Kommunistengemeinden, die uns Nordhoff in seinem vorhin erwähnten Buche schildert, musste in

die strenge Regel der unbedingten Gütergemeinschaft Bresche
gelegt, mussten Ausnahmen zugestanden werden. Der
Mönch hat wenigstens sein monatliches Taschengeld und
manche der nordamerikanischen Kommunistengemeinden
helfen sich in der Weise, dass für die Kleidung und die
sonstigen kleinen Bedürfnisse jedes ihrer Mitglieder jährlich
eine bestimmte Summe ausgeworfen wird, über welche
letzteres beliebig verfügen darf. Jedes Mitglied dieser Kom-
munistengemeinde erhält ein Büchel, in welchem ihm jährlich die festgesetzte Summe von etwa 25 bis 100 Dollars
gut geschrieben wird. Braucht dasselbe nun irgend ein
Kleidungsstück, eine Taschenuhr, einen Kamm, etwas Tabak
oder derartige Kleinigkeiten, so geht es mit seinem Büchel
in das bestimmte Magazin, dort wird ihm der fragliche
Gegenstand ausgefolgt und der hiefür entfallende Betrag im
Büchel zur Last geschrieben. Wer auf diese Weise die
für ihn ausgeworfene Summe im Laufe des Jahres nicht
erschöpft, darf verlangen, dass ihm der Rest auf die Rechnung des folgenden Jahres vorgetragen oder baar auf die
Hand herausgezahlt werde. Nordhoff erwähnt, dass während
des Bürgerkrieges von den Mitgliedern dieser Kommunisten-
Gemeinden aus ihren derart gemachten Privat-Ersparnissen
bedeutende Summen wohlthätigen Zwecken zugewendet
wurden [1]).

Der moderne „halbe" Kommunismus hat, wenn er es
auch nicht direkt ausgesprochen hat, die Undurchführbarkeit
der vollen und unbedingten Gütergemeinschaft eingesehen
und die Forderung ihrer Realisirung demgemäss fallen
lassen. Derselbe will bekanntlich das Privateigenthum am

---

[1]) Nordhoff: „The communistic societies etc." pag. 88.

Genussvermögen (an den Gebrauchs- und Verbrauchsgegen-
ständen). sowie den privaten Haushalt unverändert beibe-
halten, dagegen das Produktionswerkzeug, u. zw. „bis auf
die letzte Schlosserfeile hinunter" in den kollektiven Besitz
bringen und die Produktion auf gemeinwirthschaftlicher
Basis organisiren. Das ist eine Forderung, die wenigstens
nicht schon a priori so undurchführbar erscheint wie die
der unbedingten Gütergemeinschaft. Die Produktion ist ja
heute schon in gewissem Sinne eine kollektive, in jeder
Werkstätte und in jeder Fabrik sehen wir wie die Arbeiter
nach einem einheitlichen Plane zusammenwirken und sich
gegenseitig in die Hände arbeiten. Und auch die Thatsache ist nicht neu, dass in der gewerblichen Produktion
das Eigenthum am Produktionsmittel und die Benützung
desselben getrennt ist, denn der Unternehmer arbeitet oft
genug nicht selbst in der Werkstätte mit und der Arbeiter
ist nicht Eigenthümer der Werkzeuge und Stoffe, die er
täglich in der Hand hat.

Die „letzte Schlosserfeile" allerdings wird der moderne
„halbe" Kommunismus wohl oder übel aus seinem Programm streichen müssen, denn so gänzlich und unbedingt,
wie die Sozialdemokratie dies verlangt, lässt sich die gesammte Produktion nicht auf kollektiver Basis organisiren.
Wohl ist es richtig, dass die häusliche Produktion für den
unmittelbaren Bedarf im Laufe der Zeit durch die gewerbliche Produktion auf ein verhältnismässig sehr enges Gebiet
eingeschränkt worden ist, allein ganz verschwunden ist sie
noch lange nicht und wird auch nie ganz verschwinden,
weil es in vielen Fällen bequemer ist eine kleine Arbeit
(namentlich eine kleine Reparatur) selbst im Hause vorzu-
nehmen, statt erst den betreffenden Gewerbsmann herbei-

zuholen und die Arbeit von ihm besorgeu zu lasseu. Ausserdem lässt sich ja gar nicht allgemein festsetzen, was Genussvermögen (Gebrauchs- oder Verbrauchsartikel) und was
Produktionsmittel ist, weil dies in vielen Fällen ausschliesslich von dem Willen des Betreffenden abhängt. Esse ich
die Weintraube roh, so ist sie ein Konsumtionsartikel,
presse ich sie um Wein daraus zu erzeugen, so wird sie
zum Produktionsmittel; ist das Taschenmesser, das ich bei
mir trage, ein Gebrauchsgegenstand oder ein Produktionswerkzeug? Man darf eben nicht vergessen, dass die Produktionsmittel — wie Menger [1]) sehr richtig sagt — weiter
nichts sind als Güter „höherer" oder „entfernterer Ordnung", mit Hilfe deren oder aus denen man die Genuss-
güter, die sog. Güter „erster" oder „niederer Ordnung"
herstellt, und dass es in den meisten Fällen lediglich von
dem Willen der Person abhängt, ob sie das fragliche Gut
so wie es ist zu ihrem persönlichen Gebrauche verwenden
oder ob sie dasselbe einer weiteren Bearbeitung unterziehen
will u. dgl. Es giebt ja doch bekanntlich eine Unzahl von
Personen, die aus purer Liebhaberei sich in ihren freien
Stunden mit irgend welcher Handarbeit beschäftigen. Will
also der künftige Volksstaat sich seinen Bürgern gegenüber
nicht der allerkleinlichsten und härtesten Tyrannei schuldig
machen, so wird er die häusliche Produktion nie und nimmer gänzlich unterdrücken können.

Die eigentliche gewerbliche Produktion, die wird wohl
zum Theile schon heute auf der Basis des Kollektiveigenthums und der Kollektivwirthschaft betrieben, wie die offe-

---

[1]) Karl Menger: „Grundsätze der Volkswirthschaftslehre" (Wien, 1871),
pag. 7 ff.

nen Handelsgesellschaften, die Erwerbs- und Wirthschafts-
genossenschaften (speziell die Produktivgenossenschaften),
die öfter erwähnten nordamerikanischen Kommunistengemeinden und die katholischen Klöster beweisen, aber gar
zu viel darf man von dieser Form des Betriebes nicht erwarten, u. zw. aus dem Grunde nicht, weil das eigentliche
Kollektiveigenthum — um den Gumplowicz'schen Ausdruck
zu gebrauchen — kein „Herrschaftsmittel" ist.

Die heutige gewerbliche Produktion ist, wie schon gesagt, in gewissem Sinne eine kollektive, denn sie beruht
auf dem Zusammenwirken oft sehr vieler Arbeiter und dem
richtigen Ineinandergreifen der verschiedenen Arbeiten.
Allein dieses pünktliche und genaue Zusammenwirken der
Arbeiter nach einem einheitlichen Plane setzt wie bei der
Armee eine unbedingte Subordination der einzelnen Personen
u. zw. nicht blos der eigentlichen Arbeiter, sondern auch
der Aufseher, Fabriks-Ingenieure, Direktoren etc.) unter den
einheitlich leitenden Willen voraus und diese Subordination
wird — wie an früherer Stelle dargelegt wurde — durch
das Privateigenthum in geradezu unwiderstehlicher Weise
erzwungen. Ist nämlich der Unternehmer Eigenthümer
seines Unternehmens und stehen ihm seine Hilfsarbeiter
(u. zw. wie schon gesagt, vom Fabriksdirektor angefangen
bis zum letzten Taglöhner hinunter) als Bedienstete gegenüber, so muss der Bedienstete gehorchen weil er im entgegengesetzten Falle einfach entlassen wird. Ja, selbst wenn
einer der Bediensteten aus krankhaftem Eigensinn nicht
gehorcht, so verursacht dies keine wesentliche Störung des
Betriebes, weil er eben sofort seiner Stelle enthoben und
durch einen Zweiten ersetzt wird.

Dieser moralische Zwang zum Gehorsam fällt jedoch

fort, wenn das Unternehmen im wirklichen Kollektiveigenthum, d. h. im Miteigenthum der sämmtlichen Genossen steht. Sind die kooperirenden Arbeiter
vollberechtigte und so zu sagen ebenbürtige Miteigenthümer
der gemeinsamen Unternehmung, dann liegt die Gefahr
nahe, dass der Einzelne selbst befehlen oder wenigstens
dem Befehle seines ihm gleichgestellten Genossen nicht
gehorchen will [1]). Freilich muss diese Gefahr nicht nothwendig eintreten und die genannten, auf wirklich kollektivi-
stischer Basis organisirten Unternehmungen beweisen es,
dass auch freiwilliger Gehorsam vorhanden ist, allein man
darf nicht übersehen, dass bei den genannten Gesellschaften
ein anderes Moment hinzutritt, welches den freiwilligen
Gehorsam erzeugt oder den Kitt bildet, der die Theilhaber
zusammenhält.

---

[1]) Ein karakteristischer Beleg dafür, wie wichtig es ist einen „Herrn“
an der Spitze mehrerer kooperirender Arbeiter zu haben, wurde mir kürzlich
gesprächsweise mitgetheilt. Eine Stadt in Siebenbürgen unterhält eine
städtische Musikkapelle und besoldet demgemäss einen Kapellmeister nebst
den erforderlichen Musikern. Die letzteren haben selbstverständlich die Verpflichtung den Anordnungen des Kapellmeisters Folge zu leisten und bei den
von ihm festgesetzten Proben und Musikaufführungen mitzuwirken. Weil
aber der eigentliche Dienstherr, d. i. die Stadt als solche oder der Bürger-
meister begreiflicher Weise die Proben und Musikaufführungen nicht selbst
überwachen kann, begann bald eine gewisse Unordnung einzureissen. Die
Musiker zogen es vor ihre Zeit zum Ertheilen von Musikunterricht zu verwenden, statt den Anordnungen des Kapellmeisters, der ja nur ein Gleicher
unter Gleichen war, Folge zu leisten und kamen nicht pünktlich zu den von
ihm anberaumten Proben und Konzerten. Schliesslich verfiel man auf ein
sehr einfaches Auskunftsmittel, welches darin besteht, dass den Mitgliedern
der Kapelle der Gehalt Seitens der Stadtkassa nur dann ausgezahlt wird,
wenn der Kapellmeister sein „Vidi“ auf der Quittung beigesetzt hat. Damit
war die Ordnung und der Gehorsam sofort hergestellt, denn der einzelne
Musiker weiss nun, dass ihm der Kapellmeister das „Vidi“ verweigert, wenn
er seinen Verpflichtungen nicht pünktlich nachkommt.

Bei der offenen Handelsgesellschaft zunächst ist von einer Subordination, von einem Gehorsam eigentlich keine Rede. Die Theilhaber übertragen zumeist nicht Einem aus ihrer Mitte eine höhere Gewalt, der sich die Uebrigen zu fügen hätten, sondern sie bilden gewissermassen unter sich eine kleine Republik und das einzige Opfer, das dem Einzelnen auferlegt wird, besteht darin, dass er für sich allein nichts unternehmen darf und sich eventuell dem Beschlusse der Majorität unterwerfen muss. Ueberdies ist die Zahl der Compagnons in der Regel eine kleine. Zwei oder drei, in seltenen Fällen vier oder fünf gute Freunde treten zusammen um gemeinschaftlich ein Unternehmen zu betreiben und da ist es verhältnismässig nicht schwer die Einigkeit aufrecht zu erhalten.

Bei den Klöstern kann man eigentlich gar nicht von einem wirklichen Kollektiveigenthum und von einer kollektiven Wirthschaft sprechen, denn das Vermögen gehört nicht den Mönchen, sondern dem Kloster als solchem und nicht der Betrieb der gemeinsamen Wirthschaft, sondern die Führung des religiösen Lebens ist in erster Reihe die Aufgabe der Klosterbrüder. Ueberdies sichert der fromme kirchliche Sinn der Brüder sowie die Satzung des kanonischen Rechtes mit seinen Strafen die freiwillige Unterwerfung der Religiosen unter die Befehle des von ihnen gewählten Klostervorstandes.

Die nordamerikanischen Kommunistengemeinden sind, wie Nordhoff an diversen Stellen seines öfter zitirten Buches hervorhebt, in erster Reihe religiöse Sekten, die zum Theile noch unter der Leitung ihres Stifters oder seiner nächsten Nachfolger stehen. Auch bei ihnen also ist der religiöse Sinn die wesentlichste Triebfeder der Handlungsweise jedes

Einzelnen, die denselben veranlasst sich den Anordnungen, Gesammtheit oder ihrer Leiter zu unterwerfen.

Am ungünstigsten liegen in dieser Beziehung die Dinge bei den Produktivgenossenschaften, bei denen einerseits die Einigkeit wegen ihrer eventuell grösseren Mitgliederzahl schwerer zu erzielen und aufrecht zu erhalten ist als etwa bei der offenen Handelsgesellschaft, während andererseits kein religiöses oder sonstiges sittliches Motiv vorwaltet, das den jedem Einzelnen eingeborenen Egoismus in Schranken zu halten vermöchte.

Bei allen diesen Gemeinschaften indess liegen noch überdies zwei Momente vor, welche die Einigkeit unter den Theilhabern wesentlich fördern, das ist die Freiwilligkeit des Beitrittes der Mitglieder und die Möglichkeit, renitente Mitglieder auszuschliessen. Beide Momente können gar nicht hoch genug veranschlagt werden. Die Freiwilligkeit des Beitrittes — namentlich wenn die Aufnahme, wie bei den Klöstern und bei den nordamerikanischen Kommunistengemeinden, an die Ablegung eines Noviziates geknüpft ist — bringt es mit sich, dass alle Elemente von der Gemeinschaft fern gehalten werden, die sich den Regeln des gemeinsamen Lebens nicht fügen wollen, gewährt also eine gewisse Garantie dafür, dass die beitretenden Genossen wirklich jene Dosis von Selbstverläugnung, Gemeinsinn oder freiwilligen Gehorsam besitzen und mitbringen, die das Leben in der Gemeinschaft erheischt. Nicht minder fördernd wirkt das Ausschliessungsrecht der Gemeinde gegenüber etwaigen renitenten Mitgliedern. Kann man jedes unzufriedene oder widerstrebende Mitglied sofort ausschliessen, so bleiben eben nur Diejenigen zurück, die sich freiwillig fügen und ist eine Revolte der Unzufriedenen beinahe undenkbar.

Unter solchen Umständen ist es verhältnismässig leicht die Einigkeit unter den Genossen aufrecht zu erhalten — wiewohl es auch hier schon im praktischen Leben oft schwer genug fällt [1]). Und nun vergegenwärtige man sich die Verhältnisse im Sozialstaat der Zukunft, wo jeder Einzelne vollberechtigter Miteigenthümer — wohlgemerkt: „Miteigenthümer" — des gesammten Volksvermögens ist, wo der Einzelne in die Gemeinschaft hineingeboren wird und derselben angehören muss, ob er will oder nicht, und wo man schliesslich den renitenten Bürger nicht so ohne Weiteres in die Verbannung senden kann, wie man heute etwa ein säumiges oder pflichtvergessenes Mitglied aus einem Lesevereine ausschliesst. — Wie da die Subordination erzwungen und die Ordnung aufrecht erhalten werden soll, ist absolut unerfindlich.

Schliesslich möge es gestattet sein an dieser Stelle einer Anschauung entgegen zu treten, die ziemlich allgemein verbreitet ist, die mir jedoch die thatsächlichen Verhältnisse nicht genau aufzufassen scheint. Es ist heute in der Nationalökonomie ziemlich allgemein üblich geworden im Hinblick auf die wachsende Zahl der Aktiengesellschaften, der staatlichen, kommunalen u. dgl. Unternehmungen von einer steigenden Bedeutung und Ausdehnung des kollektiven Eigenthums zu sprechen, und das scheint

---

[1]) Wie schwer es ist die Ordnung unter „freiwilligen" Mitgliedern einer Gesellschaft aufrecht zu erhalten, wenn man kein „Herrschaftsmittel" in der Hand hat, davon weiss beispielsweise jeder Leiter eines Gesangvereines ein Lied zu singen. Die Mitglieder treten doch freiwillig dem Vereine bei, sie treten ferner bei, weil ihnen die Pflege des Chorgesanges ein Vergnügen bereitet, man sollte also meinen, dass die Mitglieder in der Erfüllung dieser ihrer freiwillig übernommenen und angenehmen Pflichten nicht säumig sein werden — und wie gestalten sich die Dinge in der Praxis?

mir nur bedingungsweise richtig [1]). Das Eigenthum des Staates, einer Gemeinde, eines Vereines, einer Aktiengesellschaft, kurz das Eigenthum einer sog. juristischen Person gehört wohl in letzter Reihe irgend einer Gesammtheit, allein es ist von dem eigentlichen Miteigenthum (dem eigentlichen „Kollektiveigenthum") wohl zu unterscheiden. Das Eigenthum des Staates, der Gemeinde, der Korporation, des Vereines oder der Aktiengesellschaft steht mir, auch wenn ich Bürger dieses Staates oder dieser Gemeinde, oder wenn ich Mitglied dieser Korporation, dieses Vereines oder dieser Aktiengesellschaft bin, so fremd gegenüber wie das Privateigenthum irgend eines Privatmannes und demgemäss bewährt es mir gegenüber die nämliche Kraft als „Herrschaftsmittel" wie irgend ein anderes Privateigenthum. Es ist bekanntlich keine Seltenheit, dass die Bediensteten einer Aktiengesellschaft selbst Aktien dieser Unternehmung besitzen — sie mögen sich's aber beikommen lassen im Hinweis auf ihr „Miteigenthum" ihren Vorgesetzten den Gehorsam zu verweigern. Man wird sie ohne Rücksicht auf ihren Aktienbesitz einfach ihrer Stelle entsetzen.

Das „gemeinsame" Eigenthum, das der Kommunismus (u. zw. der „ganze" wie der „halbe") im Auge hat, ist nicht jenes Eigenthum einer juristischen Person, das den Mitgliedern derselben fremd gegenübersteht, sondern das

---

[3]) Ich gestehe, dass ich anfänglich selbst auch der im Texte erwähnten Anschauung gehuldigt habe, ich wurde jedoch von Herrn Dr. Gumplowicz eines Besseren belehrt. In einem Gespräche mit demselben erwähnte ich der wachsenden Bedeutung jenes „kollektiven" (i. e. staatlichen, kommunalen u. dgl.) Eigenthums, worauf mir Herr Dr. Gumplowicz ganz mit Recht erwiderte, dass das staatliche, kommunale u. dgl. Eigenthum gar kein kollektives Eigenthum im eigentlichen Sinne des Wortes sei.

eigentliche Miteigenthum, das jedem Theilhaber pro parti-
bus indivisis zusteht, dieses aber ist kein „Herrschaftsmittel" in dem oben angedeuteten Sinne. Den renitenten
Miteigenthümer kann man nicht so leicht vor die Thüre
setzen wie man etwa einen pflichtvergessenen Beamten
seiner Stelle entsetzt und daher ist nicht abzusehen wie
der Sozialstaat jene Ordnung und die Unterordnung der einzelnen Bürger unter den Willen der Gesammtheit erzielen
und aufrecht halten will ohne die ein staatliches Gemeinwesen nie und nimmer bestehen kann.

III.

Ist die Abschaffung des Eigenthums nothwendig?

Die zweite Frage, die sich gegenüber der sozialistischen Forderung der Abschaffung des Eigenthums in den Vordergrund drängt, ist -- wie erwähnt — die Frage, ob denn die Abschaffung des Eigenthums, beziehentlich die Ersetzung des privaten Eigenthums an den Produktionsmitteln durch das kollektive auch nothwendig ist um die Lage der arbeitenden Klassen zu verbessern. Die Beantwortung dieser Frage wird sich von selbst ergeben, wenn man auf die einzelnen Beschwerden der Arbeiter näher eingeht. Dieselben lassen sich in folgende Punkte zusammenfassen:

1. Die Arbeiter können nicht vorwärts kommen.

2. Die Arbeiter werden ausgebeutet.

3. Die Arbeiter leiden unter dem heutigen anarchischen Zustande der Produktion.

4. Die Arbeit ist heute zur Waare geworden.

5. Die Arbeiter wollen arbeiten, können dies aber häufig nicht, weil ihnen die zur Arbeit erforderlichen Produktionsmittel fehlen.

Jeder unbefangene Beobachter der wirthschaftlichen Verhältnisse wird zugeben müssen, dass diese Klagen der Arbeiter in der That ihre volle Berechtigung haben, allein bei näherer Betrachtung wird es sich zeigen, dass alle diese

Klagen mit der Frage der Eigenthumsverfassung, d. i. mit der Frage ob die Produktionsmittel im privaten oder kollektiven Besitze stehen sollen, in keinem nothwendigen Zusammenhange stehen.

1. Die Unmöglichkeit für den Arbeiter vorwärts zu kommen.

Irre ich nicht, so hat Schmoller in einer seiner Schriften den Ausspruch gethan, dass es den heutigen Arbeitern ergehe wie den gemeinen Soldaten der grossen Napoleonischen Armee, deren Jeder bekanntlich den Marschallstab im Tornister trug, von denen aber die Wenigsten auch nur bis zum Korporal avancirten. Dieser Ausspruch ist ungemein bezeichnend. Richtig ist es, dass heute Jeder die rechtliche Möglichkeit vor sich hat zu den höchsten Staatsämtern oder zum mehrfachen Millionär emporzusteigen, aber ebenso richtig ist es auch, dass der Arbeiter, der in der Regel kaum so viel verdient als er zum Leben unumgänglich nothwendig braucht, aus faktischen Gründen nichts ersparen kann und daher absolut ausser Stande ist zum selbständigen Unternehmer emporzusteigen. Ueberdies erfordert in der Grossindustrie die Anlage eines Unternehmens so bedeutende Geldmittel (und Kenntnisse), dass es geradezu wie Hohn klingt wenn man dem Arbeiter zuruft: sei fleissig und spare und trachte selbst Fabrikant zu werden. Die Thatsache, dass es einzelnen wenigen besonders bevorzugten Naturen in ausnahmsweise günstigen Perioden gelungen ist und auch noch fernerhin gelingen wird sich thatsächlich vom einfachen Fabriksarbeiter zum reichen Fabrikanten emporzuarbeiten, beweist gar nichts, man kann auf sie höchstens den bekannten Rechtsgrundsatz anwenden: „exceptio

firmat regulam ". Die Schwierigkeiten, die sich dem einfachen Fabriksarbeiter entgegenstellen, wenn er etwa daran
dächte ein industrielles Grossunternehmen selbst in's Leben
zu rufen, sind so riesengross, dass sie nur in seltenen Fällen von einer Produktivgenossenschaft, geschweige denn von
einem Einzelnen überwunden werden können. Es ist daher
leider nur zu sehr begründet wenn der heutige Arbeiter
darüber klagt, dass er durch die Macht der Verhältnisse
verurtheilt ist, zu bleiben was er ist — ein einfacher Fabrikarbeiter, der nicht hoffen darf sich in eine günstigere
Lage emporzuarbeiten. Dem heutigen Fabrikarbeiter gegenüber befand sich der frühere Handwerker (und theilweise
gilt dies auch noch vom heutigen Handwerker) in einer
vergleichsweise beneidenswerthen Situation. Allerdings konnte
auch er nur in den allerseltensten Fällen grosse Reichthümer erwerben, aber das wusste er mit nahezu apodiktischer Gewissheit, dass er zu einem bescheidenen Wohl-
stande gelangen werde. Der Handwerkslehrling mochte
von Hause aus noch so arm sein, er wusste, dass er im
Laufe der Zeit zum Gesellen und Meister vorrücken, und
dass es ihm vergönnt sein werde die zweite Hälfte seines
Lebens in einer unabhängigen und gesicherten Stellung zu
verbringen.

So unbestreitbar indess die hoffnungslose Lage des
Fabrikarbeiters heute ist, so hat sie doch mit der Form
der Eigenthumsverfassung nichts zu schaffen. Dem Sozialismus steckt — ich möchte sagen — noch immer die mittelalterliche oder kleinbürgerliche Anschauung im Blut, dass
nur Derjenige sich in einer gesicherten und unabhängigen
wirthschaftlichen Lage befindet, der ein gewisses V e r -
m ö g e n besitzt, und weil es unmöglich ist jedem einzelnen

Bürger ein gesondertes Vermögen zu garantiren, will der
Sozialismus das gesammte Erwerbsvermögen aus den Händen seiner bisherigen Eigenthümer in den Besitz der Gesammtheit bringen und jeden einzelnen Bürger zum Miteigenthümer an diesem, Allen gemeinsamen Nationalkapi-
tale machen. Der Sozialismus übersieht dabei vollständig,
dass der Einzelne nicht nach dem V e r m ö g e n als solchem,
sondern nach der R e n t e strebt, die er aus demselben zu
ziehen hofft, d. h. dass nicht das Vermögen, sondern die
Rente der Zweck, und dass das Vermögen lediglich das
M i t t e l ist um diesen Zweck zu erreichen Beziehe ich
eine gesicherte Rente, die meinen jährlichen Bedarf genügend deckt, so kann ich auf das entsprechende Vermögen
sehr leicht verzichten, denn dieses hat für mich keinen
weiteren Zweck als mir mein Jahreseinkommen zu garantiren. Handelt es sich aber lediglich darum dem Arbeiter
ein genügendes Jahreseinkommen zu verbürgen, dann ist
es nicht nothwendig die Eigenthumsverfassung, d. i. die
Grundlage, auf der unsere gesammte staatsbürgerliche Gesellschaft, ja der Staat selbst beruht, gewaltsam umzustossen
und umzumodeln, weil jenes Ziel auch mit viel einfacheren
Mitteln auf der Basis der heutigen Eigenthumsordnung erreicht werden kann.

Die grosse Mehrzahl der Beamten hat bekanntlich kein
„Vermögen“, dennoch wird es, — wenn die Beamtenge-
halte nur einigermassen auskömmlich festgesetzt sind —
keinem vernünftigen Menschen einfallen können die Lage
des Beamten mit der prekären Lage des heutigen Fabrikarbeiters zu vergleichen. Der Beamte, auch wenn er vermögenslos ist, bezieht sein festes Gehalt, er hat die sichere
Aussicht allgemach zu avanciren und selbst wenn er nicht

mehr weiter avanciren wird, hat er die Gewissheit, dass seine Jahresgage mit den Dienstjahren allmählig steigt. Arbeitern, die im Dienste des Staates, einer Gemeinde oder einer grossen privilegirten Gesellschaft (wie etwa einer Eisenbahngesellschaft) stehen, könnte die lebenslängliche Anstellung mit dem Anspruche auf Avancement oder mit dem Rechte des Vorrückens in höhere Gehaltsstufen schon heute leicht zugesichert werden. Den privaten Unternehmern jedoch kann heute eine derartige Verpflichtung ihren Arbeitern gegenüber gar nicht zugemuthet werden, weil sie sich selbst in einer viel zu prekären Lage befinden. Der heutige private Unternehmer, der selbst nicht weiss, ob seine Unternehmung nicht schon vom nächsten Sturme, von der nächsten Krisis hinweggefegt werden wird, kann seinen Arbeitern gegenüber gar keine dauernde und feste Verpflichtung auf sich nehmen. Er selbst ist durch das Va-Banque-Spiel, dem heute jede private Unternehmung ausgesetzt ist, geradezu gezwungen in aller Eile zusammenzuraffen, was er eben im Moment an Gewinnsten erhaschen kann und kann daher seinem Arbeiter gegenüber gar nicht mehr thun als ihm den Dienst zu bezahlen, den er heute geleistet hat — was morgen geschieht, weiss er ja selbst nicht einmal.

Stünden die privaten Unternehmungen auf so festen Füssen wie die monopolisirten staatlichen oder kommunalen Unternehmungen, oder wie die der privilegirten grossen Gesellschaften, dann wäre es ein Leichtes dem gewissenhaften Arbeiter — ohne die Institution des privaten Kapitalseigenthums auch nur im Mindesten zu alteriren — eine feste Stellung mit einem auskömmlichen und allenfalls langsam steigenden Jahreseinkommen zu garantiren. Mehr kann und will übrigens auch der moderne „halbe" Kommunismus nicht thun; er kann und will ja nicht dem Arbeiter ungemessene Reichthümer in Aussicht stellen, sondern lediglich ihm eine gesicherte Stellung und ein sorgenfreies Alter gewähren.

2. Die Ausbeutung der Arbeiter.

Der Erste, der von der Ausbeutung, der „Exploitation de l'home par l'home" gesprochen hat, war bekanntlich Bazard, Rodbertus hat dieselbe wissenschaftlich zu begründen gesucht, und Marx hat diese Lehre sodann in ein System gebracht. Zu diesem Ende hat Max den alten Smith'schen Satz, dass die Arbeit allein (Tausch-)Werthe schaffe, herausgegriffen und mit einem höchst unwirthschaftlichen Aufwande an sogenannter filosofischer Dialektik zu begründen gesucht um sodann aus diesem Obersatze in ebenso filosofisch-unverständlicher und dialektisch-verschrobener Weise die Behauptung deduziren zu können, dass der Arbeiter, dem von rechtswegen alle Arbeitsprodukte gehören, vom Kapitalisten ausgebeutet werde, weil er von diesem mittels des Lohngesetzes gezwungen wird sich mit dem nothdürftigsten Lebensunterhalt zu begnügen und dem Arbeitgeber den gesammten „Mehrwerth" oder Mehrertrag seiner Arbeit unentgeltlich zu überlassen. Die Sozialdemokratie bemächtigte sich dieser Marx'schen Werththeorie und vertheidigt dieselbe als ihr Evangelium mit einem Feuereifer, der um so unverständlicher ist als hier Dinge in einen Conuex gebracht werden, die mit einander in gar keinem Kausal-Zusammenhange stehen. Man kann die Marx'sche Werththeorie und seine Lehre von der Ausbeutung für richtig halten, ohne deshalb die Forderung des

kollektiven Kapitaleigenthums zu akzeptiren. Man kann
seine Werththeorie für falsch [1]), seine Lehre von der Ausbeutung für richtig und trotzdem den Kommunismus für
irrig halten. Man kann schliesslich Kommunist vom reinsten
Wasser aus wissenschaftlicher Ueberzeugung sein ohne ein
Anhänger der Marx'schen Werththeorie und seiner Lehre
von der Ausbeutung zu sein — oder haben etwa die Anhänger der ganz-kommunistischen Richtung von Thomas
Morus und Campanella angefangen bis zu Babeuf und Cabet hinunter ihre Ansichten auf der Grundlage des Marx'schen
Buches „das Kapital" aufgebaut? Warum die moderne
Sozialdemokratie angesichts dieser handgreiflichen Wahrheit
immer und immer wieder zu der Behauptung zurückkommt'
dass sie mit der Marx'schen Werththeorie stehe und falle [2]),
ist mir wenigstens vollständig unbegreiflich.

Ich halte den Grundgedanken der Marx'schen Lehre
von der Ausbeutung für formell richtig. Es liegt ja in der
Natur der Dinge und jeder simpele Krämer wird dies bestätigen, dass der Geschäftsmann nur dann einen Hilfsarbeiter engagirt, wenn ihm dieser Hilfsarbeiter mehr ein-
bringt als er kostet, denn im entgegengesetzten Falle hätte
ja der Chef keinen Nutzen oder gar einen effektiven Schaden von seinem Gehilfen — oder meint man, dass die ver-

---

[1]) Eine meines Erachtens sehr zutreffende Widerlegung der Marx'schen
Werththeorie enthält das kürzlich erschienene Buch von Franz Hitze: „Kapital und Arbeit und die Reorganisation der Gesellschaft" (Paderborn, 1881)
pag. 11 ff. Den katholisch-dogmatischen Standpunkt dieses im Uebrigen
vortrefflichen Buches vermöchte ich allerdings nicht zu theilen.

[2]) Vgl. beispielsweise die bisher erschienenen zwei Jahrgänge des von
Dr. Ludwig Richter herausgegebenen „Jahrbuch für Sozialwissenschaft und
Sozialpolitik" (Zürich-Oberstrass, Verlag von Ferd. Körber, 1879—81), in
welchen diese Frage von verschiedenen Mitarbeitern wiederholt erörtert wird.

schiedenen Geschäftsunternehmer aus purer Menschenfreund-
lichkeit ihre diversen Gesellen, Commis, Fabriksdirektoren,
Ingenieure und Arbeiter engagiren und bezahlen? Um zu
dieser ganz einfachen und selbstverständlichen Wahrheit
zu gelangen, braucht man weder die Marx'sche Werththeorie
noch seinen sonstigen schwerfälligen Apparat verhegelter
Dialektik. Freilich, wenn Marx diesen Satz in einfachen
und schlichten Worten hingestellt hätte, hätte derselbe
wahrscheinlich gar keine Beachtung gefunden, denn speziell
wir Deutschen sind von dem Vorwurfe nicht frei zu sprechen, dass uns ein Gedanke nur dann so recht imponirt
und als wahr und glaubwürdig erscheint, wenn er uns in
recht schwerfälliger, unverständlicher und absichtlich ver-
dunkelter Form vorgeführt wird, wenn wir dem Autor über
eine ganze Menge künstlich geschaffener Hindernisse auf
möglichst verschlungenen Wegen über Stock und Stein
Meilen weit folgen müssen, bis wir schliesslich halb todt
und geisteslahm an dem Ziele anlangen, das wir auf ebener
Chaussée mit wenigen Schritten hätten erreichen können.

Das Wesen der Ausbeutung besteht nach Marx — wie
gesagt — darin, dass der Unternehmer sich einen Theil
von den Produkten der Arbeit seiner Leute aneignet. Das
ist jedoch ein ziemlich relativer Begriff, den man nicht so
unbedingt akzeptiren kann. Zunächst drückt sich Marx
nicht recht klar darüber aus, wenn er unter dem Worte
„Arbeiter", dem die Früchte der Arbeit von rechtswegen
gehören sollen, versteht. Die Marx'sche Darstellung giebt
der Deutung Raum, dass unter dem „Arbeiter" nur der
eigentliche Handarbeiter zu verstehen sei und eine derartige Auslegung wäre entschieden falsch. Derjenige, der das
Werkzeug in der Hand hat oder der just bei der Maschine

steht, also derjenige, aus dessen Händen zufällig das fertige Produkt hervorgeht, kann sich nicht rühmen, dass er allein das betreffende Stück angefertigt hat, Marx selbst sagt ja, dass die Produkte das Resultat der gesellschaftlichen Arbeit seien. Ist aber dieser Satz richtig — und er ist es — dann haben Alle, die an dem Zustandekommen des Produktes in irgend einer Weise mitgewirkt haben, einen Anspruch darauf, aus dem Ertrage der Produktion entlohnt zu werden. Zu diesen Personen aber gehören unstreitig auch der Lehrer, der den jungen Arbeiter die Arbeit gelehrt hat, Derjenige, der das Werkzeug, die Maschine oder das Produkt erfunden hat, der Ingenieur oder Zeichner, der dem eigentlichen Handarbeiter die Zeichnung des anzufertigenden Produktes liefert, Derjenige, der so zu sagen den Schlachtplan, d. i. die Organisation der Fabrik und die Vertheilung der Beschäftigungen unter die einzelnen Gruppen von Arbeitern entworfen hat, Derjenige, der das richtige Ineinandergreifen der verschiedenen Arbeiten und Arbeiter überwacht, kurz eine Reihe von Personen, die nicht so sehr mit der Hand als mit dem Kopfe arbeiten, also Personen, die nicht selbst „Hand anlegen“, die aber nichtsdestoweniger an der Herstellung des fertigen Produktes wesentlich mitgewirkt haben. Und nicht minder hat Derjenige an dem Zustandekommen des materiellen Produktes mitgewirkt, der durch seine Thätigkeit die Ordnung und Rechtssicherheit im Staate fördern half und mit dazu beigetragen hat, dass die eigentlichen Produzenten sich der Nothwendigkeit enthoben sehen sich gegen etwaige feindliche Ueberfälle selbst zu vertheidigen, der also mit dazu beigetragen hat, dass die eigentlichen Produzenten sich unbehindert und voll ihrer Thätigkeit widmen können. Wenn nun Marx annimmt, dass

der eigentliche Handarbeiter in der sogenannten „nothwendigen" Arbeitszeit von beispielsweise sechs Stunden seinen
nothwendigen Lebensbedarf produziren kann, so müsste derselbe auch im Sozialstaate eine längere Zeit hindurch, etwa
acht Stunden thätig sein und arbeiten um aus dem Ertrage
„seiner" Arbeit jene, an der Produktion nur indirekt betheiligten geistigen Arbeiter zu ernähren. Der eigentliche
Handarbeiter würde also auch im Sozialstaate in der nämlichen Weise (nur in minderem Grade) „ausgebeutet" wie
er es heute wird [1]). Andererseits wird auch der enragir-

---

[1]) Sehr bemerkenswerth ist, dass die Sozialdemokratie dies selbst zu-
gesteht. Karl Kautsky: „Die Vertheilung des Arbeitsertrages im sozialistischen Staate" (in dem von Ludwig Richter herausgegebenen „Jahrbuch für
Sozialwissenschaft und Sozialpolitik", 2 ter Jahrg., Zürich-Oberstrass, 1881,
pag. 89) beantwortet die Frage, wie der Arbeitsertrag im Sozialstaate der
Zukunft zu vertheilen wäre, in folgender Weise. Er sagt: „An Stelle des
Arbeitslohnes tritt der Arbeitsertrag, darüber sind Alle einig. Nur muss man
diese Frase cum grano salis verstehen. So geht's natürlich nicht, dass Jeder
alles das, was er schafft, erhält, um es selbst zu gebrauchen oder gegen
fremde Produkte einzutauschen. Nicht einmal bei Wilden wäre dies möglich,
da auch die gemeinschaftlich jagen etc. Wie denn erst bei uns, wo die
Kooperation und das Maschinenwesen zu solcher Vollkommenheit entwickelt
sind. Nehmen wir einen Maschinenschlosser, der in einer Lokomotivfabrik
beschäftigt ist. Welchen Theil einer Lokomotive könnte derselbe als Ertrag
seiner Arbeit in Anspruch nehmen, um ihn nach Belieben zu gebrauchen?
Buchstäblich ist also die Frase, dass der Arbeiter den Ertrag seiner Arbeit
erhalten soll, nicht aufzufassen, sondern nur in so fern, als die Arbeiterklasse
den Ertrag ihrer Arbeit erhalten soll, ohne Abzug zu Gunsten schmarotzender
Existenzen, wie Kapitalisten, Grundbesitzer, Minister, Generäle etc. Aber nicht
ohne jeden Abzug. Vom Volkseinkommen muss zunächst abgezogen werden
ein Theil, der zur Erhaltung der Kranken, Invaliden, Greise und Kinder
dienen soll. Weiters ein Theil, der nothwendig ist zur Akkumulirung von
neuem Kapital, ein Prozess, der in einem sozialistischen Gemeinwesen von
diesem und nicht von den Individuen zu vollziehen ist. Der Rest bleibt
übrig zur Vertheilung unter alle Diejenigen, welche zu Gunsten des Gemein-
wesens thätig gewesen sind, mag nun ihre Thätigkeit ein sichtbares Produkt

teste Sozialdemokrat zugestehen müssen, dass die meisten
der heutigen Unternehmer wirklich einen Theil jener gei-

***

zu Tage gefördert haben oder blos eine Dienstleistung gewesen sein. A l s o
n u r   i n   s o   f e r n ,   a l s   k e i n   A b z u g   z u   G u n s t e n   d e s   P r i v a t k a -
p i t a l e s   m e h r   g e s c h i e h t ,   i s t   d e r   S a t z   r i c h t i g ,   d a s s   d e r
A r b e i t e r   i m   s o z i a l i s t i s c h e n   S t a a t e   d e n   E r t r a g   s e i n e r
A r b e i t   e r h a l t e n   w i r d.   Der Vertheilungsmodus selbst ist dadurch noch
nicht festgesetzt. «

Diese Darstellung im Munde eines Anhängers der Sozialdemokratie ist
höchs beachtenswerth, denn sie zeigt, dass die Arbeiter sich einer ziemlich
weit gehenden Täuschung hingeben, wenn sie wähnen, dass die „Ausbeutung«
im Sozialstaate der Zukunft aufhören werde. Der einzige Gewinn, den die
Arbeiter im Sozialstaate davon tragen würden, bestünde nämlich lediglich in
dem Fortfall der „schmarotzenden Existenzen«, u. zw. nur in so fern diese
Personen wirklich „schmarotzen«. Was zunächst die Minister und Generale
anbelangt, gegen die sich Kautsky ausspricht, so könnte der Sozialstaat die
Einen wie die Anderen ebenso wenig entbehren als der heutige Staat, denn
in jedem grösseren Gemeinwesen sind Beamte nothwendig, die sich ausschliesslich der Besorgung der Administrativangelegenheiten widmen und die
dafür entsprechend entlohnt werden müssen. Ein Gleiches gilt selbstverständlich bezüglich der Generale. So lange der Weltfriede nicht garantirt
ist, kann auch der Sozialstaat auf die Landesvertheidigung und damit auf
die Anführer im Kriege nicht verzichten. Der einzige Vortheil, den der
Sozialstaat eventuell erzielen könnte, bestünde somit darin, dass er seinen
obersten Beamten und seinen Generalen niedrigere Gagen (ob in Geld oder
in natura ist selbstverständlich gleichgiltig) zahlen würde; er würde ihnen
im günstigsten Falle nicht mehr geben als den einfachen Lebensunterhalt,
der jedem anderen Sozialbürger bewilligt wird. Indess ist auch dies frag-
ich, denn bekanntlich ist nichts unberechenbarer als Gefühlsaufwallungen der
]grossen Masse. Oder kann irgend Jemand die Garantie dafür übernehmen,
dass nicht das Volk des Sozialstaates im Gefühle lebhaftester Dankbarkeit
;rgend einem Heerführer der Zukunft oder irgend einem hervorragenden Sozialbürger, der sich die wesentlichsten Verdienste um den Staat erworben,
einen Nationaldank votire? Einen Nationaldank, der (nachdem der Volksstaat
kein Geld kennen wird) etwa darin besteht, dass jenem Manne ein kostbar
eingerichtetes Haus zur Wohnung zugewiesen wird, dass in seine Keller die
auserlesensten Weine geliefert werden, dass man ihm Wagen und Pferde zur
Disposition stellt, dass man ihn von der Pflicht zur Arbeit entbindet und

stigen Arbeiten in ihren Etablissements vollführen, dass sie
also auch nach sozialdemokratischen Grundsätzen berechtigt

ihm das Vorrecht einräumt nur seinen Neigungen und Liebhabereien zu
leben. Und wenn dies geschieht, wird dann etwa das „arbeitende Volk“
nicht in der nämlichen Weise ausgebeutet werden wie heute, wenn es das
Gehalt eines Ministers oder Generals aufbringen muss? Wir können es in
abstracto beklagen, dass wir heute ein kostspieliges Ministerium des Aeussern
mit seinen zahlreichen Gesandten und sonstigen Beamten, oder dass wir eine
noch kostspieligere Armee besolden und unterhalten müssen, denn wenn die
gesammte Menschheit einen einzigen Staat bilden würde, wäre beides überflüssig, allein so lange dies nicht der Fall ist sind alle derartigen Klagen
müssig.

Aehnlich verhält es sich mit dem heutigen privaten Kapitalisten. Wenn
der heutige Kapitalist von dem Ertrage der Arbeit seiner Arbeiter einen
Theil für sich behält, so „beutet er dieselben aus.“ Wenn er jedoch diesen
Gewinn dazu verwendet um neue Fabriken zu bauen, Eisenbahnaktien zu
kaufen u. dgl., so „akkumulirt er Kapital“ (wie Kautsky sagt), thut also
Etwas, was im Sozialstaat das Ministerium für Volkswirthschaft besorgen
müsste. Die Unterschiede in beiden Fällen sind nicht gar so gross. Der
wesentlichste derselben besteht in demjenigen Theile seiner Rente, den der
private Kapitalist für seinen Haushalt verwendet. Derjenige Betrag, den der
private Kapitalist jährlich zu seinem (eventuell luxuriösem) Lebensunterhalt
verwendet, der ist dem Arbeiter (vom sozialistischen Standpunkte gesprochen)
„widerrechtlich entzogen“, dieser Betrag würde im Sozialstaate dem Arbeiter
erspart. Wenn dagegen der heutige Kapitalist von seiner Jahresrente von
beispielsweise 30.000 Gulden jährlich 20.000 Gulden neu kapitalisirt, so
repräsentiren diese 20.000 Gulden jenen Abzug vom Arbeitsertrage, der im
Sozialstaate den betreffenden Arbeitern gemacht würde, um diese Summe
zum Baue neuer Fabriken, Eisenbahnen u. dgl. zu verwenden. Ein fernerer
aber minder wesentlicher Unterschied besteht darin, dass vielleicht heute
der Arbeiter (immer vom Standpunkte der Sozialdemokratie gesprochen) vom
Kapitalisten mehr ausgebeutet wird um mehr „Kapital akkumuliren“ zu
können, während im Sozialstaate die Bürger mehr zum Leben bekommen
würden, wofür dann andererseits die „Akkumulirung von neuem Kapital“
etwas langsamer vor sich gehen würde.

Alles in Allem genommen, würden die Arbeiter, die vom Sozialstaat
„den vollen Arbeitsertrag“ erhoffen, höchst wahrscheinlich ziemlich enttäuscht
sein, weil die heutige „Ausbeutung“ dort, freilich unter einem anderen Titel,
jedoch in nicht viel geringerem Masse sich wieder einstellen würde.

sind eine Entlohnung hiefür, u. zw. aus den Resultaten der Thätigkeit des eigentlichen Handarbeiters, zu fordern.

Indess kommt man auch abgesehen von diesem Bedenken über die Ausbeutung nie und nimmer hinaus, denn die Thatsache, dass der Eine sich die Früchte der Arbeit des Anderen aneignet, d. h. dass der Eine für den Anderen arbeiten muss, hat existirt und wird existiren so lange es Menschen gegeben hat und geben wird. Jeder von uns, Hrn. Marx und die sämmtlichen Arbeiter mit inbegriffen, war als Kind ein „Exploiteur", weil er von seinen Eltern oder Pflegeeltern ernährt wurde, dieselben somit seiner Zeit „ausgebeutet" hat. Und umgekehrt wird Jeder, der Kinder greise Eltern oder sonst irgend welche Angehörige hat, die er ernähren muss, seinerseits wieder von diesen Personen „ausgebeutet". Das liegt nun schon einmal in der Natur der Dinge und ist ein Vorgang, den wir nicht nur beim Menschen, sondern sogar auch in der Thierwelt beobachten können, denn bekanntlich sorgen schon die höher entwickelten Thiere mit einer Zärtlichkeit und Selbstaufopferung für ihre Jungen, die manchen Menschen zum Muster dienen kann.

Wenn aber die „Ausbeutung" Etwas ist, dem der Mensch im Allgemeinen nie und nimmer entgehen kann, dann kann man dieselbe nicht allgemein verurtheilen, sondern darf höchstens die Frage erörtern, w e l c h e F o r m d e r „A u s b e u t u n g" drückend ist, und welche nicht. Thut man dies aber, so gelangt man zu einem wesentlich anderen Resultate als Marx. Zunächst darf man in dieser Beziehung sagen, dass die „Ausbeitung" nichts Drückendes mehr an sich hat, wenn dem „Ausgebeuteten" so viel belassen wird, dass er davon seinem Stande nach angemessen leben

kann. Wenn beispielsweise kürzlich in den Tagesblättern
die Notiz zu lesen war, dass irgend ein Tenor einer deutschen Bühne von einem Impressario Namens Strakosch für
eine halbjährige sog. Tournée nach Nordamerika gegen ein
Honorar von 150.000 Mark oder Francs engagirt wurde,
oder wenn Bank- oder Eisenbahndirektoren ein Jahresgehalt
von zehn, zwanzig oder mehr tausend Gulden beziehen, so
werden diese Personen in der nämlichen Weise von ihrem
Dienstherrn „ausgebeutet" wie der Fabrikarbeiter vom Unternehmer, denn jedesmal zahlt der Geschäftsmann seinem
Bediensteten nur dann die betreffende Gage, wenn er hoffen
darf, dass ihm der Letztere noch mehr einbringen wird;
aber dennoch würde so Mancher sich in der angedeuteten
Weise mit Vergnügen „ausbeuten" lassen. Der zweite Fall,
in dem die „Ausbeutung" gleichfalls ihren drückenden Karakter oder Schrecken verliert, ist wenn sie blos vorübergehend ist, und dies tritt beispielsweise ein beim Handwerker. Der Handwerksgeselle muss für seinen Meister
ebenso arbeiten wie der Fabrikarbeiter für seinen Herrn,
wird also genau in derselben Weise „ausgebeutet" wie dieser.
Allein — und hierin liegt der grosse Unterschied — der
Handwerksgeselle ist ein junger Mensch und ist eben nur
heute Geselle, der überdies während seiner Gesellenzeit noch
immer beim Meister Etwas lernt; später wird er selbst
Meister und dann wendet sich das Blatt, dann wird er, der
heute „ausgebeutet" wird, selbst „Exploiteur" und hält sich
schadlos, indem er nun seinerseits seine Gesellen wieder
„ausbeutet". Drückend und hart wird die „Ausbeutung"
nur dann, wenn der Betreffende dazu verurtheilt ist, sein
Leben lang gewissermassen die Melkkuh für seinen Herrn
abzugeben und wenn ihm von den Früchten seiner Arbeit

lediglich der knappe Lebensunterhalt belassen wird. Dies ist beim heutigen Fabrikarbeiter leider im allgemeinen der Fall. Stünden jedoch die Arbeiter im Dienste grosser privilegirter Unternehmungen (wie dies beispielsweise zum guten Theile von den Bediensteten der Eisenbahngesellschaften gilt), wären sie lebenslänglich mit dem Anspruche auf Avancement, auf mit den Dienstjahren steigende Gage und auf Alterspension angestellt, dann wäre — auch ohne dass es nothwendig wäre das private Kapitalseigenthum „abzuschaffen" — von einer „Ausbeutung" derselben in dem obigen drückenden Sinne keine Rede mehr.

3. Der sogenannte „anarchische" Zustand der heutigen Produktion.

Der sog. anarchische Zustand der heutigen Produktion, d. i. die ewigen mit einer gewissen Regelmässigkeit wiederkehrenden Produktions- und Absatzkrisen sind die nothwendige Folge des gänzlichen Mangels einer auch nur einigermassen genügenden Organisation unserer Volkswirthschaft. Unsere gesammte Produktion ist eine planlose, die jeglicher einheitlicher Leitung vollständig entbehrt. Die Deckung des Gesammtbedarfs ist der Fürsorge der Einzelnen, der individuellen Produktion überlassen, und da kein einzelner Produzent auch nur entfernt eine Vorstellung davon haben kann, wie gross der Jahresbedarf an seinem Artikel ist, wie gross die disponiblen Vorräthe sind, die auf der ganzen Welt in den diversen Magazinen aufgespeichert lagern und des Käufers harren, endlich wie viel von dem betreffenden Artikel zur Zeit in den verschiedenen Etablissements und Werken produzirt wird, so hat der einzelne Produzent gar keinen zuverlässigen Massstab dafür, wie weit er seine Produktion ausdehnen darf oder nicht. Der einzige Anhaltspunkt, der ihm zur Richtschnur in dieser Beziehung dienen kann, ist der augenblickliche Stand der Nachfrage. Ist dieser günstig, so dehnt er seine Produktion so rasch als möglich nach Kräften aus, um wo möglich der Erste am Platze zu sein und die günstige Konjunktur auszunutzen. Und da unser Mann nicht der Einzige ist, sondern jeder seiner Kollegen dasselbe thut, so kann die Ueberproduktion nicht ausbleiben und nun folgt die Zeit der Absatzstockung mit der Einschränkung des Betriebes und der Entlassung der Arbeiter in den einzelnen Werken.

Wo die Produktion einheitlich geleitet wird, wie dies beispielsweise bei den monopolisirten Staatsindustrien der Fall ist, sind derartige Vorkommnisse geradezu undenkbar. Noch nie z. B. hat es in Oesterreich eine Salz- oder Tabak-Krisis gegeben. Die Regierung weiss eben aus der Erfahrung wie gross der Konsum jeder einzelnen Tabaksorte ist, ob derselbe sich gleich bleibt, ob er steigt oder fällt und bestimmt hiernach die Produktion des nächsten Jahres so, dass eine nennenswerthe Ueber - oder Unterproduktion nie eintreten kann.

In der ungeregelten Privatindustrie sind die Krisen — wie gesagt — an der Tagesordnung und kehren mit einer erschreckenden Regelmässigkeit immer wieder. Dass gerade die Arbeiter, die bei jeder Krisis befürchten müssen entlassen zu werden, hievon vielleicht am schwersten betroffen werden, ist bekannt, und ebenso dass die Klagen über den anarchischen Zustand der Volkswirthschaft einen ihrer Hauptbeschwerdepunkte bilden. Die Sozialdemokratie überschiesst jedoch das Ziel, wenn sie aus dem Vorkommen der Krisen zu dem Ergenisse gelangt, dass das private Kapi-

talseigenthum durch das kollektive ersetzt werden soll. So
viel scheint mir allerdings richtig, dass eine planmässige
und einheitliche Leitung der Volkswirthschaft ohne eine gewisse Monopolisirung der wichtigsten Produktionszweige
nicht wohl denkbar ist, denn wenn die Produktion dem Bedarfe angepasst werden soll, müssen die betreffenden Produzenten, die für den Gesammtbedarf arbeiten, auch die
Sicherheit haben, dass ihre Pläne nicht von anderer Seite
durchkreuzt werden, dass nicht von anderer Seite der Markt
mit demjenigen Artikel überfluthet wird, dessen Produktion
sie eben mit Rücksicht auf den „Marktmagen" (um den
Marx'schen Ausdruck zu gebrauchen) in Schranken halten.
Allein hieraus folgt noch nicht, dass just der Staat oder
der sozialdemokratische Volksstaat die gesammte Produktion
oder wenigstens die Produktion der betreffenden Artikel in
die Hand nehmen müsse. War es — wie Sax in seinem
Werke über Eisenbahnen [1]) in überzeugender Weise nach-
gewiesen hat — übereilt aus den den bisherigen Privatbahnen unstreitig anklebenden Mängeln den Schluss zu
ziehen, dass nur die Staatsbahnen das Richtig seien, weil
eine Beseitigung jener Mängel auch durch eine richtigere
Regulirung der Privatbahnen erzielt werden kann, so darf
wohl ein Gleiches auch von der Produktion angenommen
werden. Eine staatliche Regulirung der betreffenden Unternehmungen, durch welche denselben ein gewisses Monopol
für die Versorgung des heimischen Marktes eingeräumt
würde, würde dieselben in die Lage versetzen den jährlichen
Bedarf zu überblicken und ihre Produktion demselben anzupassen. Andererseits freilich müsste die staatliche Ober-

---

[1]) Vgl. oben Note 4.

aufsicht darauf bedacht sein die Konsumenten vor der Ausbeutung durch jene mehr oder weniger monopolisirten Unternehmungen zu schützen. Die nähere Ausführung dieses
Gedankens soll weiter unten ihren Platz finden.

4. Die Arbeit ist heute zur Waare geworden.

Auch diese Klage der Arbeiter ist leider nur zu berechtigt. Der Grund derselben liegt darin, dass der Arbeiter heute in keinem dauernden und festen Verhältnisse
zum Arbeitgeber steht. Der Arbeiter verkauft tagtäglich
seine Dienstleistung sowie irgend ein anderer Verkäufer
seine Waare verkauft und ist in Folge dessen bezüglich
seiner und seiner Familie Existenz allen Schwankungen des
Marktpreises unterworfen. Ist heute die Nachfrage nach
Arbeitskräften etwas grösser als gewöhnlich so profitirt der
Arbeiter allerdings momentan, indem er für heute einen
höheren Lohn erhält. Allein schon morgen kann der Fall
eintreten, dass die Geschäfte schlechter gehen und dann
muss sich der Arbeiter eine Lohnreduktion gefallen lassen;
und wenn übermorgen gar eine Geschäftsstockung eintritt,
so riskirt der Arbeiter, dass er gänzlich entlassen wird.
Wird er krank oder alt und arbeitsunfähig, so wird er an
die Luft gesetzt, wie die Zitrone, die man wegwirft wenn
sie ausgepresst ist.

Das sind Verhältnisse, die schwer auf dem Arbeiter
lasten und man kann es ihm daher nicht verargen, wenn
er über das Prekäre seiner Lage klagt und eine Aenderung
derselben anstrebt. Allein auch diese Thatsache hat mit
der Frage der Eigenthumsverfassung nichts zu schaffen.
Die Beamten sind bekanntlich nicht Miteigenthümer des
Staatsvermögens, das Gros derselben ferner ist vermögenslos,

allein trotzdem ist ihre Lage mit der des Arbeiters nicht entfernt zu vergleichen. Auch für den Beamten kommen Zeiten der Geschäftsüberbürdung (man denke an den Geschäftsandrang bei der Post etwa zur Weihnachtszeit u. dgl.) und richtig ist es, dass der Beamte in einer derartigen Periode des „Aufschwunges" nicht einen Kreuzer mehr verdient als gewöhnlich. Allein dafür hat der Beamte auch andererseits die Gewissheit, dass ihm in der Zeit des flaueren Geschäftsganges, wenn er vielleicht Stunden lang beschäftigungslos in seinem Bureau sitzt, die Gage regelmässig und ohne Abzug ausgezahlt wird, und dass er auch im Falle einer Erkrankung nicht entlassen wird. Die Stellung des Beamten ist eben eine feste und gesicherte, während der Arbeiter von heute auf morgen lebt und nicht weiss, was ihm der folgende Tag bringen wird.

Dem heutigen Unternehmer allerdings kann man nicht die Verpflichtung auferlegen seine Arbeiter und Bediensteten dauernd anzustellen und lebenslänglich zu versorgen, weil er selbst nicht weiss, ob er nicht morgen schon gezwungen sein wird den Bankrott anzumelden. Hätten dagegen die Unternehmer selbst eine gesicherte und feste Stellung, so würde es nicht schwer sein ihnen die Verpflichtung aufzuerlegen, dass sie auch ihrerseits für ihre Arbeiter dauernd sorgen. An dieser Stelle ist meines Erachtens der Hebel anzusetzen. Bringt man einige Ordnung in die Volkswirthschaft, so ist es nicht schwer die betreffenden Unternehmungen entsprechend zu reguliren und für die Bediensteten derselben Vorsorge zu treffen. Und Beides wäre kein so gewagtes Experiment wie die Ueberführung sämmtlicher Produktionsmittel in das Kollektiveigenthum, die die Sozialdemokratie fordert.

5. Die Arbeiter wollen arbeiten, können dies aber häufig nicht, weil sie die Arbeitsmittel nicht besitzen.

Auch diese Klage der Arbeiter ist gegründet, allein dieselben irren, wenn sie meinen, dass die Ueberführung der Produktionsmittel in den Kollektivbesitz Abhilfe zu bringen vermag. Werkzeuge, Arbeitsstoffe und Beschäftigung allerdings kann der sozialdemokratische Volksstaat seinen Bürgern in ungemessenen Quantitäten zur Verfügung stellen; arbeiten könnten die Bürger im Sozialstaat so viel sie wollten. Was aber kein Staat der Welt und somit auch nicht der Volksstaat seinen Angehörigen garantiren kann, das ist eine genügende Menge von Lebensmitteln wenn die Bevölkerung über Gebühr wächst, weil schliesslich jedes Territorium doch nur eine bestimmte Anzahl von Personen zu ernähren vermag. Wächst andererseits aber die Bevölkerung nicht rascher als die Subsistenzmittel sich vermehren, so bedarf es nicht jenes kollossalen Apparates der Abschaffung des Privateigenthums an den Produktionsmitteln um die Lage der arbeitenden Klassen zu verbessern.

IV.

Die Organisation der Volkswirthschaft.

Das karakteristische Merkmal unserer heutigen Volkswirthschaft ist der gänzliche Mangel einer einheitlichen und
planmässigen Leitung der Produktion. Die Regierung bekümmert sich bekanntlich nicht um die Deckung des Gesammtbedarfes, sondern überlässt die Sorge hiefür der un-
kontrollirten und ungeregelten Thätigkeit der einzelnen
Privatunternehmer. Jeder derselben produzirt auf eigene
Faust und ohne sich um die Uebrigen zu bekümmern. Was
und Wieviel er für gut findet und das ganze Staatsgebiet,
ja — man darf wohl bis zu einem gewissen Grade sagen
— die ganze Welt bildet einen einzigen grossen und un-
getheilten Markt, den jeder Produzent aufsucht um daselbst
seine Artikel abzusetzen.

Diese Nichteinmischung der Regierung oder der Gesammtheit reicht auf dem Gebiete der Produktion zurück
so weit unsere Kenntnisse der wirthschaftlichen Verhältnisse der Völker überhaupt reichen und ist die natürliche
Folge der individualistischen Organisation der Volkswirthschaft und der Produktion für den eigenen Bedarf. Wo —
wie dies beispielsweise noch im klassischen Alterthum der
Fall war — Jeder in seinem Hause die Artikel, die er in
seiner Wirthschaft braucht, selbst erzeugt oder durch seine

Leute unmittelbar anfertigen lässt, da liegt es in der Natur
der Dinge, dass die Gesammtheit (Regierung) auf die Produktion gar keinen Einfluss nehmen kann. Ueberdies ist
unter solchen Verhältnissen die unbeeinflusste, freie Produktion die zweckmässigste. Jeder Einzelne kennt eben am
besten seinen Bedarf, er wird daher selbstverständlich nicht
mehr produziren als er braucht und sein gesunder Sinn
sorgt schon von selbst dafür, dass er seine Bedürfnisse mit
dem geringsten Aufwande an Material und Arbeit (d. i. eben
in wirthschaftlicher Weise befriedigen wird. Wo dagegen,
wie heute, die gewerbliche Produktion für den fremden Bedarf die Regel bildet, wo — wie Lassalle sagt — Jeder
gerade die Dinge erzeugt, die er selbst nicht braucht, da
liegt die Gefahr nahe, dass durch die Planlosigkeit der ungeregelten Produktion recht unerquickliche Verhältnisse her-
aufbeschworen werden.

Zunächst involvirt die Regellosigkeit der heutigen Produktion, ich möchte sagen, eine gewisse Unmoralität der
Gesammtheit gegenüber dem einzelnen Unternehmer. Jeder
einzelne Unternehmer erbietet sich gewissermassen seinen
Mitmenschen einen Dienst zu leisten, er will ihnen unter
billigen Bedingungen einen bestimmten Artikel liefern, den
sonst sich jeder Konsument selbst erzeugen müsste. Nimmt
man dieses Anerbieten an, und die Gesammtheit thut dies
strenggenommen, wenn sie durch ihr Organ (die Behörde)
dem Offerenten die Bewilligung zum Betriebe seines Gewerbes ertheilt, so erheischt es die Billigkeit, dass dieses
beiderseitige Verhältnis wenigstens einigermassen geregelt
und klar gelegt werde. Dies geschieht aber heute bekanntlich nicht. Die Gesammtheit will keinen zweiseitig bin-
denden Vertrag abschliessen. Dass der angehende Unter-

nehmer ihr seine Dienste anbietet, ist ihr ganz recht, aber
zu einer Gegenleistung will sie sich nicht verstehen. Sie
benutzt daher ihre natürliche Ueberlegenheit (der Staatsgewalt, d. i. eben der Gesammtheit gegenüber ist der Einzelne immer wehrlos) um gewissermassen einen sog. Löwen-
vertrag abzuschliessen. Sie akzeptirt das Anbot des künftigen Unternehmers, indem sie ihm die Bewilligung zum
Gewerbebetriebe ertheilt, aber sie ertheilt ihm diese Bewilligung so zu sagen „sans garantie du gouvernement", d. h.
ohne auch nur die mindeste Garantie dafür zu übernehmen,
dass der Mann, der der Gesammtheit Dienste leistet, seinen
Lohn finden werde. Die Gesammtheit ist kurzsichtig und
egoistisch genug den Unternehmer indirekt zu zwingen,
dass er ihr seine Dienste bedingungslos anbiete. Jeder,
der da kommt und ihr seine Leistungen offerirt — er mag
ehrenhaft sein oder nicht — ist ihr recht, und um sich die
Mühe zu ersparen, eine derartige Offerte jedesmal separat
anzunehmen, hat sie sogar in Pausch und Bogen General-
Absolution ertheilt und hat in den modernen Gewerbeordnungen ein- für allemal in vorhinein erklärt, dass sie jedes
derartige Anbot unbedingt akzeptire und jede Gewerbekonzession über einfache Anmeldung ohne weiter viel zu fragen
ertheile. Dass der Unternehmer, der gar keine Gewähr
dafür hat, dass er beim Betriebe seines Gewerbes sein Auskommen finden werde, weil er nicht weiss wie viele Unternehmungen seiner Branche bereits existiren und wie viele
nach ihm kommen werden — dass der Unternehmer dadurch
in eine überaus misliche und prekäre Lage gebracht wird,
ist selbstverständlich, bekümmert indess die Gesammtheit
blutwenig. Möge Jeder, der da ein Gewerbe betreiben will,
zusehen wie er sich durchwinden kann!

Diese unmoralische Handlungsweise der Gesammtheit gegenüber dem einzelnen Unternehmer rächt sich. Die nothwendige Folge jenes Vorgehens ist nämlich, dass die Unternehmer so zu sagen im Finstern blind herumtappen, weil ihnen die erste und elementarste Voraussetzung jeder Produktion fehlt — die Kenntnis des Bedarfes. Man betrachte doch z. B. eine simple Hausfrau, die sich etwa anschickt, die nothwendige Wäsche für ihre Familienangehörigen anzufertigen. Ohne im Mindesten Etwas von der Nationalökonomie zu verstehen, wird sie instinktmässig zuerst nachsehen was fehlt oder schadhaft ist und darnach ihre Produktion einrichten. Sie würde es aber als haarsträubenden Widersinn bezeichnen, wenn man von ihr verlangen wollte, sie möge zunächst „Wäsche im allgemeinen" anfertigen und nachher erst sich überzeugen ob die Ihrigen auch wirklich neue Hemden oder Strümpfe brauchen.

Nun, was in der Hauswirthschaft als krassenster Nonsens angesehen wird, das gilt in unserer heutigen Volkswirthschaft als Regel und wird als „unabänderliches Naturgesetz" mit stiller Resignation hingenommen. Die Unternehmer sollen uns mit Lebensmitteln, Bekleidungsstoffen, Eisenwaaren etc. etc. versehen, aber Keiner von ihnen weiss wie gross der jährliche Bedarf an jedem dieser Artikel ist; Keiner von ihnen kennt die Grösse der momentan disponiblen Vorräthe an jedem dieser Artikel; Keiner von ihnen endlich weiss wie viel von jedem dieser Artikel zur Zeit produzirt wird, denn er kennt nicht einmal die Zahl der bestehenden Unternehmungen seiner Branche in der ganzen Welt und muss kontinuirlich gewärtigen, dass neue derartige Unternehmungen in's Leben gerufen werden, die das Angebot nur noch mehr vergrössern. Unter solchen Ver-

hältnissen soll der Unternehmer produziren. Er weiss nicht
für Wen er arbeitet, er weiss nicht wie gross der Bedarf
ist, aber er muss produziren, und demgemäss produzirt er
in's Ungewisse hinein, in's Blaue. Sein einziger Leitstern
ist der augenblickliche Stand der Nachfrage; ist diese günstig, so dehnt er seine Produktion nach Kräften aus, u. zw.
so rasch als möglich, denn er muss trachten der Erste am
Platze zu sein, damit kein Zweiter ihm so zu sagen den
fetten Bissen vorwegschnappe. Und weil dies jeder einzelne Produzent ohne Rücksicht auf die Uebrigen thut,
führt jede andauernde Nachfrage zur Ueberproduktion und
zur Absatzkrise mit Tausenden von ruinirten Existenzen und
unübersehbaren Vermögensverlusten.

Die ewigen Krisen sind indess nicht die einzige
schlimme Folge jenes Druckes, den die Gesammtheit in
ihrem Egoismus auf den Unternehmer ausübt. Der Unternehmer ist nicht das Endglied einer Reihe, er ist nicht wie
der Grundstein eines Gebäudes, den man beliebig belasten
darf. Der Unternehmer steht vielmehr mitten drin in der
Gesellschaft und muss daher wie ein elastischer Körper den
Druck, der von der einen Seite (von der Gesammtheit) auf
ihn ausgeübt wird, nach der anderen Seite, d. i auf die
Arbeiter, weiter fortpflanzen. Die sozialistische sowie die
arbeiterfreundliche Literatur hat vollständig recht, wenn sie
darauf hinweist, dass der heutige Arbeiter wie der Schuldner
im Konkurse seine Waare, d. i. seine Leistung bedingungslos ausbieten muss, allein diese Zwangslage des Arbeiters
ist nur die nothwendige Folge der Zwangslage, in der sich
der Unternehmer befindet. Der Unternehmer hat, wie oben
gezeigt wurde, gar keine Garantie für den Bestand seines
Geschäftes. Er muss kontinuirlich fürchten, dass ihm seine

Kundschaft von anderen konkurrirenden Unternehmungen abgejagt wird und weiss überdies nicht ob ihm nicht die nächste Krise schon den Bankrott bringt; er lebt im strengsten Sinne des Wortes von heute auf morgen. Wer selbst unter solchen Verhältnissen existirt, der kann selbstverständlich keine dauernden, sondern nur efemäre Verpflichtungen auf sich nehmen, der kann seine eigenen Leute unmöglich dauernd, sondern auch wieder nur von heute auf morgen anstellen. Und gerade hierin, in dieser Unsicherheit der Existenz liegt das Drückende der Situation, in der sich der Arbeiter befindet. Der Arbeiter, der in Folge eines plötzlichen Bankrotts seines Brodherrn oder einer momentanen Arbeitseinschränkung in der Fabrik eines schönen Morgens an die Luft gesetzt wird, der muss freilich seine Leistung bedingungslos ausbieten um seinen Hunger zu stillen; wer fest angestellt ist, wie der Beamte, der hat dies glücklicher Weise nicht nöthig. Stünde der Unternehmer fest, d. i. würde er von der Gesammtheit nicht gezwungen ihr seine Dienste bedingungslos anzubieten, so könnte er für seine Leute sorgen und sie fest anstellen, so aber zieht ein Uebel das andere nach sich und ist die prekäre Lage des Arbeiters die nothwendige Folge der unsicheren Stellung, die dem Unternehmer von der Gesammtheit aufgezwungen wird. Hierin, nicht in der Form der Eigenthumsverfassung, nicht in der Institution des Privateigenthums ist der eigentliche Grund des Uebels zu suchen.

Die Freihandelsschule und in ihrem Gefolge die öffentliche Meinung, die bekanntlich beide die früheren Zünfte und sonstigen Schranken der freien Produktion mit so viel Erfolg bekämpft haben, haben die Frage der Organisation der Volkswirthschaft fast ausschliesslich vom Standpunkte

des Konsumenten aus betrachtet. Thut man dies aber,
dann muss man allerdings zu einseitigen Resultaten gelangen. Ja, wenn ich lediglich mein Interesse als Konsument berücksichtige, wenn ich lediglich daran denke, dass
ich beispielsweise gute Schuhe haben will, dann kann mir
der Bestand einer Schuhmacherzunft sehr gleichgiltig sein,
denn einerseits können alle Zünfte der ganzen Welt mir
keine Garantie dafür bieten, dass jeder Schuhmacherlehr-
ling zu einem tüchtigen Meister herangebildet wird und
andererseits werden sich auch ohne den Bestand von Zünften
jedesmal Leute finden, die auf einem anderen Wege das
Gewerbe erlernen und etwa ganz ausgezeichnete Schuhmacher werden. Der Grundgedanke dieser Argumentation
ist ein ungeheuer egoistischer und ist im Wesen der, dass
jeder einzelne Konsument das Recht haben soll die Produzenten der ganzen Welt in die Schranken zu fordern, wenn
es gilt seine Bedürfnisse zu befriedigen. Jeder Einzelne
sollte gewissermassen das Recht haben zu sagen: „Kommt
herein in die Rennbahn, Ihr Produzenten der ganzen Welt,
lauft um die Wette, denn es giebt ein gut Stück Geld zu
verdienen, und wer von Euch der erste am Ziele sein wird,
dem will ich den Preis geben." Dass es für den Konsumenten einen grossen Reiz hat den Preisrichter über die ganze
Welt zu spielen, ist richtig, allein ebenso unbestreitbar ist
es, dass es eine ungeheuere Selbstüberhebung und eine
ebenso grosse Unwirthschaftlichkeit involvirt, wenn ich, um
die Bedürfnisse meiner höchst unbedeutenden Person zu befriedigen, den Anspruch erhebe die Produzenten aller fünf
Welttheile in Aufruhr zu versetzen.

Diese Argumentation übersah ferner den Umstand, dass
jeder Konsument gleichzeitig auch Produzent ist, und dass

der nämliche Mann, der heute als Konsument den kuru-
lischen Stuhl besteigt und als Preisrichter dem Sieger im
Wettlaufe die Palme reicht, schon morgen als Produzent
in der nämlichen Rennbahn selbst den Wettlauf antritt und
vielleicht zu Boden geworfen und von den Nachstürmenden
zertreten wird. Insofern wir Konsumenten sind, hat uns
die volle Verkehrsfreiheit den Vortheil gebracht, dass die
Artikel unseres täglichen Bedarfes vielleicht — aber wohlgemerkt nur „vielleicht" — etwas billiger, besser oder ge-
fälliger geworden sind, und um diesen armseligen und unbedeutenden Vortheil zu erringen haben wir in unserer
Eigenschaft als Produzenten die ganze Sicherheit unserer
wirthschaftlichen Existenz geopfert, haben wir uns dem
Treiben der schrankenlosen Konkurrenz, dem blinden Spiele
der Konjunktur vollständig preisgegeben.

Die ungeregelte Volkswirthschaft repräsentirt eine ungeheuere Verschwendung von Arbeitskräften und Produktionsmitteln (man denke nur an die Marx'sche „Reserve-
armee"). Diese Verschwendung lässt sich allerdings nicht
ziffermässig feststellen, allein so viel ist evident, dass man
bei einer planmässigen Verwendung der vorhandenen Pro-
duktivkräfte viel grössere Resultate erzielen könnte als dies
heute der Fall ist. Es ist jedoch wie wenn uns der Begriff der Volkswirthschaft so wie der des Staates auf dem
Gebiete der Produktion vollständig abhanden gekommen
wäre. Der Staat ist ja doch — wie Schäffle so richtig
andeutet — nichts anderes als eine Vereinigung von Menschen, die kollektiv den Kampf um's Dasein führen, d. h.
die als ein Ganzes der Natur ihre Existenz abringen und
gegenüber anderen Staaten ihre Selbständigkeit behaupten
wollen. Ein kollektives Handeln ist aber ein Handeln nach

einem einheitlichen Plane. Wir finden das planmässige
einheitliche Handeln auf dem Gebiete des Heerwesens wie
auf dem der staatlichen Verwaltung selbstverständlich, allein
dort wo es sich darum handelt die Gesammtheit der Bürger
mit den zum Leben nothwendigen Gütern zu versorgen, wo
es gilt die Natur — den mächtigsten Gegner, mit dem wir
ringen — zu unterwerfen, dort wollen wir von einem gemeinsamen zielbewussten Handeln unter einheitlicher Ober-
leitung nichts wissen, sondern meinen, dass ein unorgani-
sirtes Vorgehen zahlloser Individuen das Richtigere sei.

A. Die mittelalterliche Organisation der Volkswirthschaft.

1. Die Organisation der gewerblichen Produktion im Mittelalter.

Der anarchische Zustand, durch den sich unsere heutige Volkswirthschaft kennzeichnet, ist kein solcher, der in Folge eines unabänderlichen Naturgesetzes herrschen würde. Es hat im Gegentheile eine Zeit gegeben, die eine geradzu wunderbare Organisation ihrer Volkswirthschaft besass und dies war das Mittelalter mit seiner zünftigen Ordnung der Industrie. Die Zünfte sind der grossartigste und gelungenste Versuch die gewerbliche Produktion dem Bedarfe anzupassen, und sie verstanden es diese Aufgabe mit einem Takte zu lösen, der uns heute noch zum Muster dienen kann. Allerdings kamen ihnen hiebei zwei Umstände wesentlich zu Hilfe.

Zunächst war der mittelalterliche Verkehr in Folge der mangelhaften Kommunikationsmittel ein vorwiegend lokaler. Von verhältnismässig wenigen Ausnahmen abgesehen, musste jeder Ort selbst produziren, was im Orte gebraucht wurde. Die Industrie hatte nicht für den Weltmarkt, sondern für ein begrenztes Absatzgebiet zu produziren, dessen Bedarf ihr bekannt war und sie brauchte nicht zu befürchten, dass

ihre Berechnungen und Pläne ihr von dritter Seite her
durchkreuzt würden. Sodann brachte es die Kleinheit und
Beschränktheit der mittelalterlichen Verhältnisse mit sich,
dass der Gewerbetreibende wenigstens in vielen Fällen nicht
auf Lager, sondern über vorhergegangene Bestellung produzirte, so dass auf gewerblichem Gebiete eine Ueber-, beziehentlich Unterproduktion weniger leicht möglich war als
heutzutage [1]). Inzwischen wäre es verfehlt, wenn man hieraus den Schluss ziehen wollte, dass die Zünfte wenig oder
nichts thaten um die Produktion dem Gesammtbedarfe anzupassen; dieselben repräsentiren im Gegentheile einen so
reich und fein gegliederten Organismus, dass wir uns heute
noch glücklich schätzen könnten, wenn wir eine ähnliche
Ordnung unserer Volkswirthschaft besässen.

Hält man sich gegenwärtig, dass man unter „Wirthschaft" die planmässige Thätigkeit des Menschen versteht,
welche zum Zwecke hat, seinen Bedarf an Gütern zu decken,
dass also unter „Volkswirthschaft" die planmässige Thätigkeit des Volkes zu verstehen ist, die auf die Deckung des
Gesammtbedarfes gerichtet ist, so muss man gestehen, dass
das Mittelalter diesem Ideale sehr nahe kam. Soll nämlich
die Deckung des Gesammtbedarfes eine planmässige sein,
so darf zunächst nicht mehr und nicht weniger produzirt

---

[1]) Auf dem Gebiete der landwirthschaftlichen Produktion lagen die
Verhältnisse im Mittelalter allerdings gerade umgekehrt. Während die gewerbliche Produktion eine streng geregelte war und Krisen nicht kannte,
waren die Krisen (Unterproduktion und Hungersnoth) in der landwirthschaftlichen Produktion des Mittelalters an der Tagesordnung. Heute ist umgekehrt, Dank unseren vortrefflichen Kommunikationsmitteln, welche die Zufuhr
von Bodenprodukten aus den entferntesten Gegenden gestatten, eine eigentliche Hungersnoth nahezu ein Ding der Unmöglichkeit, dagegen kehren die
industriellen Krisen mit einer geradezu erschreckenden Regelmässigkeit wieder.

werden als eben die Gesammtheit braucht. Es muss ferner dafür gesorgt werden, dass die erforderlichen Güter mit dem relativ geringsten Aufwande an Arbeit und Produktionsmitteln hergestellt werden, d. h. es dürfen nicht mehr Personen zur Arbeit verwendet werden als nothwendig ist, und es muss die Garantie geboten sein, dass diese Personen die erforderlichen Güter mit dem verhältnismässig geringsten Aufwande an Mühe und Produktionsmitteln (Werkzeuge und Arbeitsstoffe) erzeugen. Allen diesen Anforderungen wussten die Zünfte gerecht zu werden [1]).

Was erstens die Beschränkung der Produktion, d. i. die Verhinderung der Ueberproduktion anbelangt, so wurde dies durch folgende Massregeln erreicht, u. zw.:

1. Durch die Monopolisirung der Zünfte. Soll die Produktion dem Bedarfe angepasst werden, so muss selbstverständlich diejenige Person oder Körperschaft, der die Produktion übertragen wird, die Gewissheit haben, dass ihre

---

[1]) Bezüglich der nachstehend erwähnten verschiedenen Bestimmungen der einzelnen Zunftordnungen verweise ich auf das vortreffliche Buch von C. Neuburg: „Zunftgerichtsbarkeit und Zunftverfassung in der Zeit vom 13. bis 16. Jahrhundert" (Jena, 1880), das die verschiedenen Tendenzen der Zunftverfassungen in klarer und anschaulicher Weise hervorhebt und karakterisirt. Ich glaube wohl nicht besonders betonen zu müssen, dass die mitgetheilten Bestimmungen sich nicht in jeder Zunftordnung vereint vorfinden; bei der einen Zunft fehlen diese, bei der anderen jene Bestimmungen, aber alle vereint erst geben ein Bild von dem, was die Zünfte anstrebten. In den Naturwissenschaften geht es bekanntlich auch nicht besser. Die Krystalle beispielsweise, die die Natur fertig liefert, sind gleichfalls nicht vollständig ausgebildet, bei diesem Krystall ist diese Seite, Kante oder Ecke verkümmert, bei jenem jene und erst der Krystallograf, der all die vorhandenen Flächen, Kanten und Ecken im Krystallmodell kombinirt und künstlich darstellt, bringt uns das vollständige Bild des Krystalles zur Anschauung.

Berechnungen und Massnahmen nicht von dritter, unberu-
fener Seite her durchkreuzt werden, d. h. dass dem Markte
nicht von aussen her Güter zugeführt werden, deren Zufuhr
nicht in Rechnung gezogen werden konnte. Mit anderen
Worten, soll die Produktion dem Bedarfe angepasst werden,
so muss einer bestimmten Person oder Körperschaft ein gewisses Monopol, ein mehr oder weniger weit gehendes ausschliessliches Recht auf die Versorgung des Marktes eingeräumt werden. Darüber darf man sich keiner Täuschung
hingeben: ohne ein mehr oder weniger weit gehendes Monopol des oder der betreffenden Produzenten ist eine Regelung der Produktion oder der Volkswirthschaft absolut undenkbar. Thatsächlich genossen die Zünfte bekanntlich auch
ein derartiges Monopol, u. zw. nach zwei Richtungen hin.
Einerseits war die Konkurrenz nichtzünftiger Gewerbetreibender streng verpönt und wurden die sog. Bönhasen streng
verfolgt und bestraft, und andererseits waren die Befugnisse
der einzelnen Zünfte gegen einander scharf abgegrenzt.
Dass diese Abgrenzung mitunter eine überaus engherzige
war, dass sie mitunter zu geradezu lächerlichen Resultaten
führte, wie den berüchtigten Kompetenzkonflikten zwischen
den Pasteten- und den Kuchenbäckern, den Schuh- und den
Pantoffelmachern u. dgl., ist richtig, allein die Abgrenzung
selbst ergiebt sich mit logischer Nothwendigkeit aus dem
Wesen der Zunft. Soll die Zunft den Bedarf der Gesammtheit in geregelter Weise decken, so bleibt kein anderer
Ausweg: sie muss das Monopol besitzen. Jene kleinlichen
Streitigkeiten beweisen höchstens, dass die Abgrenzung der
Zünfte gegen einander in den betreffenden Fällen eine un-
richtige war, beweisen aber nichts gegen die Abgrenzung
selbst. Dass jenes Monopol der Zünfte kein ganz aus-

7*

schliessliches war, ist bekannt und sollen die betreffenden Ausnahmen weiter unten erwähnt werden.

2. Durch Bestimmungen, welche direkt oder indirekt der Produktion Grenzen zogen. Hieher gehören:

a) Die Beschränkung der Meisterstellen. Die Zahl der selbständigen Handwerksmeister war bekanntlich eine beschränkte, u. zw. entweder in der Weise, dass die Zahl der Meisterstellen, wie bei den sog. geschlossenen Zünften ein-für allemal ziffermässig bestimmt war, oder dass sie mit Rücksicht auf den Ortsbedarf, also wechselnd festgesetzt wurde. Auch eine sukzessive Verminderung der Meisterstellen kam mitunter vor.

b) Das Verbot der Compagniegeschäfte. Es war den zünftigen Meistern mitunter verboten, sich mit anderen Meistern oder mit fremden, ausserhalb der Zunft stehenden Personen zu assoziiren. Allerdings bezweckte dieses Verbot in erster Reihe zu verhindern, dass der eine Meister sein Geschäft auf Kosten der übrigen zu weit ausdehne, allein indem es direkt den einzelnen Meister beschränkte, beschränkte es indirekt gleichzeitig die Produktion der ganzen Zunft.

c) Die Beschränkung der Arbeitszeit. Einen eigentlichen Normalarbeitstag kannte allerdings das Mittelalter nicht, allein die strengen kirchlichen Verbote der Sonn- und Feiertagsarbeit, sowie die Verbote der Nachtarbeit, der Arbeit bei Licht, die theils feuerpolizeilicher, theils gewerbepolizeilicher Natur waren (das Arbeiten bei Licht war vielfach unter dem Vorwande verboten, dass eine genaue und sorgfältige Arbeit nur bei Tageslicht ausgeführt werden könne), bewirkten im Wesen das Nämliche wie die Festsetzung eines Normalarbeitstages nach Stunden.

d) Die Festsetzung der Zahl der Hilfsarbeiter (Lehrlinge und Gesellen), die der einzelne Meister gleichzeitig beschäftigen durfte. Wohl sollte auch diese Vorschrift wie das vorhin erwähnte Verbot der Compagniegeschäfte die zu grosse Ausdehnung des einzelnen Geschäftes verhindern, allein weil es jedem einzelnen Meister verboten war mehr als eine bestimmte Zahl von Gehilfen zu beschäftigen, war damit die Zahl der Arbeiter begrenzt, die in der ganzen Zunft beschäftigt werden durften.

e) Die Beschränkung der Arbeitsmittel, wie beispielsweise die bei manchen Weberzünften vorkommende Vorschrift, dass der einzelne Meister nicht mehr als eine bestimmte Anzahl (zwei) Webestühle besitzen durfte, oder die Bestimmung, dass der einzelne Meister nur eine Werkstätte oder nur ein Verkaufslokale besitzen durfte. Indirekt wurde auch durch derartige Bestimmungen die Produktion der ganzen Zunft beschränkt.

f) Die Beschränkungen beim Einkauf von Rohstoffen. Dieselben kamen bekanntlich in verschiedenen Formen vor. Entweder wurden die Rohstoffe von den Zunftvorständen im Grossen eingekauft und sodann unter die einzelnen Meister vertheilt, oder es war vorgeschrieben wie viel Rohstoff der einzelne Meister für sich kaufen durfte, oder es war bestimmt, dass der Meister, der mehr als ein gewisses Quantum Rohstoffe eingekauft hatte, verpflichtet war den Ueberschuss zum Einkauftpreise den Zunftgenossen — wenn sie es verlangten — abzulassen. Hieher gehören ferner die mitunter vorkommenden Vorschriften, dass die Meister ihre Vorräthe nur auf dem hiezu bestimmten Markte einkaufen durften, sowie die Verbote dem Produzenten der Rohstoffe (dem Landmann) bis an's Thor der Stadt oder vor das Thor entgegen zu gehen und dort den Handel abzuschliessen. Auch diese Verbote und Vorschriften sollten in erster Reihe den einen Meister gegen die Konkurrenz des anderen schützen, beschränkten aber indirekt auch die Gesammtproduktion der Zunft.

g) In einzelnen Fällen war sogar direkt vorgeschrieben, wie viel der einzelne Meister (namentlich Bierbrauer) in einer bestimmten Periode (Jahresfrist, Brau-Campagne u. dgl.) erzeugen durfte.

Soll zweitens die Produktion der Güter eine wirthschaftliche sein, so darf — wie erwähnt — die Zahl der in der Produktion beschäftigten Arbeiter keine grössere sein als es nothwendig ist und soll Jeder, der sich der Produktion widmet, voll beschäftigt sein. Auch dieses Ziel wussten die Zünfte zu erreichen, u. zw. durch folgende Institutionen:

1. Durch die Festsetzung der Zahl der Gewerbetreibenden, welche dadurch erzielt wurden, dass die Zahl der selbständigen Gewerbetreibenden, der Meister eine bestimmte war, und dass bestimmt war wie viele Gehilfen (Lehrlinge und Gesellen) der einzelne Meister zur Zeit beschäftigen durfte.

2. Durch eine Reihe der minutiösesten Bestimmungen, welche allerdings zunächst die Bestimmung hatten jeden einzelnen Gewerbetreibenden gegen die Konkurrenz der Uebrigen zu schützen, die aber im Wesen doch nur den Effekt hatten jedem Gewerbetreibenden die genügende Beschäftigung zu sichern. Hieher gehören die eben erwähnten Beschränkungen, u. zw.:

a) Das Verbot der Compagniegeschäfte,

b) Die Beschränkung der Arbeitszeit,

c) Die Beschränkung der Arbeitsmittel,

d) Die Beschränkungen beim Einkauf von Rohstoffen,

e) Die Festsetzung der Menge der Produkte, welche der einzelne Meister anfertigen durfte,

f) Die scharfe Abgrenzung der Zünfte gegen einander, ferner:

g) Das Verbot für die einzelnen Meister sich gegenseitig die Gesellen abwendig zu machen und damit im Zusammenhange die Festsetzung eines Maximums des Gesellenlohnes, welches mit dazu beitrug zu verhindern, dass ein Meister dem anderen die Gesellen abwendig machte.

h) Das Verbot, Gesellen und Lehrlinge aufzunehmen, die ihrem früheren Meister entlaufen waren ohne ihre Verpflichtungen zu erfüllen.

i) Das Verbot für die einzelnen Meister sich gegenseitig die Kunden abzujagen oder auch nur die Kunden durch Anpreisung der Waare oder sonst anzulocken. In Verbindung hiermit steht die Bestimmung, dass kein Meister eine Arbeit fortsetzen durfte, die ein anderer Meister begonnen hatte, sowie dass kein Meister eine Bestellung von einem Kunden annehmen durfte, der einen anderen Meister die Bezahlung schuldig geblieben war. Auch die Taxen sind hier zu erwähnen, weil sie das Unterbieten des einen Meisters durch den anderen verhinderten oder wenigstens erschwerten.

k) Die Zuweisung der zugewanderten Gesellen durch den Herbergsvater an die einzelnen Meister, die Arbeitskräfte brauchten.

Endlich drittens fordert die Wirthschaftlichkeit der Produktion, dass die Güter von den betreffenden Personen mit dem relativ geringsten Aufwande an Mühe und Produktionsmitteln (Werkzeuge und Arbeitsstoffe) hergestellt werden, d. h. mit anderen Worten, dass die Produktion von technisch gebildeten Arbeitern besorgt werde. Die Zünfte waren bekanntlich bedacht auch hiefür Vorsorge zu treffen, u. zw.:

1. durch die Vorzeichnung des Lehrganges für die Angehörigen der Zunft (Lehrling, Lehrlingsprüfung, Geselle, Wanderzeit, Meisterstück).

2. Durch die Vorschriften über die Art der Verarbeitung der Rohstoffe (zünftige Industriereglements), durch welche auch der minder tüchtige Handwerker angeleitet wurde dasjenige Verfahren zu beobachten, welches durch die Erfahrung der Zunft als das beste erprobt worden war.

Diese Regelung der mittelalterlichen Produktion beruhte — wie erwähnt — in erster Reihe auf der Monopolisirung der Zünfte, denen die Fürsorge für die Deckung des Gesammtbedarfes vom Stadtstaate übertragen worden war. Ein so weit gehendes Privileg konnte indess den Zünften unmöglich ohne Einschränkung verliehen werden. Sollte die Bürgerschaft nicht der Gefahr preisgegeben sein von den Zünften in der rücksichtslosesten Weise ausgebeutet zu werden, so mussten irgend welche Massregeln zum Schutze des Publikums getroffen werden und demgemäss sehen wir denn auch, dass die Privilegien der Zünfte manchfachen Beschränkungen unterworfen waren.

Zunächst war das Monopol der Zünfte kein ganz ausschliessliches, sondern nach zwei Richtungen hin durchbrochen, u. zw. einmal durch das sog. Gästerecht. Die Zufuhr fremder Waaren war zwar durch Zölle und sonstige Beschränkungen der sog. „Gäste", der fremden Händler einigermassen erschwert, allein sie war denn doch gestattet.

Ferner repräsentirten die vielen Jahrmärkte, wenigstens in der späteren Zeit eine periodisch wiederkehrende Gewerbefreiheit, indem die sog. Marktfahrer, die Gewerbetreibenden, die für den Jahrmarkt produzirten, von den Zunftvorschriften eximirt waren und ihr Gewerbe betreiben durften ohne das zünftige Meisterrecht erworben zu haben.

Ausserdem existirte 'eine Reihe von Bestimmungen, welche das Publikum vor Misbräuchen und etwaigen Ausbeutungen schützen sollten, u. zw.

1. Die verschiedenen Vorschriften über den Nachweis der Ehrbarkeit ("eheliche, deutsche, echte und freie Geburt", ehrenhafter Karakter u. dgl.) desjenigen, der als Lehrling, als Geselle oder als Meister in die Zunft aufgenommen werden sollte. Dass das Mittelalter nach dieser Richtung hin mitunter Anschauungen hatte, die uns heute nur ein mitleidiges Lächeln abnöthigen, dass manche Gewerbe und Zünfte als verrufen galten, die wir als die harmlosesten der Welt ansehen, dass wir nicht abzusehen vermögen warum unschuldige Kinder solcher als „unehrbar" geltender Personen von der Aufnahme in die „ehrbaren" Zünfte ausgeschlossen waren, ist vollständig richtig, allein trotzdem lag diesen Bestimmungen der gesunde Gedanke zu Grunde, dass nur ehrenhafte und pflichttreue Personen zur Ausübung des Handwerkes zugelassen werden sollten und lag hierin wirklich eine gewisse Garantie für das Publikum, weil die Zünfte auf das eifrigste bedacht waren unehrenhafte oder unredliche Personen vom Gewerbebetriebe fern zu halten.

2. Die Vorschriften über die Verwendung bestimmter (als gut befundener) Rohstoffe sowie über das Verfahren bei der Arbeit (Industriereglements), die Verpflichtung des

Meisters dem fertigen Stücke seine Marke beizugeben, die
amtliche Beschau und Abstempelung der fertigen Stücke
durch die Zunftvorstände, die Festsetzung von behördlichen
Taxen sowie die allgemeine Verpflichtung der Meister den
Kunden nur gute und preiswürdige Waare zu liefern, ge-
währten dem Publikum einen nicht zu unterschätzenden
Schutz gegen Uebervortheilung.

Dass die Zünfte ihre eigenen Interessen nicht vergas-
sen, dass sie bemüht waren jedem Lehrling das Emporsteigen zum Meister zu sichern und jeden einzelnen Meister
gegen eine erdrückende Konkurrenz der übrigen Meister zu
schützen, dass sie bestrebt waren für die Wittwen und
Waisen verstorbener Meister zu sorgen, ist bekannt, ist aber
nur zu tief in der menschlichen Natur begründet. Ueberdies liegt diesem Streben eine sehr richtige psychologische
Auffassung des menschlichen Karakters zu Grunde. Der
Mensch ist von Hause aus nicht schlecht, allein seine guten
Karaktereigenschaften kommen in der Regel erst dann zum
Vorschein, wenn es ihm selbst gut geht; seine edleren
Regungen werden durch die Noth und das Elend nur zu
leicht erstickt. Wer mit Anstrengung um seine Existenz
kämpft, wird nur zu leicht geneigt sein die Grenze der
Moral und des strengen Rechtes zu überschreiten um sich
einen Vortheil zuzuwenden. Wer dagegen in einer gesicherten materiellen Stellung lebt, hat's nicht nothwendig zu
unlauteren Mitteln zu greifen und fürchtet überdies das
Ansehen, das seine Stellung mit sich bringt, zu verlieren,
er scheut daher ein inkorrektes Handeln. Und dies geht
so weit, dass sogar Leute, die ihren Wohlstand in unlau-
terer Weise erworben haben, später häufig so zu sagen den

Ehrenmann hervorkehren und vor unehrenhaften Handlungen zurückschrecken.

Wenn daher die Zünfte bemüht waren jedem ihrer Angehörigen eine gesicherte materielle Stellung zu verschaffen, so thaten sie damit nur Etwas, was gleichzeitig der Gesellschaft zu Guten kam, weil sie auf diese Weise die Solidität und Ehrenhaftigkeit der Gewerbetreibenden und damit die Güte und Preiswürdigkeit des Produktes begünstigten. Die mittelalterliche Gesellschaft sah im Produzenten keinen Feind, sondern einen Freund, dem man entgegen kommen muss und indem sie seine Interessen förderte, förderte sie damit gleichzeitig die des Konsumenten. Wir dagegen erblicken in jedem Produzenten einen geborenen Feind, der nur darauf ausgeht uns (als Konsumenten) zu betrügen und zu berauben und glauben uns am besten gegen seine Tücke zu schützen, wenn wir ihn gleich von vornherein in die denkbar ungünstigste Lage versetzen, wenn wir ihn rechtlos hinstellen, wenn wir ihn der schrankenlosen Konkurrenz preisgeben und ihn [zwingen mit allen erlaubten und unerlaubten Mitteln um seine Existenz ringen. Dass der Mensch, den man a priori wie ein reissendes Thier behandelt nur zu leicht wirklich zum reissenden Thiere herabsinkt, vergessen wir und ergehen uns in Klagen darüber wenn der Produzent, den wir geradezu zwingen uns zu betrügen, uns dann wirklich betrügt.

Die mittelalterliche Organisation der gewerblichen Produktion war keine „Organisation der Arbeit" im Sinne eines Louis Blanc oder der modernen Sozialdemokratie, denn die Produktion war keine genossenschaftliche und von einem Kollektiveigenthum war keine Rede. Die mittelalterliche Organisation war das, was wir den Betrieb der gewerblichen Produktion im Wege der „delegirten Verwaltung" oder der „regulirten Unternehmung" nennen. Es war nicht der Staat, der den Betrieb der Gewerbe in die Hand genommen hätte, sondern der Stadt-Staat übertrug im Wege der delegirten Verwaltung die gesammte gewerbliche Produktion den Korporationen der Gewerbetreibenden, d. i. den Zünften. Wohl verlieh er diesen damit ein überaus werthvolles Monopol, allein er gab ihnen dieses Monopol nicht als ein Geschenk, über das der Empfänger frei verfügen darf, sondern knüpfte daran wesentliche Pflichten und griff überall regulirend ein um die Erfüllung dieser Pflichten zu erzwingen und zu sichern. Die Zünfte bekamen das ausschliessliche Recht die Gesammtheit mit den erforderlichen Produkten der Industrie zu versorgen und es wurde ihnen die Befugnis eingeräumt diese Arbeit derart unter ihre Angehörigen zu vertheilen, dass jedem derselben eine angemessene Beschäftigung und ein entsprechender Lohn gesichert war, allein jene Privilegien waren keine bedingungslosen. Zunächst war das Monopol der Zünfte kein ausschliessliches und durch die — wenn auch nur in beschränktem Maasse zugelassene — auswärtige Konkurrenz dafür gesort, dass die Bäume nicht in den Himmel wüchsen, sodann wurden die Zünfte verpflichtet dem Publikum nur gute und preiswürdige Waare zu liefern und war durch eine Reihe der detaillirtesten Vorschriften Garantie geschaffen, dass die Zünfte dieser ihrer Verpflichtung auch wirklich nachkamen. Endlich war durch eine Reihe nicht minder minutiöser Vorschriften dafür Vorsorge getroffen, dass keiner der Gewerbetreibenden sein Geschäft auf Kosten seiner Genossen zu weit ausdehne; Jeder sollte sein genügendes und gesichertes Auskommen finden, aber Keiner sollte durch

Verdrängen seiner Brüder reich werden. Demgemäss war auch die Stellung, die man Zünften anwies. Sie galten als Korporationen öffentlichen Rechtes, sie galten als „Aemter" und jeder ihrer Angehörigen wurde als öffentlicher Funktionär angesehen.

Durch diese Organisation der gewerblichen Produktion war gleichzeitig für die Arbeiter erreicht, was in dieser Beziehung überhaupt erreicht werden kann und was die heutigen Arbeiter vom Sozialstaat der Zukunft erwarten. Und wenn die heutigen Arbeiter (wie oben, Hauptstück III. erwähnt wurde) mit Recht darüber klagen:

1. dass sie nicht vorwärts kommen können,
2. dass sie ausgebeutet werden,
3. dass sie unter dem anarchischen Zustande der heutigen Produktion leiden,
4. dass die Arbeit zur Waare geworden ist,
so hatten die mittelalterlichen Arbeiter keinen Anlass zu derartigen Beschwerden.

1. Zunächst boten die Zünfte jedem Lehrling die beinahe unbedingte Sicherheit, dass er allmälig zum Gesellen und zum selbständigen Meister emporsteigen werde.

2. Der Handwerkslehrling und der Geselle wurden zwar nicht minder ausgebeutet als der heutige Fabrikarbeiter, allein die Ausbeutung war nur eine vorübergehende, denn der Geselle, der später Meister wurde, wurde nun selbst zum Exploiteur und konnte sich nun schadlos halten.

3. Da die mittelalterliche Produktion keine anarchische, sondern eine streng geregelte war, waren die heutigen Krisen mit ihren Arbeiterentlassungen dem Mittelalter unbekannt.

4. Ebenso wenig war im Mittelalter die Rede davon, dass die Arbeit wie eine Waare behandelt werde, weil eben die Stellung der Hilfsarbeiter im Mittelalter eine ganz andere war als die der heutigen Fabrikarbeiter, und ein Ausbieten der Arbeit auf offenem Markte in Folge der behördlichen Festsetzung der Gesellenlöhne und der sonstigen Einrichtungen (Arbeitsnachweisung durch den Herbergsvater u. dgl.) gar nicht vorkam.

Was die fünfte und letzte Klage der heutigen Arbeiter anbelangt, dass die Arbeiter gern arbeiten wollen, dass sie dies aber häufig nicht können, weil ihnen die zur Arbeit erforderlichen Produktionsmittel fehlen, so ist dieselbe — wie schon früher erwähnt wurde — eine Frage der Bevölkerungszunahme. Dem mittelalterlichen Arbeiter war allerdings durch die Institution der Zünfte genügende Arbeit und ein entsprechender Lohn garantirt, allein der Ueberschuss der Geborenen, der in Folge der Beschränkung der Zahl der Gewerbetreibenden keine Aufnahme in die Zunft fand, der konnte allerdings in die Lage kommen keine Beschäftigung zu finden und demgemäss zu verhungern. Allein über diese Schwierigkeit kommt auch der sozialdemokratische Volksstaat nicht hinweg, denn bekanntlich handelt es sich hier nicht so sehr um die Arbeitsmittel und um die Beschäftigung als vielmehr um die Subsistenzmittel. Nimmt die Bevölkerung rascher zu als die Subsistenzmittel, so kann dies in einem Staate mit geregelter Volkswirthschaft, der an der Institution des Privateigenthums festhält zu dem Resultate führen, dass Diejenigen, die in die Korporation der Produzenten Aufnahme finden, genügende Beschäftigung und eine gesicherte materielle Stellung erlangen, während der Ueberschuss, der gewissermassen draussen bleiben muss,

verhungert. Im sozialdemokratischen Volksstaat, der das
Recht auf Existenz und auf Arbeit prinzipiell anerkennt,
dürfte allerdings keiner der Geborenen „draussen" bleiben,
es müsste im Gegentheile Jedem Arbeit zugewiesen werden, allein die Zunahme der Bevölkerung würde die Folge
nach sich ziehen, dass die Lebensmittelrationen wie in einer
belagerten Stadt mit jeder überzähligen Geburt entsprechend
verkleinert würden, d. h. dass eben alle Bürger hungern
würden. So lange das Menschengeschlecht über diese
Schwierigkeit nicht hinwegkommt, werden und müssen alle
Weltverbesserungen des Sozialismus illusorisch bleiben;
wird es aber dereinst gelingen der Bevölkerungsfrage Herr
zu werden, dann braucht man das Kollektiveigenthum nicht
mehr, denn dann können wir unsere Lage auf der Basis
des Individualeigenthums ebenso behaglich gestalten als es
uns der Sozialismus im Volksstaat in Aussicht stellt.

2. Die Organisation der landwirthschaftlichen Produktion im Mittelalter.

Die Organisation der landwirthschaftlichen Produktion im Mittelalter musste nothgedrungen eine ganz andere Gestalt annehmen als die des Gewerbes, weil der Karakter beider Gebiete der Produktion ein wesentlich verschiedener ist. Diese Verschiedenheit manifestirt sich namentlich nach drei Richtungen hin:

1. Die gewerbliche Produktion hat der Mensch so zu sagen in der Hand, d. h. dieselbe hängt fast ausschliesslich von unserem Willen ab und ist von äusseren Einflüssen fast ganz unabhängig. Man kann das ganze Jahr hindurch produziren, man kann erzeugen so viel oder so wenig man will und auch die Qualität der Produkte wird vorwiegend bedingt durch die Geschicklichkeit des Arbeiters. Aus diesem Grunde gieng bei der Industrie das Streben in erster Reihe dahin, die Produktion dem Bedarfe anzupassen, d. h. nicht mehr und nicht weniger zu erzeugen als die Gesammtheit brauchte. Ganz anders dagegen liegen die Dinge bei der landwirthschaftlichen Produktion. Dieselbe hängt weit weniger vom Willen des Menschen als von äusseren Umständen, von der Bodenbeschaffenheit, vom Klima, vom Wetter u. dgl. ab, so dass der Mensch auf diesem Gebiete in voraus weder für den quantitativen noch

für den qualitativen Erfolg seiner Bemühungen einstehen kann. Es ist daher in der Landwirthschaft absolut unmöglich die Produktion dem Bedarfe in der nämlichen Weise anzupassen, wie dies in der Industrie der Fall sein kann. Soll daher das Angebot an Bodenprodukten der jedesmaligen Nachfrage entsprechen, so müssen Institutionen geschaffen werden, welche so zu sagen jenseits der Kompetenz-Sfäre des eigentlichen Produzenten liegen. Soll nämlich immer die genügende Menge von Feldfrüchten vorhanden sein, so muss entweder der Ueberschuss der gesegneten Ernten für die Zeit des Miswachses zurückbehalten und gespeichert werden, oder es muss durch die Herstellung entsprechender Verkehrsanstalten die Möglichkeit geschaffen werden, dass der Ausfall in der Ernte des einen Bezirkes durch den Ueberschuss der Ernte des anderen Bezirkes ausgeglichen werde. Beide Massregeln aber haben, wie erwähnt, mit der eigentlichen Thätigkeit des Landwirthes nichts zu schaffen, dafür hat entweder der Getreidehändler oder die Regierung zu sorgen.

2. Ein zweiter, allerdings mehr äusserlicher oder zufälliger Umstand betraf und betrifft das Beisammenwohnen der Menschen. In der Stadt wohnen die Menschen dicht beisammen, sie sehen und sprechen sich täglich und können daher ihre Meinungen leicht austauschen und ein gewisses einheitliches Vorgehen leicht vereinbaren; überdies bildet die Stadt ein verhältnismässig kleines Verkehrsgebiet, das sich leicht überblicken lässt und dessen Bedarf unschwer ermittelt werden kann. Es war daher eine verhältnismässig leichte Aufgabe in der Stadt Institutionen zu finden und zu schaffen, durch welche die gewerbliche Produktion dem Bedarfe angepasst werden sollte. Auf dem platten Lande da-

gegen wohnen die Menschen zerstreut und die Bewohner
des einen Landestheiles kommen häufig mit denen eines
anderen Landestheiles ihr Leben lang nicht in Berührung,
so dass hier eine gegenseitige Verständigung darüber, Was
und Wie viel etwa jeder Einzelne anbauen soll, schon a
priori so gut wie gänzlich ausgeschlossen ist. Soll in einem
ganzen Lande der Anbau von Feldfrüchten nach einem einheitlichen Plane erfolgen, so setzt dies nicht nur eine stramme
Organisation der Regierungsgewalt, sondern eine sehr weit
gehende Einmischung derselben in die wirthschaftlichen
Verhältnisse voraus. Eine so weit gehende Einmischung der
Regierung ist uns heute noch fremd, es ist daher selbstverständlich, dass im Mittelalter, dem sogar der Begriff einer Staatsre-
gierung fast gänzlich unbekannt war, von einer Regelung der
landwirthschaftlichen Produktion keine Rede sein konnte.

3. Endlich ist der Grund und Boden, — wie oben
(Hauptstück II.) dargelegt wurde — gerade dasjenige Objekt,
welches am leichtesten im Kollektiveigenthum stehen kann,
weil bei demselben die Trennung des Eigenthumsrechtes
an der Substanz von den Ansprüchen auf die Nutzung den
geringsten Schwierigkeiten begegnet. Und thatsächlich hat
auch der Grund und Boden nicht nur bei fast allen Völ-
kern anfänglich im Kollektiveigenthum der Gemeinde oder
sonst gestanden, sondern hat sich auch dieses Kollektiveigenthum lange, lange Jahrhunderte hindurch erhalten.

Aus diesen Gründen hat denn auch thatsächlich die
Ordnung des Grundbesitzes im Mittelalter eine wesentlich
andere Gestalt angenommen wie bei der Industrie. Während
bei dieser, wie gesagt, das Hauptgewicht auf die Regelung
der Produktion gelegt wurde, gelangte die mittelalterliche
Organisation der Landwirthschaft als sog. Gebundenheit des

Grundbesitzes zur Erscheinung, die bekanntlich in drei
Formen auftrat: als Familienfideikommiss, als Lehen und
als unfreier bäuerlicher Grundbesitz. Das Familienfideikommiss hat allerdings keine oder keine hervorragende öffentlich-rechtliche Bedeutung; sein Zweck war und ist den
Glanz und die Stellung der Familie zu sichern und aufrecht
zu erhalten. Dagegen war die öffentlich-rechtliche Bedeutung des Lehens und des unfreien bäuerlichen Grundbesitzes
eine um so grössere.

Auf dem Lehenwesen beruhte bekanntlich die gesammte
Heeresorganisation des Mittelalters, ja man darf wohl sagen,
dass sie die einzig mögliche Form der Heeresverfassung
für die damalige Zeit war. An eine Bezahlung der Truppen
war bei dem herrschenden Geldmangel im Mittelalter nicht
zu denken, andererseits war der Grundbesitz ausserhalb der
Städte die einzige Form des Reichthums und gleichzeitig
auch das Einzige, worüber der König unumschränkt verfügen konnte. Sollten also die Truppen irgendwie bezahlt
werden, so konnte dies nur in der Form der Dotation mit
Grundbesitz geschehen. Die einfache Landschenkung hätte
jedoch den dauernden Gehorsam der Truppen nicht gesichert. Wer eine bestimmte Gage in Raten bezieht, der
muss allerdings auf die Dauer gehorchen, weil er weiss,
dass der Ungehorsam den Verlust der folgenden Raten nach
sich zieht, wäre dagegen dem Krieger ein Landloos ein für
allemal geschenkt worden, so lag die Gefahr nahe, dass er
das nächste Mal im Vollgefühle seines Besitzes den Gehorsam einfach verweigerte und dann hatte der König kein
Mittel in der Hand den renitenten Kriegsmann zum Gehorsam zu zwingen. Hiezu nun bot das Lehenwesen mit
seiner Spaltung des Eigenthumsrechtes in Ober- und Un-

tereigenthum eine vortreffliche Handhabe. Dadurch, dass
der Lehensherr sich das Obereigenthum an dem Lehengute
vorbehielt und dem Vasallen lediglich das erbliche Nutzungsrecht an demselben verlieh, bekam er das Mittel in die
Hand den letzteren dauernd in Abhängigkeit zu erhalten,
denn der Ungehorsam des Vasallen gegenüber dem Rufe
des Lehensherrn zog unweigerlich den Verlust des Lehens
nach sich.

Auf diese Weise hatte die Institution des Lehenwesens
die Aufgabe einen Stand kriegstüchtiger Vasallen zu erhalten, die mit ihren Mannen dem Könige, wenn er sie rief,
Heeresfolge zu leisten hatten. Das Landgut, das dem Vasallen vom Könige zu Lehen gegeben worden war, sollte
den Vasallen ernähren und ihn in den Stand setzen sich
und seinen Mannen zum Kriege auszurüsten, und aus diesem Grunde war es untheilbar, unveräusserlich und nicht
frei vererblich. Es war untheilbar wie der Krieger untheilbar ist, den es ernähren sollte; es war nicht frei veräus-
serlich, weil der König begreiflicher Weise an der Person
seines Vasallen ein Interesse hatte und es ihm nicht gleichgiltig sein konnte, wenn ihm etwa gegen seinen Willen
statt eines kriegstauglichen Mannes ein Schwächling unter-
schoben worden wäre; es vererbte sich endlich (ungetheilt)
nur in der männlichen Linie, weil der König selbstverständlich weibliche Vasallen nicht brauchen konnte.

Was endlich den unfreien kleinen Grundbesitz anbelangt, so war derselbe theils Afterlehen, theils Bauernland.
Es war Afterlehen, weil der Vasall, der die Verpflichtung
übernahm, mit seinen Mannen dem Könige Heeresfolge zu
leisten, auch wieder nur in der Weise sich die Kriegsdienste
dieser letzteren sichern konnte, dass er seinerseits ihnen

Theile seines ursprünglichen Lehens als Afterlehen abtrat.
Hatte — modern gesprochen — das ursprüngliche Lehen
die Bestimmung den Offizier zu erhalten, so sollte das
Afterlehen den gemeinen Soldaten der mittelalterlichen
Armee ernähren. Die eigentlichen (leibeigenen oder hörigen)
Bauern endlich waren die Knechte des Gutsherrn (Vasallen).
Von dem blosen Lehengute konnte der Vasall selbstverständlich nicht leben, er brauchte Arbeiter, die ihm die
Felder bestellten und die zum Leben nothwentigen Artikel
herstellen An die Miethe freier Arbeiter war im Mittelalter nicht zu denken, und ebenso wenig an eine Bezahlung
derselben. Wollte also der Gutsherr leben, so musste er
seinen Hörigen Grundstücke überlassen, die diese ernährten
und sie in den Stand setzten für ihn zu arbeiten. Dann
aber musste, u. zw. aus denselben Gründen wie das Lehen
auch dieses Bauernland der freien Verfügung seines Nutz-
niessers entzogen, musste dasselbe untheilbar und unveräusserlich und an eine festbestimmte Erbfolge gebunden sein
wie das Lehengut.

Auf diese Weise zerfiel die Landbevölkerung des Mittelalters in zwei Klassen: in die Krieger, denen die Aufgabe zufiel, das Vaterland zu vertheidigen und in die Ar-
beitsbienen, welche für die Krieger den Lebensbedarf zu
beschaffen hatten. Beide aber waren öffentliche Funktionäre,
die Einem indem sie durch ihre Leistungen als Krieger
direkt dem Vaterlande dienten, die Anderen indem sie durch
Ernährung der Krieger indirekt für das Vaterland arbei-
teten. Der Grundbesitz, der dieser wie jener Klasse zur
Unterlage diente und ihr die Mittel zu ihrer Subsistenz
bieten sollte, hatte damit eine öffentlich-rechtliche Bestimmung und diese Thatsache fand darin ihren Ausdruck, dass

der gesammte dem Lehensbande unterworfene Grundbesitz
(und dies war im Mittelalter ziemlich die ganze Boden-
fläche des Landes) direkt oder indirekt im Obereigenthum
des Königs, d. i. des Repräsentanten des Staates oder der
Gesammtheit stand. Das Eigenthum an der Substanz des
Grund und Bodens stand der Gesammtheit zu; der Einzelne,
der ihn bebaute, hatte nur ein mehr oder weniger weit
gehendes Nutzungsrecht an demselben. Die Verfügungsgewalt über die Substanz war ihm entzogen und das ist es,
was eben das Wesen der sog. Gebundenheit des Grundbesitzes ausmacht.

So hatte das Mittelalter nicht nur eine wunderbare
Organisation der Industrie, sondern auch seine feste Ordnung des Grundbesitzes und der grosse Gedanke, der diesen
Ordnungen zu Grunde lag und der das ganze Mittelalter
wie ein rother Faden durchzieht, war der, dass jeder Bürger
ein öffentlicher Funktionär sei, und dass es kein Recht gebe,
dem nicht eine entsprechende Pflicht gegenüber stünde.
Wir haben nicht nur keine Organisation der Volkswirthschaft, sondern uns ist auch das Bewusstsein der Pflicht
vollständig abhanden gekommen. Jeder von uns, mag er
Gewerbetreibender, Kaufmann oder Landwirth sein, denkt
nur an seine Rechte und an die „höchste Fruktifizirung"
seines Vermögens. Dass er ein Glied der Gesellschaft ist,
dass er derselben dient, und dass er nebenbei auch irgend
welche Pflichten gegen die Gesammtheit habe, das kommt
ihm gar nicht einmal in den Sinn.

B. Die künftige Organisation der Volkswirthschaft.

Das Mittelalter hat es verstanden seine Volkswirthschaft in einer Art und Weise zu ordnen, die den damaligen Verhältnissen angepasst war wie ein an den Leib geschnittener Rock. Auf die Dauer freilich vermochte diese Ordnung sich nicht zu erhalten. Der Körper, dem jener Rock angepasst war, dehnte und reckte sich, das Kleid wurde zu eng und hemmte die freie Bewegung und musste schliesslich beseitigt werden.

Was zunächst die Zunftverfassung anbelangt, so war einerseits für sie der Umstand massgebend, dass die wirthschaftlichen Verhältnisse des Mittelalters klein und beschränkt waren. Wohl begann seit den Kreuzzügen ein Handelsverkehr sich zu entwickeln, der sich von Indien her über Venedig nach dem Norden, mitten durch das Herz von Europa bewegte, allein er war denn doch in ziemlich enge Grenzen gebannt und beschränkte sich auf einige wenige besonders kostbare Waaren. An einen grösseren Waarenverkehr war bei dem fast gänzlichen Mangel an entsprechenden Kommunikationsmitteln im Mittelalter nicht zu denken und als Regel galt — wie schon erwähnt — dass jeder Ort selbst erzeugen musste, was er an Industrieprodukten brauchte. Die Städte jener Zeit waren bekanntlich klein, Maschinen waren damals noch nicht erfunden, die Industrie war ausschliesslich Handwerk und konnte mit Rücksicht auf den geringen lokalen Bedarf in gar keinem grösseren Umfange betrieben werden; sie war, was wir Kleingewerbe nennen. Und das war der sog. springende Punkt, der der ganzen Zunftverfassung des Mittelalters ihr eigentliches Gepräge gab. Die Industrie konnte und sollte nichts Anderes sein als Kleingewerbe und daher die unzähligen minutiösen Bestimmungen der Zunftordnungen, welche den Gewerbetrieb beschränkten und in erster Reihe darauf abzielten den einzelnen Meister daran zu verhindern, dass er seinem Geschäfte einen grösseren Umfang gebe. Der einzelne zünftige Meister sollte seine gesicherte materielle Stellung haben und sein Auskommen finden, er sollte jedoch unbedingt gehindert werden sein Geschäft beliebig auszudehnen und — wie wir heute sagen — zum Kapitalisten sich emporzuschwingen.

Das war gerechtfertigt, so lange die Industrie nichts anderes sein konnte als Kleingewerbe. Wo es sich lediglich um die Deckung eines kleinen Bedarfes handelte, hätte die Anhäufung von Produktionsmitteln in den Händen etwa eines einzigen grossen Unternehmers nicht nur keinen Zweck gehabt, sondern effektiven Schaden gebracht, weil der eine Grossunternehmer die Existenz aller übrigen selbständigen Meister seiner Branche unmöglich gemacht hätte. Es wäre eben — was die Zünfte weise zu verhindern wussten — der Reichthum des Einen durch den Ruin so vieler Anderer erkauft worden.

Allgemach jedoch änderten sich die Verhältnisse. Schon gegen das Ende des Mittelalters begann der Verkehr namentlich auf den Wasserstrassen grössere Dimensionen an-

zunehmen und noch mehr war dies der Fall als nach der
Entdeckung von Amerika immer wachsende Schaaren von
Europäern nach dem neuen Welttheile hinüberzogen, die
von der Heimath mit den gewohnten Industrie-Erzeugnissen
versorgt werden mussten. Jetzt musste, wenigstens in gewissen Industriezweigen in grösserem Massstabe produzirt
werden und musste demgemäss eine grössere Ansammlung
von Produktionsmitteln, eine grössere Kapitalsansammlung
in den betreffenden Händen stattfinden, und wo die alten
Ordnungen dies zu verindern strebten und die freie Bewegung hemmten, da blieb kein anderer Ausweg als die Fessel
zu sprengen. Demgemäss sehen wir denn wie um jene
Zeit bei einzelnen Zünften, wie beispielsweise bei den
Webern jene Bestimmungen der Zunftordnungen in Verges-
senheit gerathen, welche den Geschäftsbetrieb des einzelnen
Meisters in enge Grenzen bannen sollten. Die Meister, die
früher nur zwei oder drei Gesellen halten durften, eman-
zipiren sich von dieser strengen Vorschrift, sie fangen an
eine grössere Zahl von Hilfsarbeitern zu beschäftigen, sie
werden zu kapitalistischen Unternehmern und aus dem
früheren Handwerk wächst allmälig die Grossindustrie hervor, die sog. „Manufaktur". Das früher so berechtigte und
weise Bestreben der Zünfte, die Bildung grösserer Kapitalien
zu verhindern wurde zum Anachronismus und dies war der
eine Grund, warum später die Zunftverfassung inhaltslos
wurde und fallen musste. Das Kapital musste wachsen
um den geänderten wirthschaftlichen Verhältnissen zu entsprechen und musste daher die Fessel sprengen, wie der
Keim, der in den Boden gesenkt wird, die Samenhülle
sprengt.

Die zweite Voraussetzung, auf der die Zuftverfassung be-

ruhte, war die ungenügende Beschaffenheit der mittelalterlichen Kommunikationsmittel. Das Hauptbestreben der
Zünfte gieng dahin die gewerbliche Produktion dem Bedarfe
anzupassen, und da an eine Zufuhr von aussen her bei dem
Mangel an Strassen nicht wohl zu denken war und jede
Stadt ein in sich geschlossenes Verkehrsgebiet bildete, so
konnte jenes Ziel durch die Beschränkung der Zahl der
Gewerbetreibenden mit Rücksicht auf den Ortsbedarf recht
wohl erreicht werden. Diese „Rücksicht auf den Ortsbedarf" bei der Verleihung der Gewerbekonzessionen bildete
gewissermassen den Angelpunkt der ganzen Institution der
Zünfte und war so wesentlich, dass auch das sog. Konzessionssystem, welches bekanntlich im Laufe der sog. „Neuen
Zeit" allerorts die ursprüngliche Zunftverfassung verdrängte,
an derselben unverrückt festhielt. So weise indess auch
diese Massregel unter den damaligen Verhältnissen war, so
wurde doch auch sie im Laufe der Zeit vollständig illusorisch, u. zw. speziell durch das Aufkommen der Eisenbahnen.
Heute, wo Jeder die verschiedensten Artikel so leicht von
jedem beliebigen Orte her beziehen kann und wo thatsächlich die Sitte eingerissen ist, dass die Provinzbewohner einen
guten Theil ihres Bedarfes aus der Hauptstadt beziehen,
hätte die Rücksicht auf den Ortsbedarf bei der Verleihung
von Gewerbekonzessionen - selbst wenn die Gesetzgebung
an derselben festhalten wollte — bei der grossen Mehrzahl der Gewerbe absolut gar keinen Sinn mehr, weil
jede Garantie fehlt, dass dem Produzenten der Absatz seiner
Erzeugnisse gesichert sei. Man mag heute bei der Verleihung von Gewerbekonzessionen noch so rigoros vorgehen,
ja man mag, wenn man will, nur einem einzigen Gewerbetreibenden der betreffenden Branche die Bewilligung zum

Betriebe seines Geschäftes verleihen, so ist damit noch immer keine Gewähr gegeben, dass der Mann sein Auskommen finden werde. Er kann sogar thatsächlich verhungern, wenn die sämmtlichen Konsumenten seines Artikels die Gewohnheit haben denselben aus der Fremde zu beziehen [1]). Diese enge Verknüpfung der Zünfte mit der Beschränkung der Anzahl der Gewerbetreibenden nach Massgabe des Ortsbedarfes hatte denn auch zur Folge, dass die ganze Institution der Zünfte inhaltslos wurde als die Rücksicht auf den Ortsbedarf illusorisch wurde, und dass in unseren Tagen an die Stelle des Konzessionssystems, das noch immer die ehemaligen Zünfte aufrecht hielt, allerorts das System der unbeschränkten Gewerbefreiheit trat.

Aehnlich verhielt es sich mit der Gebundenheit des Grundbesitzes. Der Grundbesitz war gebunden, wie wir sahen, weil die Heeresorganisation auf demselben beruhte. Und weil selbstverständlich der Staat (die Gesammtheit) das allerlebhafteste Interesse an dem Bestande der Heeresorganisation hatte, musste er sich das Obereigenthum am Grund und Boden vorbehalten und die freie Verfügungsgewalt desjenigen beschränken, der die Felder bebaute. Als dann in

---

[1]) Einen nicht uninteressanten Beleg hiefür bildet mein gegenwärtiger Aufenthaltsort. In ganz Czernowitz, einer Stadt von nahezu 40.000 Einwohner existirt nur ein einziger Hutmacher, der sein Geschäft in einem sehr bescheidenem Umfange betreibt und sich lediglich mit der Reparatur von Hüten befasst. Männerhüte sind hier eben ausschliesslich Handelswaare und werden von den Kaufleuten (Modewaarenhandlungen u. dgl.) aus Lemberg, Wien etc. bezogen. Kein Mensch kauft hier seinen Hut beim Hutmacher, sondern man geht eben in die „Handlung". Nicht viel besser verhält es sich hier mit den Handschuhen. Die zwei in Czernowitz etablirten Handschuhmacher haben fast nichts zu thun, weil auch wieder fast Jeder seine Handschuhe beim Kaufmanne kauft.

Folge der Erfindung des Schiesspulvers die Heeresverfassung eine andere wurde, als an die Stelle der Lehensmannen
die Söldnertruppen traten, verlor das Lehenwesen und mit
ihm die Gebundenheit des Grundbesitzes Inhalt und Bedeutung. Beide erhielten sich wohl noch in Folge des Gesetzes der Trägheit Jahrhunderte hindurch, sie waren indess
nur mehr wesenlose Schemen, denen jede Existenzberechtigung mangelte, bis auch diese Ruinen des Mittelalters
durch die moderne Grundentlastung gründlich beseitigt
wurden. Der heutige Grundbesitzer gilt als unbeschränkter
Eigenthümer seiner Grundstücke, über die er wie über sein
Mobiliarvermögen vollständig frei und beliebig verfügen darf.

Die wirthschaftliche Gesetzgebung unseres Jahrhundertes hat auf diese Weise einen verwiegend negativen
Karakter gehabt, sie hat bestehende Einrichtungen beseitigt,
ohne indess neue an deren Stelle zu setzen. Man hat dies
mitunter bedauert und nicht ganz ohne Grund, weil ein
sukzessives Hinüberleiten der alten Verhältnisse in neue
einem gänzlichen Umsturze in mancher Beziehung vorzuziehen ist, indess ist dies weit leichter gesagt als gethan.
Der Umschwung der wirthschaftlichen Verhältnisse, der in
den letzten Dezennien in Folge des Aufblühens der Naturwissenschaften erfolgte, war ein so kollosaler und vollzog
sich so rasch, dass man ihn nicht zu fassen vermochte.
Man stand so zu sagen mit einem Schlage ganz neuen Verhältnissen gegenüber, die man nicht so rasch überblicken
konnte und nur das mehr oder weniger bestimmte oder
unbestimmte Gefühl hatte man, dass es mit den alten
Einrichtungen absolut nicht weiter gehe. Unter derartig
exzeptionellen Verhältnissen blieb thatsächlich kein anderer
Ausweg offen als tabula rasa zu machen, die alte und über-

lebte Wirthschaftsordnung aufzuheben und es der Zukunft
und dem wirklichen Leben zu überlassen, diejenige Wirthschaftsordnung zu finden und aufzubauen, die den geänderten
Zeitverhältnissen entspricht.

Die Folge der Aufhebung der früheren Verkehrs-
schranken war die Entfesselung der sämmtlichen Kräfte,
das ist in gewissem Sinne das Chaos oder dasjenige, was
wir den anarchischen Zustand der Produktion nennen. Es
ist wie wenn man einen festen Körper zum Schmelzen gebracht hätte, was früher unbeweglich war, ist flüssig geworden und die Massen wogen durch einander. Ein derartig ordnungsloser Zustand ist indess auf die Dauer nicht
haltbar und thatsächlich ist man gegenwärtig allerorts bemüht einige Ordnung in das Chaos zu bringen, weil sich
die Ueberzeugung immer allgemeiner Bahn bricht, dass es
in der bisherigen Weise nicht weiter geht. Und wenn die
Anzeichen nicht trügen, so beginnen schon jetzt in der ge-
schmolzenen Masse die Krystall-Nadeln anzuschliessen, an
die im Verlaufe der Zeit die festen Krystalle der künftigen
Wirthschaftsordnung sich ansetzen werden.

1. Die künftige Organisation der Industrie.

a) Die Kartelle [1]).

α) Wesen und Arten derselben.

Dass der gegenwärtig herrschende anarchische Zustand der Volkswirthschaft von den Produzenten schwer getragen wird, bedarf keiner weiteren Versicherung, die Klagen er-tönen laut genug aus den betreffenden Kreisen. Es war daher der Gedanke naheliegend, dass die Produzenten zusam-mentraten um privatim ihre Lage zu berathen und Mass-regeln zu treffen, durch welche die Konkurrenz einiger-massen beschränkt und wenigstens einige Ordnung in die bisher ganz ungeregelte Produktion gebracht werden sollte. Das Resultat dieser Bestrebungen sind die sog. Kartelle.

Kartelle sind Uebereinkommen der Produzenten, u. zw. der Unternehmer der nämlichen Branche, deren Zweck dahin geht, die schrankenlose Konkurrenz der Unternehmer unter einander einigermassen zu beseitigen und die Produktion mehr oder weniger derart zu regeln, dass dieselbe wenig-

---

[1]) Ich wiederhole an dieser Stelle, was ich bereits in der Vorrede bemerkte, dass meine Angaben über die Kartelle nur auf den Daten beruhen, die mir von meinen Gewährsmännern brieflich mitgetheilt wurden, dass ich somit nur für die gewissenhafte Wiedergabe desjenigen einstehen kann, was mir mitgetheilt wurde.

stens annähernd dem Bedarfe angepasst werde, speziell beabsichtigen die Kartelle eine etwaige Ueberproduktion zu verhindern.

Was die Arten der Kartelle anbelangt, so sind mir fünf Arten von Kartellen bekannt geworden, u. zw.:

1. Kartelle, welche lediglich die Menge der Produktion regeln, d. h. die Unternehmer einer Branche und eines Bezirkes treten zusammen und setzen fest, wie viel im Laufe eines Jahres in diesem Bezirke überhaupt produzirt werden darf und vertheilen dann dieses Produktenquantum auf die einzelnen kartellirten Werke, etwa nach Massgabe der Leistungsfähigkeit oder der durchschnittlichen Leistung derselben während der letzten Jahre. Der einzelne Unternehmer darf in diesem Falle im Jahre nicht mehr erzeugen als das ihm zugemessene Quantum, dagegen bleibt es ihm unbenommen den Preis für seine Artikel zu stellen so hoch oder so niedrig er will [1]).

---

[1]) Als Beispiel eines derartigen Kartells mag das nachstehende Uebereinkommen gelten, welches ich, ohne eine Indiskretion zu begehen wörtlich mittheilen darf, weil ich es der „Dortmunder Zeitung" vom 13. Juni 1880, Nr. 159 entnehme. Dieses Blatt schreibt:

Dortmund, 12. Juni. (Reduktion der Kohlenförderung). In einer am 29. Oktober vorigen Jahres von den Vertretern der Kohlenzechen im Oberbergamtsbezirk Dortmund im hiesigen Kasino stattgehabten Versammlung wurde bekanntlich, um der fortwährend steigenden Entwertung der Kohlen Einhalt zu thun, beschlossen, im Jahre 1880 die Förderung um 5% gegen die des Vorjahres zu verringern. Unter Vorsitz des Herrn Abgeordneten Dr. Hammacher fand gestern im Kasino wieder eine Versammlung der Vertreter derjenigen Zechen statt, welche damals die Reduktion beschlossen hatten. Der Zweck der Versammlung, die von 108 Vertretern besucht war, war der, darüber Beschluss zu fassen, ob nicht auch die Reduktion auf das Jahr 1881 auszudehnen sei. Nach langwierigen Debatten wurde folgender Vertrag genehmigt:

Die durch die Unterzeichneten vertretenen Gewerkschaften und Berg-

2. Kartelle, welche lediglich die Preise der Artikel regeln.

In einem solchen Falle wird ein Minimalpreis für

werks-Aktiengesellschaften vereinigen sich, — unter Offenlassen des Beitritts für alle anderen Zechen des Oberbergamtsbezirks Dortmund — unter einander und mit dem mitunterzeichneten Dr. Gustav Natorp in Essen zu folgendem Vertrage, in gegenseitigem Vermögensinteresse, bezüglich der Kohlenförderung auf ihren sämmtlichen Zechen im Oberbergamtsbezirk Dortmund während des Jahres 1881 — und zwar verpflichtet sich jeder kontrahirende Theil sowohl gegenüber jedem einzelnen mitkontrahirenden Theile, als gegenüber der Gesammtheit aller übrigen Kontrahenten, als auch gegenüber dem Dr. G. Natorp zur Erfüllung der nachstehenden Stipulationen:

1. Auf sämmtlichen im Ober-Bergamtsbezirke Dortmund belegenen Steinkohlenzechen der Kontrahenten soll während des Jahres 1881 eine Einschränkung der Kohlenförderung in der Art eintreten, dass jede Zeche nach Wahl in dem gedachten Jahre nur so viel Kohlen zum Verkauf bringt, als ihr nach der Konvention vom 29. Oktober 1879 im Jahre 1880 zustand, oder als sie im Jahre 1880 zum Verkauf gebracht haben wird.

2. Den seit 1870 einschliesslich entstandenen und noch in der Entwickelung begriffenen Tiefbau-Anlagen soll nach Wahl das Recht zustehen, entweder wie im Jahre 1880 ein Maximalquantum bis zur Höhe von 7500 Zentnern täglich, oder aber 20 Prozent über dasjenige Quantum hinaus abzusetzen, welches eine jede von ihnen im Jahre 1880 abgesetzt haben wird, jedoch in maximo nicht über 9000 Zentner täglich.

3. Tiefbau-Anlagen, welche durch besondere Umstände in ihrer Förderung während der letzten Jahre zurückgeblieben sind, unterwerfen sich bezüglich des Absatzquantums, welches ihnen für das Jahr 1881 zustehen soll, der Entscheidung der von dem Vorstande des Vereins für die bergbaulichen Interessen niedergesetzten Kommission. Das diesen Zechen eventuell zu bewilligende Absatzquantum darf indes dasjenige Quantum, welches ihnen im Jahre 1880 abzusetzen zustand, um höchstens 10 Prozent übersteigen.

4. Denjenigen Zechen, welche im Jahre 1880 weniger als eine Million Zentner abgesetzt haben, steht das Recht zu, im Jahre 1881 ein Maximalquantum von einer Million Zentner zum Verkauf zu bringen.

5. Zechen, welche im Besitz von Hütten- und Walzwerken sich befinden, dürfen den Bedarf der betreffenden Werke ohne Einschränkung decken und für den Fall eines geringeren eigenen Bedarfes für diese Werke die hierbei gegen das laufende Jahr hinaustretenden Differenzquantitäten ausserdem im laufenden Jahre an dritte verkaufen und in den Handel bringen.

den betreffenden Artikel festgesetzt, unter welchen der einzelne Produzent nicht herabgehen darf, dagegen steht es

6. Denjenigen Zechen, welche sich der Konvention für 1880 nicht angeschlossen haben, soll im Fall ihres Beitritts das Recht eingeräumt werden, in 1881 ein Kohlenquantum auf den Markt zu bringen, welches um 5 Prozent geringer ist, als das von ihnen im Jahre 1880 abgesetzte Quantum.

7. Die überseeisch exportirten und durch Konnaissement festgestellten Kohlenquantitäten bleiben bei der Berechnung des jeder Zeche zustehenden Absatzquantums ausser Ansatz.

8. Für die Berechnung der zu vergleichenden Absatzquanta sind die bei dem königlichen Oberbergamte zu Dortmund als steuerpflichtig deklarirten Kohlenquantitäten massgebend.

9. Jede der Konvention beigetretene Zeche verfällt in eine Konventionalstrafe von 5 Mark für je 1000 Zentner Kohlen, welche sie über das ihr nach diesem Vertrage zustehende Absatzquantum im Jahre 1881 zum Verkaufe bringen möchte. Jedoch soll keine Zeche verpflichtet sein, eine Konventionalstrafe von mehr als 100.000 Mark zu zahlen.

10. Alle Konventionalstrafen werden für den Dr. Gustav Natorp zu dessen persönlichem Rechte stipulirt, mit der Massgabe, dass sie denjenigen Knappschaftskassen zugute kommen, zu welchen die Knappschaftsbeiträge der betreffenden Kontravenientin geleistet werden. Die spezielle Verwendung dieser Beiträge bestimmt innerhalb der Grenzen der Knappschaftskassen-Aufgaben der Vorstand des Vereins für die bergbaulichen Interessen im Oberbergamtsbezirk Dortmund.

11. Ueber eine etwaige im Laufe des Jahres 1881 vorzunehmende prozentuale Erhöhung des jeder Zeche zustehenden Absatzquantums kann eine zu diesem Zweck besonders zu berufende Generalversammlung sämmtlicher diesem Vertrage beigetretenen Zechen, jedoch nicht vor dem 1. Juli 1881, Beschluss fassen. Der Antrag auf die Berufung einer Generalversammlung ist bei dem Vorstande des Vereins für die bergbaulichen Interessen zu stellen, und ist dieser verpflichtet, eine solche zu berufen, wenn die den Antrag stellenden Grubenverwaltungen mindestens 50 Prozent des gesammten im Jahre 1880 von den Konventionszechen zum Verkauf gebrachten Kohlenquantums repräsentiren. Eine Erhöhung des zulässigen Absatzquantums kann nur mit einer Majorität beschlossen werden, welche mindestens drei Viertel des gesammten Absatzquantums von 1880 vertritt.

12. Die Entscheidung aller Streitigkeiten aus diesem Vertrage, insbesondere auch die Feststellung aller aus ihm entspringenden Zahlungsverpflichtungen, geschieht, mit Ausschluss des ordentlichen Rechtsweges, durch ein

Kleinwächter, Kartelle. 9

jedem derselben frei seine Produktion beliebig auszudehnen. Der Preis wird entweder allgemein (für alle Werke gleich hoch) oder für jedes einzelne Etablissement besonders (nach Massgabe seiner individuellen Produktionskosten) festgesetzt. Die Festsetzung eines Minimalpreises involvirt selbstverständlich eine indirekte Beschränkung der Produktion, weil sich eben der Preis nur dann halten lässt, wenn keine gar zu grosse Masse des Produktes auf dem Markt geworfen wird.

3. Kartelle, bei welchen sowohl das Quantum der Produktion in der vorhin angedeuteten Weise geregelt, als auch ein Minimalpreis des Artikels festgesetzt wird.

4. Kartelle, bei welchen die Produktion in irgend einer Weise unter die kartellirten Werke vertheilt wird, so dass keines derselben feiert, keines mit Bestellungen überhäuft wird, sondern alle gleichmässig beschäftigt werden. Selbstverständlich setzt ein derartiges Kartell ein ständiges Zentralbureau voraus, welches die gleichmässige Vertheilung der Arbeit unter die kartellirten Unternehmungen regelt und beaufsichtigt. Die Vertheilung der Arbeit kann — wie mir mitgetheilt wurde — auf mehrfache Weise erfolgen. Bei Artikeln, die in der Regel nur im Wege einer öffentlich ausgeschriebenen Offertverhandlung bestellt werden, wie

---

Schiedsgericht von drei Personen. Zwei werden gemäss §§ 854, 855 der Zivilprozessordnung bestimmt. Den dritten ernennt der jeweilige erste Vorsitzende des Vereins für die bergbaulichen Interessen im Oberbergamtsbezirk Dortmund oder der von diesem Vorsitzenden dazu Beauftragte.

13. Dieser Vertrag soll erst bindend sein, wenn so viele Zechen des Oberbergamtsbezirks Dortmund, mit Ausschluss des fiskalischen und der in der Landdrostei Osnabrück belegenen Zechen, beitreten, dass mindestens 90 Prozent des Förderquantums von 1879 in den Vertrag eingeht. Zur Herbeiführung der Ueberschichten wird die Kommission bevollmächtigt.

z. B. Eisenbahnschienen, Lokomotiven, Waggons u. dgl. wird — wenn ein derartiges Kartell besteht — Seitens des Zentralbureau's bestimmt, welches Werk diesmal an die Reihe zu kommen hat und wird dieses Werk angewiesen die günstigste Offerte zu überreichen, während die übrigen Werke den Auftrag erhalten zum Scheine mitzubieten, jedoch höhere Forderungen stellen. Selbstverständlich wird sodann vom Besteller dem Offerenten, 'der die günstigsten Bedingungen gestellt hat, die Lieferung zugeschlagen und wird die gleichmässige Beschäftigung der einzelnen Werke durch die Beobachtung einer bestimmten Reihenfolge erzielt. Etwaige Differenzen bei grösseren und kleineren Lieferungen werden selbstverständlich berücksichtigt oder durch irgend welche gegenseitige Verrechnung ausgeglichen. Ein zweiter Modus ist der folgende: Wird vom Konsumenten bei einem Werke ein grösseres Quantum direkt bestellt, so darf das im Kartellverbande stehende Werk Bestellungen nur bis zur festgesetzten Höhe übernehmen und muss den Bestellenden bitten, er möge den Ueberschuss der Bestellung einem der übrigen verbündeten Werke übertragen, oder es muss den Ueberschuss der Bestellung gänzlich zurückweisen oder für denselben einen höheren Preis fordern. Wird ihm dieser bewilligt, so ist es gehalten den so erzielten Extragewinn ganz oder theilweise an die übrigen Werke hinauszahlen u. dgl. Die Modalitäten der Ausgleichung sind selbstverständlich sehr manigfaltig; sie kann beispielsweise in der Weise auch erfolgen, dass das fragliche Werk die ganze grosse Bestellung einfach übernimmt, dass ihm jedoch das Plus von der gestatteten Produktionsmenge des nächsten Jahres in Abzug gebracht wird, oder es verpflichtet sich (auch ohne einen höheren Preis gefordert zu haben) einen

Theil seines Gewinnes oder eine bestimmte Summe den übrigen Werken oder einzelnen derselben als Entschädigung hinauszuzahlen etc. Mitunter, wo die Kunden bereits an den Bestand eines derartigen Kartells gewohnt sind, kommt es vor, dass die Kunden oder einzelne derselben ihre Bestellungen gar nicht mehr an die einzelnen Werke, sondern unmittelbar an das Zentralbureau leiten. Derartige Bestellungen werden sodann von diesem entweder der Reihe nach den kartellirten Werken zugetheilt oder zur Ausgleichung von Differenzen verwendet und den minder beschäftigten Etablissements überwiesen. Die Vertheilung der Arbeit geschieht bei derartigen Kartellen mit Rücksicht auf die Grösse und Leistungsfähigkeit der kartellirten Etablissements, so dass dem grösseren Werke mehr, dem kleineren weniger Arbeit zugetheilt wird.

5. Kartelle, bei welchen den kartellirten Unternehmungen bestimmte geografisch begrenzte Absatzgebiete zugewiesen werden. Die einzelnen Unternehmer verpflichten sich in einem solchen Falle, nur innerhalb des ihnen zugewiesenen Rayons den Kunden Offerten zu machen und Aufträge aus fremden Bezirken nicht anzunehmen, sondern den Besteller an den Produzenten des betreffenden Bezirkes zu verweisen. Kartelle dieser Art sollen — wie mir mitgetheilt wird — abgeschlossen worden sein (ob sie noch bestehen, vermochte ich nicht in Erfahrung zu bringen) als Elsass-Lothringen an Deutschland kam. Manche deutsche Fabrikanten sollen die Konkurrenz der Elsass-Lothringer gefürchtet haben und demgemäss einigte man sich dahin, den letzteren ihre bisherigen Absatzgebiete ungestört zu überlassen, wogegen sich diese verpflichteten den deutschen Fabrikanten in Deutschland keine Konkurrenz zu machen.

Die Abneigung der Elsässer, Waaren aus Deutschland zu
beziehen, ferner die in beiden Gebieten herrschenden verschiedenen Gewohnheiten betreffend die Verpackungsart der
Waaren, die äussere Gestalt der Waaren selbst u. dgl. sollen
den Abschluss sowie die Beobachtung der Vereinbarungen
wesentlich erleichtert haben. Weitere Kartelle dieser Art
wurden — wie mir mein Gewährsmann schreibt — zwischen
kontinentalen und englischen Fabrikanten einzelner Branchen
geschlossen. Speziell die Spiegelglas-Fabrikanten in England
einerseits und die in Deutschland und Frankreich andererseits befehdeten sich gegenseitig, indem die Ersteren ihrer
Waare auf dem Kontinent einen Markt zu erobern trach-
teten, während die Letzteren nach England zu verkaufen
suchten; beiderseits mit Verlust oder doch mit geringerem
Nutzen. Schliesslich einigten sich beide Theile dahin, sich
gegenseitig nicht weiter zu behelligen. Verhandlungen über
eine ähnliche Vereinbarung sollen (mein Gewährsmann
schreibt mir ausdrücklich, dass er mir lediglich mittheile,
was er gelegentlich gehört habe) zwischen den schlesischen
Zinkwerken und denen in Vieille Montagne (an der belgisch-
deutschen Grenze) entweder im Zuge oder schon zum Abschlusse gediehen sein und die Festsetzung einer geografischen Grenzlinie für die beiderseitigen Absatzgebiete zum
Gegenstande haben. Die Zinkwerke beider Gegenden haben
allerdings ihr natürliches Absatzgebiet, in welchem sie sich
mit Rücksicht auf die grosse geografische Entfernung gegenseitig keine Konkurrenz machen können, allein dort, wo
die beiderseitigen Absatzgebiete an einander grenzen, herrschte
oder herrscht die wirthschaftliche Fehde und dort soll derselben (wenn anders die mir mitgetheilten Daten richtig
sind) durch das Kartell ein Ende bereitet werden.

Als eine sechste Art von Kartellen können allenfalls
diejenigen Vereinbarungen angesehen werden, durch welche
sich die Unternehmer verpflichten, ihren Untergebenen gegenüber nach gewissen gemeinsamen Grundsätzen vorzugehen. In den meisten Fällen allerdings sind derartige
Unternehmerverbände wohl nichts anderes als ein Gegen-
stück zu den Gewerkvereinen der Arbeiter, indess dürfte
dies doch nicht ausnahmslos zutreffen. Als eine Ausnahme
dieser Art wäre etwa das Kartell (oder die Kartelle) der
Theaterdirektoren anzusehen, wonach sich dieselben angeblich
verpflichteten die Gagen der Bühnenmitglieder nicht über
eine Maximalgrenze hinaus wachsen zu lassen, kontrakt-
brüchige Schauspieler oder Sänger nicht zu engagiren
u. dgl. m.

Der Grund dieser Verschiedenheit der Kartelle ist in
dem verschiedenen Karakter der einzelnen Industriezweige
und der etwaigen sonstigen Nebenumstände zu suchen. Die
vollkommenste Art der Kartelle ist die unter Zahl 4 an-
geführte, bei welcher die Produktion unter die einzelnen
Produzenten nach einem bestimmten Modus vertheilt wird,
indess ist es begreiflicher Weise ausserordentlich schwer
Kartelle dieser Art in's Leben zu rufen. Am einfachsten
wäre es in einem solchen Falle allerdings, wenn man das
Publikum veranlassen könnte, seine Bestellungen jedesmal
an das Zentralbureau des Kartells zu richten, welches sodann
diese Aufträge den einzelnen kartellirten Unternehmungen
nach einer bestimmten Reihenfolge zuweisen würde. Derartige Bestellungen beim Zentralbureau kommen heute —
wie mir mitgetheilt wird — thatsächlich mitunter vor,
allein im Grossen und Ganzen sind sie doch nur die seltene Ausnahme, denn der Bestellende hat in der Regel ein

Interesse an der Person des Produzenten und wendet sich daher gern an denjenigen Unternehmer, der sein Vertrauen besitzt. In den meisten Fällen ist dies, wenn man will, vielleicht lächerlich weil der zweite oder dritte Unternehmer den Artikel ebenso gut herstellt als der erste, allein es ist nun einmal so in dieser Welt und unter der Herrschaft der heutigen Wirthschaftsordnung ist es ganz unmöglich dem Kunden dieses Recht zu nehmen und ihn in der freien Wahl seiner Bezugsquelle zu beschränken. Aus diesem Grunde kann die gleichmässige Vertheilung der Arbeit nur indirekt auf einem Umwege ezielt werden, u. zw. in der Weise wie es die betreffenden Kartelle thun, etweder durch jene Scheinmanöver bei Offertverhandlungen oder dadurch, dass der einzelne Unternehmer Bestellungen nur bis zu einer bestimmten Höhe übernehmen darf und verhalten wird den Ueberschuss der Bestellung direkt oder indirekt abzulehnen.

Kartelle dieser Art kommen, so weit meine Erkundigungen reichen, selten vor und sind vorwiegend auf die sog. grosse Eisenindustrie (Schienen - und ähnliche Walzwerke, Lokomotivenfabriken u. dgl.) beschränkt. Der Grund ihres relativ seltenen Vorkommens liegt in der Schwierigkeit, eine so weit gehende Einigung der betreffenden Unternehmer zu erzielen. Ausserdem erfordert eine derartige Einigung eine ziemlich weitgehende Offenlegung der inneren Verhältnisse der einzelnen Werke. Wegen der verschiedenen Grösse der Werke kann die Vertheilung der Arbeit keine absolut gleiche, sondern nur eine gleichmässige sein. Zu diesem Behufe müssen die Besitzer dieser Werke alle Einzelnheiten und Details ihrer Etablissements, die Grösse der Räume, die Zahl der Arbeiter, die vorhandenen Maschi-

neu, das Verfahren bei der Arbeit, die wirkliche Leistung
des Etablissements während der letzten Jahre, kurz lauter
Dinge ihren Mitkontrahenten und Berufsgenossen vollständig
offenlegen, die der heutige Unternehmer mit Rücksicht auf
die Konkurrenz vor seinen Kollegen möglichst geheim hält.
Endlich setzt ein derartiges Kartell die Möglichkeit einer
eingehenden Kontrole der Produktion voraus, damit nicht
etwa der einzelne Theilnehmer des Kartells hinterher mehr
produzire als das ihm zugemessene Quantum. Alle diese
Umstände bewirken, dass Kartelle dieser Art nicht nur,
wie erwähnt, selten vorkommen, sondern dass sie in der
Regel auch auf ein geografisch ziemlich eng begrenztes
Gebiet beschränkt bleiben.

Die nächste minder vollkommene Form der Kartelle
ist die unter Zahl 3 erwähnte, wonach die Menge der Produkte, die das einzelne Werk im Jahre liefern darf und
ihr Preis festgesetzt wird. Eine derartige Einigung setzt
voraus, einmal dass der fragliche Artikel einen sog. kurranten Preis habe und dass gleichzeitig der Artikel von den
betreffenden Etablissements in ziemlich gleicher Qualität
und in nicht zu zahlreichen Sorten (mit verschiedenen
Preisen) hergestellt werde. Sie kommen, wie mir mitgetheilt wird, namentlich in der Roheisen-Branche vor.

Wo auch diese Art der Einigung nicht durchführbar
ist, bleiben nur die unter Zahl 1 und 2 angeführten Formen
der Kartelle möglich, die entweder nur die Produktenmenge
oder nur den Preis regeln. Kartelle, die nur den Preis
festsetzen, kommen dort vor, wo der fragliche Artikel zwar
seinen allgemein bekannten Markt- oder kurranten Preis
hat, aber von den betreffenden Werken in so zahlreichen
Varietäten erzeugt wird, dass es schwer möglich ist die

produzirte Menge jeder einzelnen Sorte zu kontroliren. Dies
gilt beispielsweise von den kleineren Eisensorten (Bandeisen,
Winkeleisen etc.). Wo endlich der Artikel keinen bestimmten
Marktpreis hat oder wo derselbe in so verschiedenen Qua-
litäten erzeugt wird, dass von einem Einheitspreise keine
Rede sein kann, wird lediglich die Produktionsmenge festgesetzt. Ersteres ist beispielsweise beim Bier der Fall,
letzteres bei den Steinkohlen, die in so verschiedener Qualität gefördert werden, dass an eine einheitliche Tarifirung
derselben nicht zu denken ist. Die lockerste Form der
Kartelle ist die unter Zahl 5 erwähnten, wonach sich die
Produzenten der verschiedenen Gegenden geografisch in das
Absatzgebiet theilen. Hier ist von einer Anpassung der
Produktion an die Konsumenten keine Rede und nur soviel
sichern sich die Produzenten zu, dass sie sich gegenseitig
nicht in's Gehege kommen wollen.

Kartelle kommen heute, wie mir mitgetheilt wird, auf
allen erdenklichen Gebieten der Industrie vor. Es giebt
Kartelle in den verschiedenen Zweigen der Eisenindustrie,
Kartelle der Kohlenwerksbesitzer, Kartelle der Eisenbahnen,
der Schifffahrtsunternehmungen, der Banken, der Theaterdirektoren, Kartelle der Bierbrauer, der Papierfabrikanten,
Kartelle in der Glasindustrie, in der Textilindustrie, Kartelle der Dynamit- und der Zündwaarenfabriken, kurz
es dürfte heute kaum einen Zweig der Grossindustrie geben,
der keine Kartelle besässe.

Was das Alter der Kartelle anbelangt, so scheint dasselbe ziemlich hoch hinauf zu reichen, wenigstens berichtet
C. Neuburg („Zunftgerichtsbarkeit und Zunftverfassung in
der Zeit vom 13. bis 16. Jahrhundert", Jena, 1880, p. 152),
dass die Brauer von Amiens um das Jahr 1444 eine Koali-

tion geschlossen und sich unter einander verpflichtet hätten,
die Tonne Bier, die bis dahin 19—20 sols gekostet hatte,
nunmehr nicht unter 24 sols zu verkaufen. Desgleichen
deuten die in den verschiedenen Gesetzgebungen vorkommenden Verbote und Verabredungen von Gewerbetreibenden
um den Preis ihrer Artikel zu erhöhen oder hoch zu halten,
darauf hin, dass derartige Vereinbarungen wiederholt versucht wurden [1]). Ueberdies liegt der Gedanke einer Vereinbarung der Produzenten über die Preise ihrer Artikel so
ausserordentlich nahe, dass wir uns nicht wundern dürfen,
wenn die Unternehmer auf denselben bald verfielen. Ueber
das Alter und die Entstehung der heutigen Kartelle in
Deutschland und Oesterreich vermochte ich so gut wie nichts
in Erfahrung zu bringen. Meine diesfälligen Anfragen wurden entweder gar nicht oder ganz unbestimmt („hierüber
ist mir nichts bekannt" u. dgl.) beantwortet, dagegen wurde
von mehreren meiner Gewährsmänner übereinstimmend das
Kartell der rheinischen Weissblechfabriken vom Jahre 1862
(das sog. Weissblech-Comptoir in Köln) als eines der ältesten
in Deutschland bezeichnet. Ferner wurde mir von mehreren
Seiten mitgetheilt, dass die meisten der gegenwärtigen Kartelle in Deutschland und Oesterreich ungefähr seit 1873
(nach dem „grossen Krach") entstanden.

Die wesentlichste Bedingung für den Bestand der

---

[1]) Beispielsweise verbietet das österr. Strafgesetz vom Jahre 1852
§. 479 und 480 derartige Verabredungen der Unternehmer und bestraft die
Urheber solcher Vereinbarungen mit strengem Arrest von einem bis drei
Monaten, die Theilnehmer derselben mit Arrest von drei Tagen bis zu einem
Monate. Analoge Bestimmungen enthielt das frühere österr. Strafgesetzbuch
vom Jahre 1803, II. Theil, §. 227 und 228. Und erst das Gesetz vom
7. April 1870 Nr. 43 Reichs-Ges.-Bl. gestattet in Oesterreich die Koala-
tionen der Arbeiter wie die der Arbeitgeber.

Kartelle ist — wie meine sämmtlichen Gewährsmänner übereinstimmend hervorheben — die Redlichkeit der Mitglieder, beziehentlich die Möglichkeit einer genügenden Kontrole der genauen Einhaltung der Vertragsbestimmungen. Soll das Kartell seinen Zweck erfüllen und einer Ueberproduktion vorbeugen, so ist es selbstverständlich, dass seine Bestimmungen von den Mitgliedern genau beobachtet werden und dass keines derselben mehr produzirt als das ihm direkt oder indirekt zugemessene Quantum. Indess scheint es, dass gerade nach dieser Richtung hin die heutigen Kartelle so Manches zu wünschen übrig lassen, wenigstens bilden die Klagen über Hinterziehungen Seitens einzelner Kartellmitglieder eine fast stehende Rubrik in den mir zugekommenen Briefen. Die Festsetzung der Produktionsmenge kann selbstverständlich wo die Kontrole fehlt nur zu leicht umgangen werden wenn der einzelne Werksbesitzer eben einfach mehr produzirt als das ihm zugemessene Quantum. Desgleichen werden Preisbestimmungen leicht in der Weise umgangen, dass das betreffende Kartellmitglied seinen Kunden einen geheimen Rabatt bewilligt, reichlicheres Maass oder Gewicht gewährt, dass es sich erbietet die Transportkosten für die Waare aus Eigenem zu tragen u. dgl. Die Frage der Beobachtung der Vertragsbestimmungen wird auf diese Weise leicht zu einem einfachen Rechenexempel, d. h. ist der Nutzen, der dem Betreffenden aus dem Bruch des Kartellvertrages erwächst, grösser als der Nachtheil (die etwaige Konventionsstrafe u. dgl.), so wird sich das weniger pflichttreue Mitglied leicht entschliessen, fahnenflüchtig zu werden und die Bestimmungen des Kartellvertrages geheim oder offen zu umgehen. Zahlreiche Kartelle sollen auf diese Weise gesprengt worden sein.

Wo die Kontrolle aus irgeud einem Gruude leicht möglich ist oder vielleicht gar vom Staate gehandhabt wird, ist auch der Bestand der Kartelle ein viel gesicherterer. Letzteres gilt z. B. von den Kohlenkartellen in Deutschland, wo die Menge der geförderten Kohlen mit Rücksicht auf die Bergwerkssteuer vom Staate von Monat zu Monat genau kontrolirt wird. Ebenso wird mir von anderer Seite mitgetheilt, dass die Kartelle der Bierbrauer in erster Reihe auf dem Umstande beruhen, dass die Menge des in jeder Brauerei erzeugten Biers von der Staatsverwaltung mit Rücksicht auf die Biersteuer streng kontrolirt wird. Aehnlich liegen die Verhältnisse in der sog. grossen Eisenindustrie, wo die Produkte wegen ihrer Massenhaftigkeit nicht leicht verheimlicht werden können oder die Verkaufsabschlüsse mehr oder weniger öffentlich geschehen und in den betheiligten Kreisen allgemein bekannt sind. Eisenbahnschienen, eiserne Brücken, Lokomotiven und ähnliche Artikel werden nicht an Privatpersonen und nicht im Kleinen verkauft, derartige Verkaufsabschlüsse erfolgen in der Regel im Wege einer öffentlichen Submission u. dgl., kurz in einer Weise, dass die betheiligten Kreise, die sich um derartige Vorkommnisse interessiren, ganz genau wissen Was und wie viel und zu welchem Preise verkauft wird. Bei den Kartellen der schottischen Htchofenbesitzer besteht, wie mir mitgetheilt wird, überdies die Einrichtung, dass ein Delegirter des Verbandes periodisch die Werke besucht und sich überzeugt wie viele Hochöfen in Thätigkeit sind um auf diese Weise die Produktionsmenge der einzelnen Etablissements zu kontroliren.

Ich möchte nicht gern ein voreiliges Urtheil fällen, weil möglicher Weise meine Informationen ungenügend sind und kann daher die nachstehende Behauptung nur hypothetisch hinstellen. So viel aus dem mir vorliegenden Material hervorzugehen scheint, sind die meisten Kartelle auf ein geografisch ziemlich eng umschriebenes Territorium beschränkt. Dies gilt beispielsweise von den verschiedenen mir bekannt gewordenen Eisenkartellen, die fast jedesmal nur die Eisenwerke des betreffenden Bezirkes umfassen, ferner von den Kohlenkartellen, denen auch fast jedesmal nur die Gruben des betreffenden Kohlenbeckens angehören; desgleichen umfassen die Bierkartelle nur die Brauereien einer und derselben Stadt. Ist diese Thatsache allgemein richtig (was ich eben nicht unbedingt sicher weiss), so dürfte sie wohl auch vorwiegend auf den Umstand zurückzuführen sein, dass die gegenseitige Kontrole der kartellirten Werke bezüglich der Produktionsmenge und der Verkaufspreise nur in einem engeren Bezirke durchführbar ist. Es würde ferner hieraus der Schluss zu ziehen sein, dass die heutigen — allerdings ziemlich ungenügend organisirten — Kartelle nicht wohl im Stande sind die Unternehmer eines ganzen Staatsgebietes zu umfassen.

Eine andere Voraussetzung wenigstens für den Fortbestand der einzelnen Kartelle ist — wie mehrere meiner Gewährsmänner übereinstimmend betonen — die annähernd gleiche technische Einrichtung der betreffenden Etablissements. Von mehreren Seiten wird mir nämlich mitgetheilt, dass dieses oder jenes Stahlkartell durch das neue Thomas Gilchrist'sche Entfosforungs-Verfahren des Roheisens oder Eisenerzes gesprengt wurde. Die betreffenden Werke, welche bisher Bessemerstahl erzeugten und in einem Kartellverbande standen, bezogen ihr Roheisen theils aus England, theils stellten sie dasselbe aus reich-manganhältigen Erzen selbst her, die vorwiegend aus Spanien (Bilbao und Cartagena), Algier und Elba und nur zum geringen Theile aus dem Inlande bezogen wurden. Das neue Entfosforungs-Verfahren jedoch gestattet zur Stahlerzeugung auch die billigen inländischen Eisensorten oder Eisenerze zu verwenden und die Folge hievon ist, dass die einheimischen Eisenhütten anfangen Bessemer-Stahl, u. zw. zu viel niedrigeren Preisen herzustellen, und dass dadurch das Kartell der bisherigen Stahlwerke hinfällig geworden ist.

Allerdings beweist eine solche Thatsache weiter nichts, als dass das einzelne Kartell gesprengt wird, wenn neben demselben Unternehmungen entstehen, welche sich nicht an die Abmachungen des Kartells kehren, allein sie beweist eben die Solidarität der gesammten Industrie-Branche. Nehmen wir beispielsweise an, dass die sämmtlichen Industriellen derselben Branche im ganzen Staate im Kartellverbande stünden, so wird, wenn ein neues billigeres Produktionsverfahren erfunden wird, das Kartell sich nur dann erhalten lassen, wenn die sämmtlichen Werke ziemlich gleichzeitig das neue Verfahren akzeptiren, oder wenn sie auf andere Weise einverständlich vorgehen. (Etwa wenn sie eine gemeinschaftliche Kassa bilden, aus der die betreffenden Unternehmer, denen sonst ein Nachtheil erwachsen würde, entschädigt werden). Denn im entgegengesetzten Falle werden sich diejenigen Unternehmer, die die Verbesserung erfunden oder zuerst bei sich eingeführt haben, den Gewinn nicht entgehen lassen wollen und aus dem Verbande ausscheiden und damit das Kartell zum Falle bringen.

Schliesslich wäre noch ein Umstand zu erwähnen, der für die heutigen Kartelle zum Theile wenigstens bezeichnend ist. Von mehreren meiner Gewährsmänner wird näm-

lich übereinstimmend hervorgehoben, dass vielleicht die
meisten der in Deutschland und Oesterreich bestehenden
Kartelle, u. zw. speziell ein guter Theil der Eisenkartelle
(ein gleiches gilt übrigens auch von einem der Bierkartelle)
Kinder der Noth seien. Wohl seien auch einige Eisenkartelle in Deutschland in den guten Geschäftsjahren 1870 bis
1873 entstanden, deren Zweck dahin gieng die günstige
Konjunktur für die Eisenwerke auszunutzen, indess sei dies
die Minderzahl gewesen. Die Mehrzahl der Kartelle soll
seit der Mitte des Jahres 1873 entstanden sein und ihr
Zweck war, dem Sinken der Preise, das durch die Ueberproduktion der vorangegangenen Jahre veranlasst worden
war, durch eine theilweise Beschränkung der Produktion
Einhalt zu thun. Die Noth macht eben die Menschen ge-
fügiger und veranlasst sie sich zu einigen um mit vereinten
Kräften der gemeinsamen Gefahr entgegen zu treten, während in guten Zeiten, wo es sich um das Erringen von
Vortheilen handelt, Jeder bestrebt ist möglichst viel für
sich zu erhaschen und wenig Neigung verspürt, sich mit
Anderen zu verbünden, weil er fürchtet, dass er mit ihnen
den Gewinn theilen müsste.

β) Urtheile über die Kartelle.

Ueber den Werth und die Bedeutung der bestehenden Kartelle laufen die Meinungen meiner Gewährsmänner ziemlich weit auseinander. Diejenigen, welche Mitglieder von Kartellen sind, sprechen sich durchgehends sehr günstig über dieselben aus und heben übereinstimmend hervor, dass Kartelle, wenn sie gut geleitet werden und wenn eine Garantie geboten ist, dass die Bestimmungen derselben von den Mitgliedern nicht umgangen werden, sehr segensreich für die betreffenden Industriezweige wirken können, weil sie der anarchischen und planlosen Produktion über den Bedarf hinaus sowie den Schleuderpreisen Einhalt thun und so manches Unternehmen von dem drohenden Ruin gerettet haben. Einen guten Einblick in die bezüglichen Verhältnisse gewährt ein Brief, den ich von einem Mitgliede des Kartells der Bierbrauer einer grösseren Stadt erhielt. Derselbe lautet ungefähr:

„Als die hierortigen Brauereien durch das unaufhaltsame Sinken der Bierpreise in den Jahren 1877 und 1878 ihren Gewinn immer mehr und mehr sinken sahen, glaubten sie ihr Bestreben auf die Herabminderung der Erzeugungskosten richten zu sollen, und da sich dieses Ziel am einfachsten erreichen lässt wenn man die Produktion vergrössert, begannen die meisten Brauereien um jene Zeit ihre Produktion auszudehnen. Weil jedoch das Bier auch verkauft werden muss und der Absatz

desselben doch ein vorwiegend lokaler ist, begannen die einzelnen Brauereien sich die Kunden gegenseitig abzujagen, und
die Folge hievon war ein weiterer Rückgang der Preise. Den
dadurch entstandenen ferneren Ausfall am Gewinn suchten dann
die einzelnen Brauereien durch eine abermalge Ausdehnung der
Produktion herein zu bringen. Auf diese Weise gerieth die
gesammte Brauindustrie der Stadt in einen circulus vitiosus,
der selbstverständlich ihre Lage kontinuirlich verschlimmerte. «

„Endlich brach sich die Ueberzeugung allgemein Bahn,
dass es so nicht weiter gehen könne, dass unter den obwal-
tenden Umständen alle Versuche die Bierpreise zu halten an
der immer während steigenden Ausdehnung der Produktion
scheitern müssen, und dass an eine Abhilfe nur zu denken sei,
wenn es gelänge die Produktion wieder in engere Grenzen zu
bannen. In Folge dessen traten sämmtliche Brauer der Stadt
im März 1879 zusammen und einigten sich, die Jahrespro-
duktion für jedes einzelne Etablissement zu fixiren und gleichzeitig zu reduziren. Die gesammte Bierproduktion der Stadt
wurde um zehn Prozent herabgesetzt und die so berechnete
Anzahl von Hektolitern auf die einzelnen Brauereien nach Massgabe ihrer Leistung während der letzten Jahre aufgetheilt.
Dasjenige Bier, welches nachweisbar zum Export gelangt, wird
den betreffenden Brauereien nicht in die ihnen bewilligte Jah-
resproduktion eingerechnet. «

„Der Erfolg dieser Massregel war ein vollständiger. Das
übermässige Ausgebot von Bier hörte sofort auf, und die Preise
sanken nicht nur nicht tiefer, sondern wurden sogar bereits am
1. Mai 1879 — nachdem das Kartell am 1. April in's Leben
getreten war — um . . . . (einen bestimmten Betrag) pro Hektoliter erhöht. Die Produzenten sind überzeugt von dem wohlthätigen Einflusse, den dieses Kartell auf unsere Industrie ausgeübt hat. Dasselbe besteht seither ununterbrochen in Kraft;
die Produktionsmenge wurde zwar in der Zwischenzeit den geän-

derten Verhältnissen entsprechend wiederholt erhöht, bleibt aber immer eine ziffermässig bestimmte. Eines muss allerdings nachdrücklichst betont werden, dass der Bestand unseres Kartells wesentlich durch die strenge staatliche Kontrole der Biererzeugung gesichert wird, weil es dadurch den einzelnen Brauereien unmöglich gemacht wird, etwa im Geheimen die ihnen vom Kartell zugemessene Menge des zu erzeugenden Bieres zu überschreiten.«

„Der günstige Einfluss dieses Kartells auf unsere lokale Industrie steht ausser allem Zweifel. Ich muss es jedoch dahin gestellt sein lassen, ob sich derartige Vereinbarungen auf andere Industrien, deren Absatzgebiet kein so lokales ist, bezüglich deren also die Aufnahmsfähigkeit des Marktes weniger sicher ist, wo ferner die Handhabe der Einhaltung der Vertragsbestimmungen, hier die staatliche Kontrole, fehlt, so ohne Weiteres übertragen lassen . . . . Ganz besonders erhellt hieraus der eminente Vortheil einer genauen Produktionsstatistik für den betreffenden Industriezweig . . . .«

Anders lauten begreiflicher Weise die Urtheile der Gegner der Kartelle. Zunächst wäre hier die eigentlich komisch wirkende Erscheinung zu erwähnen, dass mitunter die Angehörigen des einen Kartells über den Bestand eines anderen Kartells ungehalten sind. So finden z. B. die Eisenbahnen es ganz selbstverständlich, dass sie selbst unter einander im Kartellverbande stehen und die Konkurrenz der einzelnen Linien durch Vereinbarungen ausschliessen; dagegen finden sie es ganz ungerechtfertigt, wenn die Schienenwerke, Lokomotivenfabriken u. dgl. ihrerseits unter einander Kartellverträge schliessen. Und die Mitglieder der verschiedenen Eisenkartelle, die über diesen Eigosmus der Bahnen spötteln und von der segensreichen Wirkung der Kartelle für die Eisenindustrie fest überzeugt sind, sind ganz

ungehalten darüber wenn schliesslich auch die Besitzer der
Kohlengruben unter einander analoge Vereinbarungen treffen.
Indess wiederholt sich diese Erscheinung bekanntlich auch
auf anderen Gebieten des wirthschaftlichen Lebens. Der
Kohlenproduzent, der Eisenwerksbesitzer, der Maschinenfa-
brikant, der Spinner, der Weber und schliesslich der Färber
oder Drucker, jeder will, dass seine Industrie durch Zölle
geschützt werde, will aber, dass er seine Werkzeuge, Roh-
und Hilfsstoffe zollfrei aus dem Auslande beziehen dürfe
und ist ernstlich böse darüber, dass seine Vordermänner
den gleichen Zollschutz für ihre Produktion beanspruchen.

Im Einzelnen wird gegen die Kartelle, u. zw. von mehreren meiner Gewährsmänner übereinstimmend eingewendet,
dass der Nutzen derselben vorwiegend den mächtigsten
(grössten oder renommirtesten) Unternehmern der betreffenden Branche zu Guten komme. Dies sei namentlich der
Fall, wenn durch das Kartell ein Einheitspreis für sämmtliche Werke festgesetzt wird, weil dies zur Folge habe,
dass nunmehr der grösste Theil der Kunden sich dem renommirtesten Etablissement zuwendet. Dieses Bedenken scheint
thatsächlich nicht ungegründet. Sind die Preise des Produktes in den verschiedenen Etablissements ungleich hoch,
so kauft der minder bemittelte Konsument dort wo niedrigere Preise gefordert werden und nur der Bemitteltere,
dem es vorwiegend um die Qualität des Produktes zu thun
ist, bewilligt auch die höheren Preise. Andererseits kann
ein technisch minder vollkommen eingerichtetes Etablissement, das vielleicht die Bestellungen weniger rasch oder
weniger gut effektuiren kann, oder ein junges Unternehmen,
das noch keinen festbegründeten Ruf hat, sich einen gewissen Kundenkreis erhalten oder erwerben, wenn es sich mit

einem geringeren Gewinnstsatze begnügt und seine Preise
etwas niedriger stellt. Wird dagegen ein Einheitspreis von
gleicher Höhe für alle Werke festgesetzt, so liegt es nahe,
dass die Kunden ihre Aufträge an den renommirtesten und
grössten Unternehmer richten, dessen Geschäft sodann noch
mehr emporblüht und wächst, während die übrigen Unternehmungen dahinsiechen. Soll dieser Gefahr begegnet werden, so muss gleichzeitig auch für jedes einzelne Etablissement eine Maximalgrenze der Produktion gezogen werden,
was, wie im vorstehenden Abschnitte dargelegt wurde, nur
ausnahmsweise dort möglich ist, wo (wie in der grossen
Eisenindustrie u. dgl.) eine genaue Kontrole der einzelnen
Werke durchführbar ist.

Aber auch sonst kann der Abschluss eines Kartells
für einen einzelnen Grossindustriellen ein bequemes Auskunftsmittel sein um sich die lästige Konkurrenz der kleineren Unternehmer einigermassen vom Halse zu schaffen.
Einer meiner Gewährsmänner wenigstens, ein selbständig
etablirter Maschinen-Ingenieur, der an gar keinem Kartell
betheiligt und ein unbedingter Gegner aller derartigen Vereinbarungen ist, steht nicht an, dies von dem vorhin erwähnten Bierkartell zu behaupten. Nach den Mittheilungen
dieses Mannes (der in der nämlichen Stadt wohnt, in der
das in Rede stehende Kartell geschlossen wurde) wäre die
wachsende Konkurrenz der kleinen Brauereien einer grossen
Brauereifirma allmählich lästig geworden. Und um dieselbe
in gewisse Grenzen zu bannen, habe jener Grossindustrielle
die sämmtlichen Bierbrauer der Stadt zu einer Besprechung
eingeladen, in welcher er ihnen den Abschluss eines Kartells
in der mitgetheilten Fassung proponirte, indem er gleichzeitig durchblicken liess, er würde im entgegengesetzten

Falle seine Bierpreise so sehr heruntersetzen, dass alle minder kapitalkräftigen Brauereien ruinirt würden. Diese Drohung habe gewirkt, das Kartell wurde abgeschlossen und die grosse Brauerei habe ohne Schwertstreich, d. h. ohne dass es wirklich zum Konkurrenzkampfe kam, den grossen Vortheil davon getragen, dass die Konkurrenz der kleineren Brauereien nunmehr nicht über ein gewisses Maass hinauswachsen darf. In der nämlichen Weise — behauptet mein Gewährsmann — sei ein guter Theil der Eisen- und sonstigen Kartelle zu Stande gekommen. Die kleineren Unternehmer arbeiten meist billiger, weil sie sparsamer administriren, sie begnügen sich mit einem bescheideneren Gewinn und können daher niedrigere Preise stellen, und da ihre Konkurrenz den Grossen oft lästig sei, seien es diese, die auf den Abschluss der Kartelle hindrängen.

Ob diese Behauptungen in den fraglichen Fällen just zutreffen oder nicht, kann ich selbstverständlich nicht verbürgen, ist indess für unseren Zweck hier sehr gleichgiltig. Im Allgemeinen darf man wohl unbedingt annehmen, dass bei dem Abschlusse einzelner Kartelle, wie bei jeder staatlichen oder sonstigen Massregel egoistische oder unreelle Motive mitspielen, allein dies vermag den Werth der betreffenden Einrichtung nicht zu beeinträchtigen. Jede staatliche Massregel, dieselbe mag noch so gemeinnützig und den reinsten und edelsten Motiven ihrer Urheber entsprungen sein, wird gewisse Privatinteressen fördern und jedesmal wird der Fall eintreten, dass niedrig denkende Menschen dann mit einem wahren Feuereifer für jene Institution, aber nicht aus Begeisterung für die gute Sache, sondern lediglich im Hinblick auf ihr Sonderinteresse eintreten werden. Ich will an dieser Stelle noch kein abschliessendes Urtheil

über die Kartelle fällen, aber die Thatsache, dass dieselben
da oder dort von einzelnen Personen aus egoistischen Motiven angestrebt werden, zwingt noch nicht zu dem Schlusse,
dass die Kartelle als solche eine verwerfliche Institution
seien.

Ein anderer Vorwurf, der den Kartellen von mehreren
meiner Gewährsmänner gemacht wird, lautet dahin, dass
die Kartelle den Fortschritt hemmen. Das natürliche Streben
jedes Industriellen gehe dahin seinen Betrieb zu verbessern
und die Produktionskosten herabzusetzen und den Lohn
hiefür finde er in der darin, dass seine verringerten Selbst-
kosten ihn in den Stand setzen den Preis seines Artikels
zu ermässigen und seinen Absatz entsprechend zu vergrössern. Sind dagegen die Unternehmer kartellirt und ist
ihnen durch die Vereinbarung die Produktionsmenge oder
der Minimalpreis vorgezeichnet, so falle jener Sporn zur
ferneren Verbesserung fort und die Industrie fange an zu
stagniren. Dass die heutigen Kartelle thatsächlich die Tendenz haben nach dieser Richtung hin zu wirken, wird wohl
kaum geläugnet werden können, indess wäre ich geneigt
anzunehmen, dass die Schuld hievon nicht so sehr der Vereinigung der Gewerbetreibenden an sich, als vielmehr der
heutigen unvollkommenen Form dieser Vereinigung zuzu-
schreiben ist, wie weiter unten auseinander gesetzt werden soll.

Eine fernere Klage geht dahin, dass die Kartelle die
Tendenz haben das Ausland auf Kosten der inländischen
Konsumenten zu begünstigen, und dass diese Wirkung mit-
unter thatsächlich eintreten kann, lässt sich nicht läugnen.
Der nächste Zweck, den die kontrahirenden Theile beim
Abschlusse eines Kartells verfolgen, ist eine Ueberführung

des inländischen Marktes zu verhindern, denn diesen können
sie überblicken und hier drückt sie zunächst der Schuh.
Die Veranlassung zum Abschlusse eines Kartells liegt jedesmal in dem anarchischen oder chaotischen Karakter der
Produktion. Die Preise des betreffenden Artikels stehen
schlecht, weil jeder einzelne Unternehmer unbekümmert um
die Uebrigen und ohne Rücksicht auf die Konsumtionskraft
des Marktes frisch darauf los produzirt und Jeder den Anderen im Preise zu unterbieten trachtet. Diesem unerträg-
lichen Zustande soll ein Ende bereitet werden und aus diesem Grunde treten die Unternehmer zusammen und einigen
sich, die Produktion einzuschränken und dem Bedarfe einigermassen anzupassen. Was sie thun wollen und erreichen
können, ist gewissermassen, im eigenen Hause Ordnung zu
machen. Was „draussen", ausserhalb ihres Hauses geschieht,
das kann ihnen bis zu einem gewissen Grade gleichgiltig
sein und überdies können sie dafür nicht verantwortlich gemacht werden, denn so weit reicht ihre Macht nicht. Aus
diesem Grunde findet sich in den meisten Kartellverträgen
die Klausel, (vgl. beispielsweise das oben pag. 127, Anmerkung 1 mitgetheilte Kartell der Dortmunder Kohlenwerksbesitzer, ferner die Bestimmungen des pag. 144 erwähnten
Bierkartells), dass seine Bestimmungen nur auf die Verkäufe im Inlande (oder in der betreffenden Stadt, oder in
dem betreffenden Bezirke) Bezug nehmen sollen, dass dagegen der einzelne Unternehmer bezüglich derjenigen Partien
seiner Erzeugnisse, die er nach dem Auslande verkauft,
nicht an die Beschränkungen des Kartells gebunden sein
soll. Die Folge hievon ist dann selbstverständlich, dass der
Unternehmer, der etwa seine Waare im Inlande nicht unter
einem bestimmten Minimalsatze verkaufen darf, dem Aus-

lande möglicher Weise niedrigere Preise bewilligt. Die
„Dortmunder Zeitung", die eine grosse Gegnerin der Kartelle im allgemeinen ist, beklagt sich wiederholt über derartige Vorgänge. So schreibt sie beispielsweise in Nr. 96
vom 26. April 1880:

„Dortmund, 24. April. (Industrielle Missstände). Die
bekannte Konvention der Lokomotivfabriken existirt bereits seit
Monaten nicht mehr. Dafür haben wir jedoch in unserer Industrie andere Uebelstände in leider nur zu grosser Zahl. Fragt
z. B. ein Händler bei einem unserer industriellen Werke nach
dem Preise für Walzdraht an, so wird ihm seitens des betreffenden Etablissements vorerst die Frage gestellt: „Ist der Walzdraht für das Inland oder für das Ausland bestimmt?« Ist das
erstere der Fall, so werden dem Händler für den Draht 220 M.
pro 1000 kg. abverlangt (dies ist nämlich der heutige Preis);
soll der Draht dagegen nach dem Auslande wandern, so kostet
er nur 180 Mark. Mit Stahlschienen verhält sich die Sache
fast genau so. Sodann haben unsere Fabriken in Bessemer-
Bandagen vor einiger Zeit eine Konvention geschlossen, derzu-
folge sie sich verpflichteten, im Inlande qu. Bandagen nicht
unter einem bestimmten verhältnissmässig hohen Preise zu verkaufen, während bei Verkäufen nach dem Auslande es jedem
der kartellirten Werke überlassen bleibt, nach Gutdünken seinen
Preis zu fixiren, der natürlich, mit Rücksicht auf die ausländischen Konkurrenzwerke, bedeutend niedriger als für die inländischen Verkäufe gestellt wird. Doch nicht allein in den genannten Artikeln, sondern in den meisten Erzeugnissen der
Eisenindustrie wird eine solche Manipulation angewandt, mag
es nun in Walzeisen, Blech, gezogenen Draht oder was sonst
noch sein. In schmiedeeisernen Röhren sind die Notirungen
(ebenfalls Konventionspreise) für's Inland und Ausland „nomi-
nell" gleich. Doch wird der seit Jahren in dieser Branche
übliche Rabatt für letzteres bedeutend höher normirt, oder, mit

anderen Worten: Das Ausland kauft auch hier billiger als das Inland. Diese Missstände werden sich verschlimmern, je länger wir mit dem Eisenzoll beglückt sein werden, zumal man von Seiten der Staatsbahnen sowohl als des grössten Theiles der Privatbahnen, welche alle bekanntlich einen sehr starken Prozentsatz der Gesammt-Produktion der vorhin erwähnten Artikel konsumiren, sich diese Uebervortheilung ruhig gefallen lässt. Das Publikum bezw. der ganze Staat ist daher dazu verurtheilt, zu Gunsten einzelner Etablissements unnöthige Geldopfer zu bringen, die, an sich schon beträchtlich, durch Zinsen und Zinseszinsen zu einem horrenden Kapital anwachsen. Dabei haben oder hatten die industriellen Werke noch die naive Dreistigkeit, bei Gelegenheiten, wo Privatbahnen die einheimischen theueren Offerten zurückwiesen und im Interesse ihrer ihnen jedenfalls näher als die Werke stehenden Aktionäre Lieferungen an das Ausland zu bedeutend billigeren Preisen vergaben, in allen Tonarten sich über solche Massnahmen als das grösste ihnen zugefügte Unrecht zu beklagen. Wir erinnern nur an die einige Zeit vor Wiedereinführung des Eisenzolles von der Berlin-Hamburger Bahn einem englischen Werke übertragene Schienen-Lieferung und das von den Schutzzöllern hierüber erhobene Lamento. Es wäre sehr zu wünschen, dass seitens der Händler und Konsumenten (darunter besonders die Bahnen) gegen dieses Unwesen energisch Front gemacht würde.«

Desgleichen in Nr. 101 vom 1. Mai 1880:

»Dortmund, 30. April. (Eisenpreise für In- und Ausland). Die »Westf. Ztg.« brachte gestern nähere Details über eine in Mailand am 15. März a. c. stattgehabte Submission, worin dem Bochumer Verein für Bergbau und Gussstahlfabrikation die Lieferung von 8000 Tonnen Stahlschienen für die oberitalienischen Eisenbahnen ertheilt worden sei und zwar zum Preise per Tonne von Lires 232,50 == Mark 186 für Genua und Lires 236,05 == M. 188,84 per Tonne frei Venedig. Nun

beträgt die Bahnfracht für Schienen Bochum - Rotterdam (See-
transit) pro Tonne Mark 6, die Wasserfracht Rotterdam-Genua
in minimo M. 14—15 und Rotterdam - Venedig in minimo
M 20—22. Der Preis für die Schienen würde also auf höchstens M. 163—166 frei Werk stellen. Drei Wochen· später,
nämlich am 7. April — als die Eisen- und Stahlpreise bereits
weiter gesunken waren, offerirte dasselbe Etablissement, bei
einer Schienen-Submission für die rechte Oder-Ufer-Bahn, Stahlschienen zu M. 251,50 frei Bresslau, was, abzüglich der Fracht
Bochum-Breslau mit M. 28,50 pro Tonne, einen Preis von
M. 223 frei Werk repräsentirt. Mithin hat das Ausland die
Tonne Schienen um sage und schreibe M. 60 billiger gekauft,
als das Inland für selbige bezahlen muss. Was die Phrase
unserer Schutzzöllner „Schutz für die deutsche Industrie« zu
bedeuten hat, das bedarf nach Vorstehendem wohl keiner weiteren Erklärung.«

Ferner in Nr. 157 vom 8. Juli 1880:

„Dortmund, 6. Juli. (Schutzzöllnerisches). Es bietet sich
bereits wieder Gelegenheit, auf die Uebervortheilung — anders
kann man es nicht bezeichnen — hinzuweisen, welche von dem
rheinisch-westfälischen Schienenwerken den inländischen Bahnen
und somit auch dem deutschen Publikum gegenüber gehandhabt
wird. Kürzlich fand eine Submission auf Lieferung von 4000
Tonnen Stahlschienen für Brasilien statt, wobei der niedrigste
Preis seitens einer belgischen Gesellschaft, der Société des
Aciéries d'Angleur abgegeben wurde, nämlich 184,50 Frcs., und
die höchste Offerte von der Dortmunder Union herrührte, nämlich 205 Frcs. per Tonne, alles franco Rio de Janeiro. Es
submittirten ferner noch verschiedene andere deutsche bezw.
rheinisch-westfälische Werke, deren Preise sich zwischen den
in Rede stehenden beiden Offerten bewegen. Nehmen wir den
Durchschnitt der deutschen Offerten ziemlich hoch an, nämlich
mit 200 Frcs. oder 160 Mark franco Brasilien, so bleibt doch

nach Abzug der Bahnfracht nach Rotterdam mit ca. 5 M. und
der Wasserfracht Rotterdam-Rio de Janeiro mit in minimo 18
Mark ein Preis für die Schienen ab Werk von nur 137 Mark
per Tonne. Bei der am 30. cr. in Frankfurt a. M. stattgehabten Schienen-Submission variirten die von den rheinisch-
westfälischen Werken abgegebenen Offerten zwischen 183 Mark
und 195,50 Mark ab Werk. Wenn wir hierbei nicht scharf
rechnen und einen Durchschnittspreis von 187 Mark in Betracht
ziehen, so stellt sich der Schienenpreis für's Ausland um 50
Mark pro Tonne niedriger als für das Inland, was allein bei
der erwähnten Frankfurter Submission von ca. 6900 Tonnen
Schienen eine Differenz von ca. 345.000 Mark ausmacht, die
der deutsche Michel bezahlen muss. Die Belgier sind in dieser
Beziehung uns Deutschen weit vor, da die belgische Regierung
bei derartigen Submissionen auch das Ausland zur Konkurrenz
heranzieht und sich auf diese Weise vor Uebergriffen der belgischen Werke schützt. So war in verschiedenen heute erschienenen deutschen Zeitungen wiederum eine Vergebung von 23.000
Tonnen Stahl-Vignole-Schienen sowie eine Partie Rad-Bandagen
für die belgischen Staatsbahnen annoncirt. Wir werden übrigens
bei jeder sich uns darbietenden Gelegenheit auf das vorstehende
Thema zurückkommen und weisen heute darauf hin, dass dem-
nächst wieder italienische Submissionen bevorstehen."

Auch der Vorwurf wird den Kartellen gemacht, dass
sie durch die Beschränkung der Produktion dem Auslande
in die Hände arbeiten, weil sie dadurch mittelbar die Ausdehnung seines Exportes begünstigen. So schreibt auch
wieder die „Dortmunder Zeitung" vom 13. April 1880,
Nr. 86:

„Dortmund, 12. April. (Zur industriellen Lage). Der im
Herbst und Winter eingetretene Aufschwung in der Eisen- und
Kohlen-Industrie scheint leider mit jeder Woche mehr an Ter-

rain zu verlieren. Obwohl man in den schutzzöllnerischen Organen immer noch von günstigen Aussichten für das Frühjahr- und Sommergeschäft berichtet und das Eintreffen starker Aufträge aus Amerika sowohl als von den deutschen Bahnen prophezeit, so glaubt der ruhig die Verhältnisse beobachtende Geschäftsmann erst dann an eine reelle Besserung des Eisen- und Kohlenmarktes, wenn er diese Prophezeiungen wirklich in Erfüllung gehen sieht. Bekanntlich haben fast sämmtliche Zechen des Ruhrbeckens eine Konvention unter sich geschlossen, um im laufenden Jahre die Gesammt-Kohlenförderung um $5\,^0/_0$ gegen das Vorjahr zu reduciren. Sie hoffen durch diese Massnahme — die allerdings ganz mit der protektionistischen Tendenz im Einklange steht — eine künstliche Amelioration des Kohlengeschäftes herbeizuführen. Dass sie auf diese Weise den in so lebhaftem Aufschwunge begriffenen Kohlenexport schwer schädigen und so ihren Konkurrenten, den Engländern, in die Hände arbeiten, dass sie ferner dadurch einige Tausend Arbeiter ausser Beschäftigung bringen, darauf wird keine Rücksicht genommen. Wenn nun alle die künstlichen Machinationen nicht den gewünschten Erfolg haben, so werden die Herren Schutzzöllner — und in diese Kategorie sind fast sämmtliche Leiter der rheinisch-westfälischen Eisen- und Kohlenwerke zu rechnen — die Schuld an dem Fehlschlagen ihrer Operationen den mehr freihändlerisch gesinnten Händlern in die Schuhe schieben. Bereits beginnt man in den schutzzöllnerischen Zeitungen tapfer über die Eisen- und Kohlenhändler loszuziehen und schlägt vor, das Institut des Zwischenhandels gänzlich abzuschaffen. Die guten Herren Protektionisten sollten sich in dieser Beziehung England zum Vorbild nehmen. Wodurch steht die englische Eisen- und Kohlenindustrie so hoch da? Nicht allein durch die günstigen Seetransportverhältnisse, sondern auch dadurch, dass die englischen Eisenfabrikanten und Kohlengruben ihre Rohprodukte und ihre Halbfabrikate fast nur auf dem Wege des Zwischenhandels placiren. «

Endlich wird, u. zw. sowohl von den Gegnern als von den Vertheidigern der Kartelle darauf hingewiesen, dass alle diese Vereinigungen sehr kurzlebiger Natur sind und dass sie nur so lange dauern als es den einzelnen Kontrahenten convenire. Die meisten Kartelle seien Kinder der Noth und werden geschlossen wenn die Preise niedrig stehen, das Angebot also ein relativ grosses ist und die Kontrahenten hielten nur so lange an der Vereinbarung fest als sie hiezu von der Noth gezwungen würden, sobald jedoch sich einem derselben die Gelegenheit biete ein „gutes Geschäft" abzuschliessen, lasse er seine Partner in der Regel im Stiche und sage sich   eventuell unter Zahlung der festgesetzten Konventionalstrafe — von dem Verbande los. In bitteren Worten klagt hierüber „der Berg- und Hüttenmann" (Wien und Berlin) vom 19. Mai 1881 Nr. 408), ein Blatt, das die Kartelle jedesmal wärmstens befürwortet. Es schreibt:

„Auflösung der Kartelle. Wie verlautet, hat sich das rheinisch-westfälische Schienenkartell aufgelöst. Der Preis der Stahlschienen ist zurückgegangen, und dürfte der Grund dafür bei der regen Beschäftigung der Schienenwerke wohl nur in jenem Vorkommniss zu suchen sein. Auch die Konvention der deutschen Röhrenwalzwerke wurde in diesem Frühjahr gesprengt und wurden die Preise um 25% in Folge dessen geworfen. Bei dem Versuch der Stabeisenwalzwerke vor zwei Jahre eine Konvention in's Leben zu rufen, wurde der Kartell-Preis für Stabeisen auf M. 120 fixirt, und allen Kunden schon von den Werken angezeigt. Die Konvention scheiterte jedoch an dem guten Willen Einiger, an den Sonderinteressen Anderer, und die freie Konkurrenz übte nun das Recht der Preisfreiheit in doppelt arger Weise aus, und es entstand ein Schleuderwesen, wie man es vor dem Versuche der Konvention nicht gekannt.

Die Anführung obiger weniger Facta beweist deutlich, dass die Kartelle den Werken Schutz und Nutzen bringen und sie vor planlosem Operiren bewahren; sie zeigen aber auch, welche plötzlichen Veränderungen und schädliche Wirkungen für die betheiligten Werke die Auflösung einer segensreichen Konvention nach sich zieht.

Die Auflösung wird in der Regel dadurch herbeigeführt, dass von Einem oder Mehreren auf dem Wege der Intrigue die statuarischen Bestimmungen ausser Acht gelassen und auf irgend eine Weise umgangen werden. Ein jedes Gesetz lässt bekanntlich eine „Hinterthür" offen. Die reellen Interessenten erfahren die ungerechte Handlungsweise und lassen sich von ihren Kartellgenossen selbstverständlich nicht hintergehen. Sie kündigen ihr Verhältniss und die ganze Konvention ist zerrissen! Nunmehr unterbietet Einer den Andern, da ja die Fessel gefallen, die Alle im gleichem Niveau hielt, und ein Schleuderwesen, durch welches die Werke sich gegenseitig aufreiben, ist gewöhnlich die nächste Folge. Fragen wir nun wer den Vortheil von der Auflösung hat, so werden wir bald einsehen, dass der Vortheil dem Nachtheil gegenüber verschwindend klein, ja fast gleich Null ist. Die Werke haben zunächst den grössten Schaden durch den nunmehr niedrigen schrankenlosen Preis, die Händler müssen dem billigeren Einkaufe entsprechend billiger verkaufen und die kleinen Konsumenten spüren die für sie unbedeutende Preisdifferenz nicht, die bei den fabricirenden Werken, welche nur im grossen Umschlage ihr Verdienst suchen müssen, dagegen sehr in die Wagschalle fällt. Und selbst von den grossen Konsumenten, wie die Eisenbahnen, werden einige Mark oder Gulden mehr gezahlt werden können, ohne dass die Rentabilität und das Betriebs-Ergebniss dadurch in fühlbarer Weise beeinflusst werden dürfte.

Einige Mark oder Gulden mehr fällt bei den Eisen- und Schiennenwerken sehr in's Gewicht, bilden vielleicht deren ein-

ziges Verdienst ja, bedingen möglicher Weise ihre Lebensfähig-
keit und die Unterhaltung vieler Arbeiter.

Wir wiederholen noch einmal kurz unsere obige Ausfüh-
rungen. Die Konventionen sind für Artikel, in denen sich eine
übermässige Konkurrenz breit macht, nur anzuempfehlen und
zu schützen. Sie schaden, beeinträchtigen nicht, bezwecken nur
ein reelles und rationelles Gleichgewicht zwischen Produktion
und Konsum, bringen aus diesem Grunde nur Vortheil und
Nutzen. Sie sind desshalb zu erhalten und zu schützen, und
ihre Auflösung ist nur zu beklagen.«

Andererseits wird eine Befürchtung, die ich anfänglich
hegen zu sollen glaubte, von meinen Gewährsmännern nicht
getheilt. Ich richtete an dieselben unter anderen auch die
Frage, ob nicht etwa die Gefahr vorliege, dass die kartellirten Unternehmer, namentlich in guten Zeiten die Vereinigung misbrauchen um die Produktion über Gebühr einzuschränken und Monopolpreise zu erzielen. Die Antwort
lautete einstimmend: „nein", und von den Freunden wie
von den Gegnern der Kartelle wurde auf die Kurzlebigkeit
der Kartelle, sowie auf den Mangel an Disziplin unter den
Theilnehmern hingewiesen. Diese Gefahr — so ungefähr
lauteten die Antworten — sei nicht zu befürchten, denn
regelmässig sagen sich die einzelnen Unternehmer vom Verbande los, wenn sich ihnen die Gelegenheit bietet ausserhalb desselben einen grösseren Vortheil zu erhaschen.

b) Die Bedeutung der Kartelle.

Wenn wir es nun versuchen auf Grund der vorliegenden Daten uns unser eigenes Urtheil über die Bedeutung
der Kartelle zu bilden, so müssen wir uns zunächst die
Frage vorlegen, ob das Ziel, das die Kartelle anstreben, ein
gerechtfertigtes und wünschenswerthes ist oder nicht.

Das Ziel, das die Kartelle anstreben, ist ein doppeltes:
Sie wollen einmal die Produktion im Ganzen und Grossen
dem Bedarfe anpassen, d. h. sie wollen, dass im Ganzen
nicht mehr und nicht weniger produzirt werde als die Gesammtheit bedarf. Sie wollen ferner, dass die gesammte
Produktion unter die einzelnen Produzenten in einer ange-
messenen Weise vertheilt werde; keiner der Produzenten
soll übermässig beschäftigt sein, keiner soll feiern.

Die Antwort auf diese Frage scheint mir nicht schwer.
Wir sind in den vorhergehenden Abschnitten zu dem Resultate gelangt, dass gerade die schwersten unserer sozialen
Leiden auf den anarchischen Zustand der heutigen Volkswirthschaft zurückzuführen sind. Die ewigen Ueberproduk-
tionen und Absatzstockungen, die prekäre Lage der Unternehmer, sowie die Leiden der Arbeiter sind — wie wir
gesehen haben — die nothwendige Folge jenes Mangels
einer einheitlichen und planmässigen Leitung unserer Volkswirthschaft. Dass die Planlosigkeit unserer Volkswirthschaft

überdies eine Unmasse kleinerer Unzukömmlichkeiten erzeugen muss, liegt in der Natur der Sache. Leider gelangen diese Details nur selten an die Oeffentlichkeit, so dass die Wissenschaft froh sein muss wenn es ihr gelingt nur einzelne derselben zu erhaschen, die ein Streiflicht auf die herrschenden Verhältnisse werfen. Ich möchte in dieser Beziehung nur an die zwei oben erwähnten Fälle erinnern, die mir von meinen Gewährsmännern beiläufig mitgetheilt wurden. Ist es beispielsweise nicht ein haarsträubender Widersinn, wenn in einer Stadt, in der die Bierpreise nicht lohnend sind, weil zu viel Bier daselbst erzeugt wird, die Bierbrauer, statt die Produktion entsprechend einzuschränken, in der Weise vorgehen, dass Jeder von ihnen seine Produktion noch mehr ausdehnt, weil er hofft, dass es ihm gelingen werde durch die Ausdehnung des Betriebes seine Generalkosten zu vermindern und auf diese Weise den Ausfall am Verkaufspreise wieder hereinzubringen? Oder ist es etwa volkswirthschaftlich richtig gehandelt, wenn die englischen Spiegelfabrikanten ihre Spiegel nach dem Kontinent und die festländischen Spiegelfabrikanten ihre Waare mit Mühe und Kosten nach England schaffen, während jeder Theil seine Fabrikate in der Heimath viel leichter verkaufen konnte?

Unter solchen Umständen ist es wohl erklärlich, wenn man zu dem Resultate gelangt, dass die Regelung der Volkswirthschaft ein dringendes Bedürfnis ist und dass die Kartelle nur im Interesse der Gesammtheit handeln, wenn sie die Gesammtproduktion dem Gesammtbedarfe anzupassen streben. Nicht minder gerechtfertigt ist es ferner, wenn die Kartelle dahin zu wirken suchen, dass die Gesammtproduktion in angemessener Weise unter die einzelnen Produzenten vertheilt werde — haben doch auch bekanntlich die Zünfte ein gleiches Ziel angestrebt und zu verwirklichen verstanden.

Die zweite Frage, die an dieser Stelle auftaucht, ist dann, ob die Kartelle ihr Ziel auf dem richtigen Wege zu erreichen trachten, und auch diese Frage muss bejaht werden. Die Regelung der Produktion setzt selbstverständlich ein einheitliches Handeln sämmtlicher Produzenten voraus, es ist daher nur logisch richtig, wenn die Kartelle eine Einigung der Unternehmer jeder Branche anstreben. Indess ist damit der Punkt erreicht, der nicht mehr in die Machtsfäre der einzelnen Unternehmer, sondern in den Bereich der staatlichen Kompetenz fällt. Die Kartelle müssen darnach streben die sämmtlichen Unternehmer jeder Branche im ganzen Staatsgebiete dauernd zu vereinigen, dies ist aber selbstverständlich nur dann mit Erfolg möglich, wenn die staatliche Gesetzgebung derartige Vereinigungen gestattet und gesetzlich anerkennt. Sodann haben wir oben (pag. 98) gesehen, dass eine Regelung der Gesammtproduktion nach Massgabe des Gesammtbedarfes ohne ein gewisses Monopol der betreffenden Produzenten absolut undenkbar ist. Soll es also den Kartellen gelingen ihr Ziel zu erreichen und die Produktion wirklich dem Bedarfe anzupassen, so müsste sie der Staat nicht nur als vollberechtigte Korporationen anerkennen, sondern er müsste ihnen noch überdies das ziemlich ausschliessliche Recht gewähren die betreffenden Artikel zu erzeugen. Eine nothwendige Konsequenz dieses Monopols wäre es, dass das gegenwärtig herrschende System der Gewerbefreiheit verlassen würde, und dass der Staat durch seine Zollgesetzgebung den privilegirten Produzenten den heimischen Markt sichern müsste.

Es ist bekannt, dass die heutigen Kartelle von diesem Ideale noch sehr weit entfernt sind. Die Kartelle sind eben bisher noch ganz unfertige Institutionen und dieser ihr unfertiger Zustand ist einerseits auf ihre Jugend und andererseits auf den Mangel einer gesetzlichen Regelung derselben zurückzuführen.

Die heutigen Kartelle sind Vereinigungen von Unternehmern derselben Branche, aber sie haben — wenigstens so weit meine Informationen reichen — vorläufig einen vorwiegend lokalen Karakter. Sie erstrecken sich nicht auf das ganze Staatsgebiet, sondern umfassen zumeist nur diejenigen Unternehmer, deren Werke dicht neben einander liegen. Die Eisenwerke des Bezirkes X stehen in einem besonderen Kartellverbande, desgleichen die des Bezirkes Y u. s. w., aber eine Alle umfassende Vereinigung fehlt in der Regel. Historisch ist dies leicht erklärlich. Die Besitzer der benachbarten Werke kennen sich gegenseitig, sie verkehren häufiger mit einander, ihre Lage ist im allgemeinen eine ähnliche, kurz sie finden häufig Gelegenheit ihre Meinungen auszutauschen und unter solchen Umständen liegt es nahe, dass sie gelegentlich alle zusammentreten und einen Kartellvertrag abschliessen ohne sich um ihre Berufsgenossen in irgend einem entlegeneren Theile des Staatsgebietes weiter viel zu bekümmern. Wären die Kartelle älteren Datums, so hätte die Macht der Verhältnisse sie schon dazu gedrängt weiter auszugreifen. So aber, wo das Gros derselben erst seit dem Anfange der siebziger Jahre in's Leben getreten ist, hat sich dieses Bedürfnis nach einer das gesammte Staatsgebiet umfassenden Einigung noch nicht deutlich bemerkbar machen können. Klar ist jedoch, dass eine Vereinigung, die nur die Produzenten

11*

eines beschränkten Bezirkes umfasst, nicht im Stande ist
das Gesammtangebot der Gesammtnachfrage anzupassen.

Der zweite weit schwerer wiegende Umstand ist der
gänzliche Mangel einer entsprechenden gesetzlichen Regelung der Kartelle. Die Kartelle waren früher als Koalitionen der Arbeitgeber wie alle Koalitionen überhaupt verboten. Als dann die älteren Koalitionsverbote aufgehöben
wurden, trafen die bezüglichen Gesetze der verschiedenen
Staaten eigenthümliche Bestimmungen. Sie gestatteten wohl
die Koalitionen der Arbeiter wie die der Arbeitgeber, allein
sie verfügen ausdrücklich, dass alle derartigen Verabredungen
und Vereinigungen gar keine rechtliche Wirkung haben, also
für die Theilnehmer absolut unverbindlich sein sollen [1]).

---

[1]) Koalitionen, d. i. Verabredungen von Arbeitgebern oder von Arbeitern, die den Zweck haben die Preise der fertigen Artikel oder die Löhne
zu erhöhen oder hoch zu halten, waren früher in allen Staaten bei Strafe
verboten. Die Gesetzgebung Englands gestattete derartige Verabredungen
zuerst, u. zw. durch Gesetz vom Jahre 1826 (6. Geo. IV. ch. 129), jedoch
wurden dieselben für die Theilnehmer als unverbindlich erklärt. Dieser Grundsatz wurde seither von der englischen Gesetzgebung festgehalten und in der
sog. „Trades Unions Act‘ vom 29. Juni 1871 (34 und 35 Vict. ch. 31)
Section 4 auf's Neue ausgesprochen. Diese Gesetzesstelle lautet:

„Sect. 4. Nothing in this Act shall enable any court to entertain any
legal proceeding instituted with the object of directly enforcing or recove-
ring damages for the breach of any of the following agreements, namely,

1. Any agreement between members of a trade union as such, concer-
ning the conditions on which any members for the time being of
such trade union shall or shall not sell their goods, transact busi-
ness, employ, or be employed:

2. Any agreement for the payment by any person of any subscription
or penalty to a trade union:

3. Any agreement for the applications of the funds of a trade union,
a) To provide benefit to members; or,
b) To furnish contributions to any employer or workman not a
member of such trade union, in consideration of such employer

Dass die heutige Gesetzgebung, welche die Kartelle nicht einmal als zulässige Korporationen anerkennt, denselben auch keine Monopolsrechte zugesteht, ist selbstverständlich.

or workman acting in conformity with the rules of resolutions of such trade union; or,

c) To discharge any fine imposed upon any person by sentence of a court of justice; or,

4. Any agreement made between one trade union and annother; or,

5. Any bond to secure the performance of any of the above-mentioned agreements.

But nothing in this section shall be deemed to constitute any of the above-mentioned agreements unlawfull. «

Das heisst also mit kurzen Worten und mit spezieller Anwendung auf die Kartelle: Es steht Jedermann frei einem Kartell beizutreten und sich den Bestimmungen des bezüglichen Vertrages zu unterwerfen, wenn er jedoch den Vertrag bricht und die übernommenen Verpflichtungen nicht erfüllt, so darf er hierwegen von keinem Gerichte verurtheilt werden.

In Frankreich, wo die Koalitionen durch den Côde pénal gleichfalls unter Strafe verboten waren, wurden dieselben durch Gesetz vom Jahre 1864 (welches die Art. 414, 415 und 416 des Côde pénal abändert) gestattet, jedoch ebenso wie in England für die Theilnehmer für unverbindlich erklärt. Block's „Dictionaire de l' administration française«, Artikel „Coalition« bemerkt hiezu (ich theile die bezügliche Stelle hier mit, weil mir das Gesetz vom Jahre 1864 beziehungsweise die neue Formulirung der erwähnten Artikel des Côde pénal nicht vorliegt): „D'après la même loi (Ges v. 1864, beziehentl. Art. 416 des Côde pénal in seiner neuen Fassung) tous ouvriers, patrons et entrepreneurs d' ouvrage, qui à l' aide d' amendes, défences, proscriptions, interdictions prononcées par suite d' un plan concerté, porteraient atteinte au libre exercice de l' industrie ou du travail, seraient punissable d' un emprisonnement de six jours à trois mois et d' une amende de 16 à 500 francs, ou de l' une seulement de ces deux peines. Ainsi il a été jugé que la liberté de se coaliser n' implique pas le droit de s' associer en vue de favoriser le succés d' une coalition et d' organiser une résistance permanente contre des patrons. Une semblable association ne saurait s' établir qu' avec l' autorisation du gouvernement. «

Aehnlich verfügt § 152 der deutschen Gewerbeordnung vom 21. Juni 1869: „Alle Verbote und Strafbestimmungen gegen Gewerbetreibende, gewerbliche Gehilfen, Gesellen oder Fabrikarbeiter wegen Verabredungen und Verei-

Dieser Mangel der gesetzlichen Anerkennung lastet begreiflicher Weise schwer auf den Kartellen und hemmt ihre Entwickelung. Eine Vereinbarung, deren Stipulationen

nigungen zum Behufe der Erlangung günstiger Lohn- und Arbeitsbedingungen, insbesondere mittelst Einstellung der Arbeit oder Entlassung der Arbeiter werden aufgehoben. «

„Jedem Theilnehmer steht der Rücktritt von solchen Verbindungen und Verabredungen frei und es findet aus letzteren weder Klage noch Einrede statt. «

Aehnlich endlich das österr. Gesetz vom 7. April 1870, Nr. 43 des Reichs-Ges.-Bl., betreffend die Koalitionsfreiheit. Dasselbe lautet:

„§. 1. Die Bestimmungen der §§. 479, 480 und 481 des allgemeinen Strafgesetzes vom 27. Mai 1852, Reichs-Ges.-Bl. Nr. 117 (vgl. oben pag. 138 Anmerkung 1) treten ausser Wirksamkeit. «

„§. 2. Verabredungen von Arbeitgebern (Gewerbsleuten, Dienstgebern, Leitern von Fabriks-, Bergbau-, Hüttenwerks- oder anderen Arbeitsunternehmungen, welche bezwecken, mittels Einstellung des Betriebes oder Entlassung von Arbeitern diesen eine Lohnverringerung oder überhaupt ungünstigere Arbeitsbedingungen aufzuerlegen; — sowie Verabredungen von Arbeitnehmern (Gesellen, Gehilfen, Bediensteten oder sonstigen Arbeitern um Lohn), welche bezwecken, mittelst gemeinschaftlicher Einstellung der Arbeit von den Arbeitgebern höheren Lohn oder überhaupt günstigere Arbeitsbedingungen zu erzwingen; — endlich alle Vereinbarungen zur Unterstützung derjenigen, welche bei den erwähnten Verabredungen ausharren, oder zur Benachtheiligung derjenigen, welche sich davon lossagten, haben keine rechtliche Wirkung. «

„§. 3. Wer, um das Zustandekommen, die Verbreitung oder die zwangsweise Durchführung einer der in dem §. 2 bezeichneten Verabredungen zu bewirken, Arbeitgeber oder Arbeitnehmer an der Ausführung ihres freien Entschlusses, Arbeit zu geben oder zu nehmen, durch Mittel der Einschüchterung oder Gewalt hindert oder zu hindern versucht, ist, sofern seine Handlung nicht unter eine strengere Bestimmung des Strafgesetzes fällt, einer Uebertretung schuldig und von dem Gerichte mit Arrest von acht Tagen bis zu drei Monaten zu bestrafen. «

§. 4. Die in den §§. 2 und 3 enthaltenen Bestimmungen finden auch auf Verabredungen von Gewerbsleuten zu dem Zwecke, um den Preis einer Waare zum Nachtheile des Publikums zu erhöhen, Anwendung. «

„§. 5. Dieses Gesetz tritt mit dem Tage seiner Kundmachung in Wirksamkeit. «

gegenüber den Theilnehmern nicht erzwungen werden kann, ist begreiflicher Weise eine überaus lose, und hieraus erklärt sich denn auch die Erscheinung, dass die Kartelle meist so kurzlebig sind und so überaus häufig gesprengt werden. Die einzelnen Unternehmer treten in der Regel den Kartellen erst bei, wenn ihnen das Messer schon an der Kehle sitzt, d. h. wenn in Folge der allgemeinen Desorganisation die Preise ihrer Artikel so niedrig stehen und die Geschäfte so schlecht gehen, dass sie fürchten zu Grunde zu gehen. Und sie bleiben im Kartellverbande meist nur so lange die Noth sie dazu zwingt, sobald sich aber Einem von ihnen die Gelegenheit bietet auf eigene Faust ein gutes Geschäft zu machen, lässt er die Uebrigen im Stiche und scheidet aus dem Verbande.

Aus diesem losen Gefüge der Kartelle folgt sodann von selbst, dass dieselben nur sehr mangelhaft funktioniren. Wenn beispielsweise von meinen Gewährsmännern übereinstimmend darüber Klage geführt wird, dass die Kartelle so häufig an der Unmöglichkeit einer genügenden Kontrole scheitern, weil der unreelle Theilnehmer gern mehr produzirt oder billiger verkauft als der Vertrag gestattet, so ist dieser Uebelstand zum guten Theile auf dem Mangel einer genügenden Organisation der Kartelle zurückzuführen. Könnte man die Mitglieder entprechend juristisch binden, und wären die Vereinigungen dauernde, so könnte wohl auch Seitens des Verbandes unschwer für einen genügenden Kontrole-Apparat (reisende Kontrolebeamte, Verpflichtung der Mitglieder ihre Geschäftsbücher vorzulegen u. dgl.) gesorgt werden. So aber, wo der ganze Verband nur von heute auf morgen existirt und lediglich auf dem guten Willen und der Vertragstreue der Mitglieder beruht, ist eine Kontrole

der Mitgliedern in den meisten Fällen ein Ding der Unmöglichkeit.

Dasselbe gilt von dem anderen oben erwähnten Uebel-
stande, dass die heutigen Kartelle die Tendenz haben die
Fortschritte der Industrie zu hemmen. Die meisten der
heutigen Kartelle sind, wie wir gesehen haben, Vereinbarungen, die lediglich dahin gehen, dass die Theilnehmer
nicht unter einem bestimmten Preise verkaufen oder nicht
mehr produziren dürfen als das ihnen zugemessene Quantum; eine feste und dauernde Organisirung der Theilnehmer
beabsichtigen sie nicht. Unter solchen Umständen ist es
begreiflich, dass ein strebsames Mitglied eines derartigen
Kartells leicht in ein unangenehmes Dilemma gerathen
kann. Macht der Betreffende z. B. eine Erfindung, die bei
entsprechender Ausdehnung der Produktion ihn in den Stand
setzen würde billiger zu produziren und billiger zu verkaufen
(und der billigere Verkaufspreis ist selbstverständlich auch
wieder eine Voraussetzung für die Ausdehnung der Produktion), so bleibt demselben nur die Wahl die Verbesserung in seinem Etablissement nicht einzuführen, oder aber
aus dem Kartell auszutreten und dasselbe eventuell durch
seine niedrigen Preise zu sprengen. Wären dagegen die
Unternehmer dauernd und korporativ geeinigt, so könnte es
auch wieder keine besonderen Schwierigkeiten verursachen
irgend eine Form zu finden, um den Erfinder Seitens der
Korporation zu belohnen und den Vortheil seiner Erfindung
sofort zum Gemeingute der ganzen Industriebranche zu
machen.

Man wird vielleicht einwenden, dass der Antrieb zur
Einführung von Verbesserungen in dem Masse abgeschwächt
werde, als eine Unternehmung den Karakter der Einzelun-

ternehmung abstreift und in die Hände einer Mehrheit von
Personen oder gar einer Körperschaft übergeht. Unbedingt
läugnen lässt sich dies wohl nicht, allein andererseits lehrt
doch die Erfahrung, dass diese Schwierigkeit überwunden
werden kann. Das Beispiel der Eisenbahnen, die bekanntlich nur von Beamten (nicht von selbstwirthschaftenden
Eigenthümer) verwaltet werden, beweist zur Genüge, dass
Verbesserungen nicht nur vom selbstwirthschaftenden Einzelunternehmer, sondern auch von Beamten erfunden und
eingeführt werden. Wenn nun die Eisenbahnen nicht
stagniren, sondern kontinuirlich vorwärts schreiten, ist nicht
abzusehen, warum ein fest gefügter Kartellverband den
industriellen Fortschritt in fühlbarem Masse lähmen soll.

Auch der namentlich von der „Dortmunder Ztg." ge-
rügte Uebelstand, dass die Kartelle das Ausland auf Kosten
des Inlandes begünstigen, weil es mitunter vorkommt, dass
einzelne kartellirte Werke dem Auslande billigere Preise
gewähren als dem Inlande, beweist m. E. nur, dass eben
die Kartelle ungenügend organisirt sind. Kann nämlich ein
Theilnehmer eines Kartells dem ausländischen Käufer niedrigere Preise bewilligen als dem inländischen, so giebt
dies, wie ich glaube, einer doppelten Deutung Raum. Einmal kann man hieraus den Schluss ziehen, dass das Kartell
die Preise des betreffenden Artikels im Allgemeinen zu hoch
angesetzt hat, und dass es sie so hoch ansetzen durfte, ist
die Folge des Umstandes, dass der Staat diese Vereinigungen gänzlich ignorirt. Wären die Kartelle gesetzlich
anerkannte Körperschaften, so könnte nicht nur, sondern
müsste sogar die Staatsverwaltung in ähnlicher Weise auf
die Festsetzung der Preise ihrer Artikel Einfluss nehmen
wie sie dies gegenüber den Eisenbahnen thut. Die zweite

Schlussfolgerung, die man aus jener Begünstigung des Auslandes ziehen darf, wäre die, dass der betreffende Unternehmer billiger zu produziren vermag als seine Genossen, und dies deutet dann, wie vorstehend dargelegt wurde, darauf hin, dass eben die heutigen Kartelle eine ungenügende Organisation der Industrie sind, weil sie bisher noch nicht im Stande waren einen singulären Vortheil eines Produzenten sofort zum Gemeingute des gesammten betreffenden Produktionszweiges zu machen.

Ist nun aber auch die Stellung der Kartelle heute unstreitig eine ungenügende und müssen die Kartelle auch von ihrem Standpunkte aus darnach streben jene Position zu erringen, durch welche sie in den Stand gesetzt würden die Produktion so zu regeln wie sie es wollen, so entsteht andererseits die Frage, ob der Staat von seinem Standpunkte aus diesem Wunsche der Kartelle entsprechen soll oder nicht. Mir scheint es zweckentsprechend diese Frage zu theilen, da sie keine einfache ist, sondern strenggenommen zwei Fragen umfasst, u. zw.:

1) Soll der Staat die Kartelle als gesetzlich zulässige Vereinigungen (mit Korporationsrechten) anerkennen? und

2) Soll der Staat den Kartellen jenes oben angedeutete ausschliessliche Recht zur Erzeugung der betreffenden Artikel verleihen oder nicht?

Was die erste dieser beiden Fragen anbelangt, so liegen die Dinge bei derselben nicht so ganz einfach als es auf den ersten Blick vielleicht scheinen möchte. Die älteren Koalitionsverbote sind wohl als eine nothwendige Konsequenz der damaligen Gewerbeverfassung aufzufassen. So lange bei der Verleihung der Gewerbekonzessionen auf den

Ortsbedarf Rücksicht genommen wurde, durfte der Staat
wohl von der Anschauung ausgehen, dass die beschränkte
Anzahl der Gewerbekonzessionen den Unternehmern eine
genügend gesicherte Stellung gewähre, dass man daher den
Gewerbetreibenden nicht gestatten könne, sich zusammen-
zuthun und ihre Stellung durch eigenmächtiges Handeln
noch mehr zu kräftigen. Der Staat durfte damals den selbständigen Gewerbetreibenden gewissermassen sagen: „Ich
habe Euch diejenigen Vortheile gesichert, die ich Euch zuwenden will, ich gestatte daher nicht, dass Ihr noch weiter
geht und Euch aus eigener Machtvollkommenheit noch weitere Vortheile anzueignen trachtet." Derselbe Grundsatz
durfte damals gegenüber den Handwerksgesellen angewendet
werden, weil die Zahl derselben in Folge der Besckränkung
der Lehrlingszahl gleichfalls eine beschränkte war. Dagegen
waren die Koalitionsverbote gegenüber den eigentlichen
Fabrikarbeitern eine Ungerechtigkeit. Dieselben hatten keine
privilegirte Stellung denn ihre Zahl war eine unbeschränkte,
der Staat hatte daher strenggenommen ihnen gegenüber
kein Recht sie in der thunlichst höchsten Verwerthung ihrer
Arbeitskraft zu beschränken. Den eigentlichen Fabrikarbeitern gegenüber sind die Koalitionsverbote lediglich als
eine Maßregel der Staatspolizei aufzufassen, man fürchtete
mit Rücksicht auf den damaligen niedrigeren Bildungsgrad
der Massen, dass die streikenden Arbeiter etwa revoltiren
und die öffentliche Ruhe und Sicherheit stören könnten und
demgemäss verbot der damalige Polizeistaat einfach die
Vereinigungen der Arbeiter. Das ist die einzig mögliche
Rechtfertigung für die damaligen Verbote der eigentlichen
Arbeiterkoalitionen.

Mit der Einführung der vollen Gewerbefreiheit verloren

die Koalitionsverbote ihre Berechtigung. Gestattet der Staat
die unbeschränkte Konkurrenz, so liegt es in der Natur
der Dinge, dass er jedem Einzelnen auch die Freiheit gewähren muss seine Kräfte und Fähigkeiten so gut zu ver-
werthen als er überhaupt kann. Demgemäss wurden die
Koalitionsverbote sammt den Strafbestimmungen zwar aufgehoben, allein die Konsequenz des Prinzips der wirthschaftlichen Freiheit wurde nicht voll gezogen. Die Staaten
konnten sich nicht dazu entschliessen die Vereinigungen der
Arbeiter oder der Arbeitgeber als vollberechtigte Vereine oder
Korporationen anzuerkennen und verfügten daher, dass alle
derartigen Verabredungen für die Theilnehmer absolut unverbindlich sein sollen. Was der Grund dieser halben
Massregel war, ist heute noch nicht genügend aufgeklärt.
Vielleicht war es noch die Furcht vor den Koalitionen und
das Mistrauen gegen dieselben, welche die Gesetzgeber ab-
hielten die Koalitionen als berechtigte Gesellschaften anzuerkennen, vielleicht gieng man von der Anschauung aus,
dass man Koalitionen nicht dulden dürfe, weil sie als Verabredungen zu gemeinsamen Auftreten gegen das Prinzip
der unbedingten Konkurrenz verstossen.

Konsequent scheint mir dieser Vorgang nicht zu sein.
Erhebt man schon das Prinzip des unbedingten „laissez
faire" und der Nichteinmischung des Staates zum Leitstern
der inneren staatlichen Gewerbepolitik, dann muss man m.
E. die Leute überhaupt gewähren lassen und darf sie nicht
stören, sowohl wenn sie sich gegenseitig Konkurrenz machen
als wenn sie sich zusammenthun um in einem beschränkten
Kreise die Konkurrenz zu beseitigen. Der Grundgedanke
des „laissez faire" ist ja doch nur der, dass die Regierung
von wirthschaftlichen Dingen nichts versteht, und dass daher

jeder Eingriff derselben in das wirthschaftliche Leben eine
Schädigung des letzteren involvirt. Akzeptirt man aber
einmal den Grundsatz, dass die Regierung von wirthschaftlichen Fragen nichts versteht, dann darf sich die Regierung auch kein Urtheil über die wirthschaftliche Frage an-
massen, ob die Konkurrenz an sich wünschenswerth ist
oder nicht, dann soll die Regierung nur einfach die Hände
in den Schooss legen und der natürlichen Entwickelung der
Dinge ruhig zusehen. Ist die freie Konkurrenz die dem
wirthschaftlichen Leben adäquate Form, so wird das wirthschaftliche Leben schon von selbst dafür sorgen, dass das
Walten der Konkurrenz nicht gestört werde; ist dagegen
die Konkurrenz nicht der „natürliche" Zustand, so wird das
wirthschaftliche Leben auch wieder schon von selbst Einrichtungen hervorbringen, welche die freie Konkurrenz so
weit beschränken als es dem wirthschaftlichen Organismus
zusagt.

Das wäre der richtige Vorgang gewesen, der dem
„laissez faire" entspricht. Das „laissez faire" bedeutet
lediglich: „die Freiheit ist das einzig Richtige." Die
Smith'sche Schule und mit ihr die Praxis der Staaten ver-
wechselten jedoch die beiden Begriffe: „Freiheit" und
„Konkurrenz" und statt die wirthschaftliche Freiheit (also auch die Freiheit, die Konkurrenz zu besckrän-
ken) zum obersten Prinzip der staatlichen Gewerbepolitik
zu erklären, schrieben sie die „freie Konkurrenz" auf
ihre Fahne und entblödeten sich nicht die wirthschaftliche
Freiheit dem „laissez faire" zum Hohne, dort einzuschränken, wo dieselbe der Konkurrenz gefährlich werden konnte. — Das war eine gewaltige Begriffsverwechs-
lung! Stellt man sich einmal auf den Standpunkt des

„laissez faire" — und die heutige Gewerbegesetzgebung
steht noch auf diesem Standpunkte — dann scheint es mir
nur eine Forderung der logischen Konsequenz zu sein, dass
man die Kartelle als vollberechtigte Korporationen anerkennt und ihnen die Möglichkeit erschliesst in ihrem Kreise
die schrankenlose Konkurrenz einzudämmen.

Mir scheint indess die staatliche Anerkennung der
Kartelle auch dann wünschenswerth, wenn man sich auf
den Standpunkt des Reformators stellt, u. zw. eines Reformators, der noch keinen fertigen Reformationsplan in der
Tasche hat, sondern der das praktische Leben belauschen
will um sich aus der sorgfältigen Beobachtung desselben
erst eine Vorstellung davon zu bilden, nach welcher Richtung hin die wünschenswerthen Reformen zu suchen wären.
Seitens der Gegner der heutigen Verkehrsfreiheit ist oft
bittere Klage darüber geführt worden, dass die wirthschaftliche Gesetzgebung der Kulturstaaten seit der grossen fran-
zösischen Revolution einen vorwiegend negativen Karakter
hatte, dass man alle erdenkliche Einrichtungen der früheren
Epoche beseitigt hat, ohne etwas Neues an deren Stelle zu
setzen, und dass es klüger gewesen wäre das Bestehende
zu reformiren statt es einfach niederzureissen. Diese Klagen
sind nicht ganz unberechtigt, sie scheinen mir jedoch das
Ziel zu überschiessen. Die Thatsache ist richtig, dass die
wirthschaftliche Gesetzgebung des laufenden Jahrhundertes
einen vorwiegend negativen Karakter hatte, und ebenso
richtig ist es, dass im Prinzip eine zeitgemässe Reform
des Bestehenden besser ist als eine gänzliche Beseitigung
des letzteren. Allein Diejenigen, die so klagen übersehen,
dass ein Umbau eines Hauses nicht immer möglich ist, und
dass unter Umständen kein anderer Ausweg übrig bleibt

als ein altes Gebäude, das den geänderten Anforderungen
nicht mehr entspricht, gänzlich niederzureissen um ein neues
an dessen Stelle zu setzen.

Wie dem übrigens auch sein möge, so viel steht unbedingt fest, dass derartige Klagen jedenfalls nichts nützen.
Die positive Gesetzgebung hat einmal tabula rasa gemacht
und auch die Gegner der herrschenden Verkehrsfreiheit
müssen den gegebenen Zustand akzeptiren und können nur
daran denken den Neubau in Angriff zu nehmen. Die
Schaffung einer neuen Wirthschaftsordnung ist indess jedesmal mit einer gewissen Gefahr verbunden, weil die Möglichkeit vorliegt, dass die Staatsgewalt willkürlich eingreift
und dem wirthschaftlichen Leben Formen und Einrichtungen
aufoktroyirt, die den vorhandenen Bedürfnissen nicht oder
nicht ganz entsprechen. Will daher die Regierung derartige Misgriffe vermeiden, so muss sie mit der grössten Be-
hutsamkeit auftreten und darf nur — ich möchte sagen —
leise tastend dem wirklichen Leben zu Hilfe kommen, indem
sie nur dort eingreift, wo sich bereits erkennbare Ansätze
zu neuen Bildungen vorfinden. Solche Keime neuer wirthschaftlicher Einrichtungen, die instinktiv aus der eigenen
Initiative der Bevölkerung hervorgegangen, sind für die
Staatsgewalt das Nämliche, was wildwachsende Pflanzen
für den rationellen Gärtner sind. Wie dieser — wenn er
in einem ihm nicht genau bekannten Klima einen neuen
Garten anlegen soll — zunächst sein Augenmerk auf die
in jener Gegend wildwachsenden Pflanzen richten und bestrebt sein wird dieselben für seine Zwecke zu züchten und
zu veredeln, so muss auch die Staatsgewalt ihre Blicke
kontinuirlich auf die aus der eigenen Initiative der Bevölkerung hervorspriessenden neuen wirthschaftlichen Einrich-

tungen richten. Und nur wenn sie dies thut, wenn sie diese Keime sorgfältig pflegt, kann sie der Gefahr entgehen, das wirthschaftliche Leben des Volkes durch willkürliche Eingriffe in falsche Bahnen zu lenken.

Die Kartelle sind eine derartig wildwachsende Pflanze. Sie sind nicht nur ohne das Hinzuthun der Regierungen, sondern gegen die Neigung derselben aus der eigenen Initiative der Bevölkerung, u. zw. allerorts in grosser Zahl hervorgegangen und sind als die natürliche Reaktion gegen den Druck aufzufassen, den der anarchische Zustand der heutigen Volkswirthschaft speziell auf die Produzenten ausübt. Ist diese Auffassung richtig, dann wäre es wohl auch gerechtfertigt, wenn die Staatsgewalt — falls sie überhaupt eine neue Organisation der Volkswirthschaft anstrebt -- den Kartellen einige Aufmerksamkeit zuwenden wollte. Der erste Schritt nach dieser Richtung wäre es, die Kartelle als gesetzlich vollberechtigte Vereinigungen der Unternehmer anzuerkennen, die weitere Entwickelung derselben sodann zu beobachten um schliesslich auf der so durch die Erfahrung gewonnenen Grundlage organisch weiter zu bauen. Eine besondere Gefahr scheint mir hiermit nicht verbunden. Diese wäre erst vorhanden, wenn die Kartelle die sämmtlichen Unternehmer jeder Branche im ganzen Staatsgebiete umfassen würden, denn dann wäre die Möglichkeit eines Monopols gegeben, das nothwendig einen regelnden Eingriff der Staatsgewalt hervorrufen müsste. Davon sind wir jedoch heute noch sehr weit entfernt. Zunächst ist es fraglich, ob auch wirklich die sämmtlichen Unternehmer einer Branche im Staatsgebiete dem betreffenden Kartell beitreten würden, wenn der Beitritt selbst kein zwangsweiser ist; und so lange die Kartelle nicht die Mehrzahl der Produzenten ihrer Branche umfassen, ist von einem Monopole derselben selbstverständlich keine Rede. Sodann glaube ich, dass unsere heutige Gewerbefreiheit einen genügenden Schutz gegen ein derartiges (staatlich ungeregeltes) Monopol bietet. Heute steht es bekanntlich jedem Einzelnen frei gegen einfache Anmeldung jedes beliebige Gewerbe zu betreiben, würden daher die Kartelle ihre Stellung misbrauchen und die Preise zu hoch schrauben, so wäre es die natürliche Konsequenz, dass ihnen alsbald eine empfindliche Konkurrenz Seitens neu in's Leben tretender Unternehmuungen bereitet würde.

So weit, d. i. bis zur Anerkennung der Kartelle als gesetzlich gestattete Verbindungen könnte m. E. jede Regierung unbedenklich gehen. Es wäre dies allerdings bis zu einem gewissen Grade ein Experiment, allein einmal ist jedes neue Gesetz ein Experiment, da sich die Wirkungen desselben niemals mit voller Sicherheit in voraus berechnen lassen, sodann wäre das Experiment ein ziemlich gefahrloses, wenn die Regierung dasselbe mit offenem Auge überwachen würde. Denn so bald ernstere Uebelstände hervortreten würden, könnte die Staatsgewalt entweder weiter vorgehen und das etwaige Monopol der Kartelle eindämmen, oder aber könnte sie den bisherigen Zustand wieder herstellen und den Kartellen die gesetzliche Anerkennung wieder entziehen.

Was nun den zweiten Theil der Frage anbelangt, ob es nämlich wünschenswerth wäre, den Kartellen jenes oben angedeutete Monopol der Produktion zu verleihen, so möchte ich zunächst hervorheben, dass es für die Theorie jedesmal ein gewagtes Experiment ist die Frage zu beantworten, wie künftige Wirthschaftseinrichtungen beschaffen sein sollen, denn jeder Versuch eine derartige Frage zu beantworten ist — um es rund heraus zu sagen — doch weiter nichts als filosofische Spekulation oder filosofische Konstruktion D. h. man sucht auf dem Wege des deduktiven Denkens durch logische Schlussfolgerung aus den bekannten Daten sich ein Bild des Unbekannten zu entwerfen. Dass die deduktive Methode des Forschens ihre Berechtigung hat, ist bekannt, allein ebenso bekannt ist andererseits — ein Blick auf die Geschichte der Filosofie beweist dies zur Genüge, — dass man auf diesem Wege nur zu leicht zu ganz verkehrten und unhaltbaren Resultaten gelangt. Indess wir können nicht anders. Unsere ganze Naturanlage zwingt uns deduktiv zu denken und wir dürfen diesem Drange unbedenklich folgen, wenn wir uns nur stets gegenwärtig halten, dass die Resultate, zu denen wir auf diesem Wege gelangen, eine blos relative Berechtigung haben, d. h. dass sie nur dann richtig sind, wenn die Voraussetzungen, von denen wir ausgegangen, richtig und — was nicht minder wesentlich ist — vollständig waren. Nur unter diesem ausdrücklichen Vorbehalt soll hier der Versuch unternommen werden die Frage zu beantworten, ob die Ertheilung eines Monopols an die Kartelle wünschenswerth wäre oder nicht.

Der wesentlichste Grund, der mir für die Ertheilung eines Produktionsmonopols an die Kartelle zu sprechen scheint, ist der, dass — wie im Vorhergehenden wiederholt hervorgehoben wurde — eine Regelung der Produktion nach dem Bedarfe ohne ein gewisses Monopol der betreffenden Produzenten absolut undenkbar ist. Will man also die Ordnung der Volkswirshschaft, so muss man — wohl oder übel — sich entschliessen das Monopol mit in den Kauf zu nehmen.

Ein derartiges Monopol ist indess nicht ohne Vorbild

in der Geschichte; die Zünfte besassen, wie wir sahen, ein
gleiches ausschliessliches Recht zur Erzeugung von Industrieprodukten, und — wie bekannt — nicht zum Nachtheile der mittelalterlichen Gesellschaft. Konnte also das
Mittelalter den Zünften ein derartiges Vorrecht einräumen
und fand das Mittelalter Mittel und Wege um die damalige
Gesellschaft gegen die Härten eines derartigen Monopoles
zu schützen, so ist m. E. nicht abzusehen, warum die Gegenwart nicht auch den Kartellen ein analoges Recht einräumen soll und warum es ihr nicht gelingen sollte diesem
Monopole in ähnlicher Weise die Spitze abzubrechen. Ich
wiederhole, dass der Schluss vom Bekannten auf das Un-
bekannte seine grossen Bedenken hat, allein so weit er
zulässig ist, wäre ich geneigt in den Kartellen das Ana-
logon der Zünfte zu erblicken, d. i. eine Institution, die in
geänderter zeitgemässer Form denselben Gedanken anstrebt,
den im Mittelalter die Zünfte verwirklichten. Die Kartelle
verfolgen das nämliche Ziel, das die mittelalterlichen Zünfte
verfolgten. Wie diese wollen sie die Produktion dem Bedarfe anpassen, d. h. sie wollen, dass im Ganzen und Grossen
nicht mehr produzirt werde als die Gesammtheit benöthigt
und ebenso wie die Zünfte wollen auch die Kartelle, dass
die gesammte Produktion in angemessener Weise unter die
einzelnen Produzenten vertheilt werde.

Der Weg jedoch, auf dem die Kartelle dieses Ziel zu
erreichen streben, ist nicht der nämliche, den die Zünfte
einschlugen, sondern den geänderten Zeitverhältnissen entsprechend angepasst. Die Zünfte waren zunächst lokale
Institutionen. Jede Stadt hatte ihre Zünfte, die das ziemlich ausschliessliche Recht besassen, die Stadt sammt der
dazu gehörigen Baumeile mit Industrieerzeugnissen zu ver-

sorgen. Den Verhältnissen des Mittelalters, wo ein Verkehr
von Stadt zu Stadt nur in beschränktem Masse möglich
war, wo jede Stadt so ziemlich ein in sich geschlossenes
Wirthschafts- und Verkehrsgebiet bildete, entsprach dies
vollkommen, denn dadurch, dass bei der Verleihung des
Meisterrechtes auf den Ortsbedarf Rücksicht genommen
wurde, wurde die Zahl der Produzenten zu der der Konsumenten in ein gewisses Verhältnis gebracht und damit mittelbar die Produktion dem Bedarfe angepasst. Heute, in
der Zeit der Eisenbahnen versagt — wie wir gesehen haben
— die Rücksicht auf den Ortsbedarf bei der Verleihung
von Gewerbekonzessionen ihren Dienst bei allen Gewerben,
deren Produkte auf grössere Entfernungen hin transportirt
werden können. Die frühere, durch den Mangel an guten
Strassen bedingte fysische Unmöglichkeit des Waaren-
verkehrs ist heute beseitigt; gesetzliche Schranken für
den Verkehr von Ort zu Ort innerhalb des Staatsterritori-
ums bestehen heute bekanntlich nicht und lassen sich ohne
schwere Schädigung der Volkswohlfahrt nicht aufrichten —
heute also ist ein blos lokales Vorrecht einzeluer Produzenten zur Erzeugung von gewerblichen Produkten absolut
undurchführbar. Soll heute irgend einem Produzenten ein
ausschliessliches Recht zur Erzeugung gewisser Artikel verliehen werden, so kann dieses Recht nicht anders als für
den Umfang des ganzen Staatsgebietes verliehen werden;
im ganzen Staatsgebiete kann es durch die Zollgesetzgebung aufrecht erhalten werden, ein lokales Privileg ist heute
— wie gesagt — unhaltbar. Dieser Anforderung entsprechen die Kartelle, sie sind ihrem Wesen nach keine blos
lokalen Vereinigungen, sondern wollen die sämmtlichen Unternehmer des gesammten Staatsgebietes umfassen.

Die zweite Einseitigkeit der Zünfte, von der die Kartelle gleichfalls frei sind, lag darin, dass die Zünfte ausschliesslich eine Organisation des Handwerks waren. Ihr Bestreben gieng dahin die Industrie als Kleingewerbe zu organisiren und in diesem Entwickelungsstadium festzuhalten. Für die Grossindustrie war innerhalb des Rahmens der zünftigen Organisation absolut kein Raum, und da die geänderten Zeit- und Wirthschaftsverhältnisse eine grosse Industrie gebieterisch forderten, mussten die Zünfte fallen. Die Kartelle legen der Entwickelung der Grossindustrie kein Hindernis in den Weg, sie sind vielmehrt umgekehrt die der Grossindustrie ganz besonders entsprechende Form der Organisation und sind auch speziell aus den Kreisen der Grossindustrie hervorgegangen. Eher könnte man die Frage aufwerfen ob die Tausende von Kleingewerbtreibenden in unseren heutigen Grossstaaten im Stande wären sich zu einem Kartellverbande zu einigen und jedenfalls ist beispielsweise ein Kartell der deutschen oder österreichischen Eisenwerksbesitzer eher denkbar als ein Kartell, welches die sämmtlichen Schneider oder Schuhmacher eines dieser Staaten umfasst. Indess möchte ich hierüber nicht vorschnell urtheilen, denn wenn es möglich ist, dass ein Gewerkverein das Gros der Arbeiter einer Branche umfasst, darf man ein Kartell von Handwerkern nicht a priori in den Bereich der Unmöglickeiten verweisen.

Das Privilegium der Zünfte war endlich, wie wir wissen, kein ganz ausschliessliches und ebenso wenig dürfte der heutige Staat die Gesellschaft mit gebundenen Händen der Kartellen überliefern. Dem Staate stehen übrigens jedesmal genügende Machtmittel zu Gebote um etwaigen monopolistischen Ausschreitungen derartiger privilegirter

Gesellschaften oder Korporationen mit Erfolg entgegen zu
treten. Eines dieser Mittel ergäbe sich aus dem dem Staate
unter allen Umständen zustehenden Rechte, die Befugnis
zum Gewerbebetriebe zu verleihen. Die heutige Gewerbefreiheit, der zu Folge jeder Einzelne gegen einfache Anmeldung jedes beliebige Gewerbe betreiben darf, die wäre allerdings mit dem Kartellsystem unvereinbar, denn unter der
Herrschaft derselben ist an eine Regelung der Produktion
absolut nicht zu denken. Andererseits wäre es selbstverständlich ein Unding, wenn der Staat etwa die Kartelle zu
geschlossenen Korporationen erklären, d. h. wenn er ausdrücklich darauf verzichten wollte neue Unternehmungen
der betreffenden Branche zuzulassen. Sind nun einerseits
die absolute Gewerbefreiheit und das absolute Monopol mit
dem Kartellsystem unvereinbar, so bleibt lediglich der Mit-
telweg, d. i. das Konzessionssystem übrig, zu dem die Staaten
zurückkehren müssten. Das Konzessionssystem, d. i. das
Recht des Staates neben den privilegirten Kartellen neue
Unternehmungen mit Rücksicht auf den Gesammtbedarf zu
konzessioniren, wäre m. E. ein genügendes Machtmittel für
die Regierung um etwaigen monopolitischen Tendenzen der
Kartelle mit Erfolg entgegen zu treten und ihren Forderungen gegenüber den Kartellen den entsprechenden Nachdruck zu verleihen. Ein zweites Mittel dieser Art ergäbe
sich aus der Zollgesetzgebung. Durch dieselbe würde die
Regierung in den Stand gesetzt die monopolisirten Korporationen in jedem beliebigen Augenblicke der Konkurrenz
des Auslandes in dem Masse preiszugeben als sie dies im
Interesse der Gesammtheit für wünschenswerth erachtet.
Dass der Staat gegenüber den Kartellen einen wesentlichen
Einfluss auf die Festsetzung der Preise nehmen müsste, in

ähulicher Weise wie er dies heute gegenüber den Eisenbahnen thut, oder wie es die mittelalterliche Stadtverwal-
tung gegenüber den Zünften that, ist selbstverständlich.
Weitere Mittel und Wege, die den Staat in den Stand
setzen würden eine gewisse Pression auf die gedachten Korporationen zu üben, würden sich durch die fortgesetzte
Praxis von selbst ergeben. Die Theorie kann dieselben
selbstverständlich nicht alle voraussehen und muss sich begnügen darauf hinzuweisen, dass schon nach der Natur der
Dinge dem Staate genügende Machtmittel zu Gebote
stehen um seinen Willen auch gegenüber mächtigen Korporationen durchzusetzen.

Wenn wir nun annehmen, dass der Staat den Kartellen wirklich eine derartig privilegirte Stellung einräume,
so drängt sich von selbst die Frage in den Vordergrund,
welche Rückwirkung diese privilegirte Stellung auf die Industrie ausüben würde. Ich glaube man wird wohl kaum
fehlgreifen, wenn man annimmt, dass die kartellirten Werke
über kurz oder lang fusioniren würden. Die Unternehmer,
die durch den Kartellverband gezwungen würden solidarisch
vorzugehen, würden wohl leicht zu der Ueberzeugung gelangen,
dass es für sie das Klügste sei die formelle Einigung in
eine materielle zu verwandeln. Die bisherige Erfahrung
wenigstens scheint dies zu bestätigen. Bei den Eisenbahnen
kam es bekanntlich oft genug vor, dass die Einigung, die
mit dem Kartell begann, in der Fusion ihren Abschluss
fand, und ein ferneres Symptom dieser Tendenz würde ich
in der Fusion der steierischen Eisenwerke erblicken. Diese
Werke standen Jahre hindurch im Kartellverbande, bis sie
schliesslich im Jahre 1881 unter Intervention der „Oesterrei-
chischen Länderbank" zu einem einzigen grossen Unternehmen,

der „Oesterreichisch - alpinen Montangesellschaft" ver-
schmolzen wurden. Dass die Gründungsbank, die eine derartige Operation durchführt, hiebei weit weniger die Bedürfnisse der betreffenden Industrie als vielmehr das „gute
Geschäft" im Auge hat — wie einer meiner Gewährsmänner im Hinblick auf die in Rede stehende Fusion mit
Nachdruck hervorhebt — mag ohne Weiteres zugegeben
werden, allein darum bleibt die Fusion doch ein sehr beach-
tenswerthes Zeichen für den Drang nach Einigung, der namentlich in der Grossindustrie, in der nur verhältnismässig
wenige Unternehmungen mit einander konkurriren, jedesmal
vorwaltet.

Damit würde allerdings eine Situation geschaffen, die
von dem mittelalterlichen Verhältnisse zwischen dem Staate
und der Industrie nicht unwesentlich verschieden wäre. Der
mittelalterliche Stadt-Staat, der den Zünften gegenüberstand,
hatte Menschen, d. i. Vereinigungen von Handwerkern vor
sich, denen er die Bedingungen des Gewerbebetriebes vor-
zeichnete, denen er etwaige Verpflichtungen auferlegte u. dgl. m.
Würden dagegen die kartellirten Unternehmungen in der
angedeuteten Weise fusioniren, so stünde der Staat nicht
mehr einer Korporation von Unternehmern, sondern einem
unpersönlichen Riesen-Unternehmen gegenüber, mit dem er
zu verkehren hätte. Indess wäre auch dies keine ganz
neue Erscheinung: Unsere Eisenbahnen und Banken, kurz
unsere sämmtlichen Aktiengesellschaften sind weit weniger
Vereinigungen von Personen als unpersönliche Unternehmungen, bei denen die Personen der Theilnehmer, die Aktionäre sehr gleichgiltig sind und gegenüber dem Unternehmen fast vollständig in den Hintergrund zurücktreten.

Der Gedanke einer Monopolisirung der Kartelle und

einer eventuellen Verschmelzung der verschiedenen Unternehmungen zu einer einzigen Riesen-Unternehmung wird
begreiflicher Weise bei den Anhängern der freien Konkurrenz auf den lebhaftesten Widerstand stossen. Der eine
Einwand wird sich dagegen kehren, dass die Rückkehr zum
Konzessionssystem die — wie vorhin erwähnt wurde — mit
dem Kartellsystem nothwendig verbunden wäre, einen unge-
heuren Rückschritt gegenüber der heutigen Gewerbefreiheit
bedeuten würde. Indess dürfte eine genauere Erwägung
ergeben, dass das Konzessionssystem nicht so unbedingt
verwerflich ist als die Verfechter der Verkehrsfreiheit annehmen.

Das Konzessionssystem gieng von der Anschauung aus,
dass bei der Verleihung der Konzession zum Betriebe eines
Gewerbes auf den Ortsbedarf Rücksicht zu nehmen sei, und
dieses System fiel, als durch die Vervollkommnung der
Transportmittel jene Rücksicht auf den Ortsbedarf vollständig illusorisch wurde. Allein aus diesem Umstande möchte
ich noch nicht den Schluss ziehen, dass die Rücksicht auf
den Bedarf überhaupt bei der Verleihung der Gewerbekonzession, die den Angelpunkt des Konzessionssystems bildete,
für alle Zeiten unmöglich geworden oder verfehlt sei. Auf
den O r t s bedarf kann man allerdings heute bei allen denjenigen Gewerben keine Rücksicht mehr nehmen, deren Produkte transportfähig sind: ein anderes aber ist die Rücksicht auf den G e s a m m t bedarf bei der Verleihung einer
Gewerbekonzession, eine solche Rücksicht hat auch heute
noch, ungeachtet der Eisenbahnen ihre Berechtigung.

Die Freihandelsschule gieng von der Anschauung aus,
dass die Regierung absolut nicht im Stande sei in vorhinein
die Frage zu beantworten, ob ein geplantes Unternehmen
einem vorhandenen Bedürfnisse entspreche oder nicht. Da-

rüber könne nur das wirthschaftliche Leben entscheiden,
und dieses werde seinen Schiedsspruch fällen; entspricht
das Unternehmen wirklich einem Bedürfnisse, so werde es
gedeihen, im entgegengesetzten Falle werde es zu Grunde
gehen, und gehe es zu Grunde, so brauche man ihm keine
Thränen nachzuweinen, den falliten Unternehmer treffe die
Schuld, er habe falsch kalkulirt, er möge daher den Schaden tragen. Dass es für die Regierung thatsächlich nicht
leicht ist die Bedürfnisfrage richtig zu beantworten, muss
allerdings zugestanden werden, allein jene Argumentation
der Freihandelsschule steht — wie überhaupt der gesammte
Gedankengang dieser Schule — so ausschliesslich auf dem
Standpunkte der Privatwirthschaft, dass die Volkswirthschaft
sie nicht so unbedingt akzeptiren kann. Wird ein neues
industrielles Unternehmen in's Leben gerufen, so müssen so
und so viele Menschen arbeiten um das etwa nothwendige
Gebäude, die Maschinen, Werkvorrichtungen etc. herzustellen;
diese gesammte Arbeit aber sammt den verwendeten Stoffen
(Baumaterialien, Eisen etc.) war verschwendet, wenn das Unternehmen sich nachträglich als ein verfehltes erweist, wenn
es Bankrott macht und aufgelassen werden muss. All die
Arbeiter, die an der Herstellung jener Fabrik gearbeitet
haben, hätten in einer für die Gesammtheit nutzbringen-
deren Weise beschäftigt werden können und der Bankrott
des Unternehmens ist nicht nur eine Privatangelegenheit
des betreffenden Unternehmers, der falsch kalkulirte — wie
die Freihandelsschule annimmt — sondern ein effektiver
Verlust für die Gesammtheit, der um so grösser ist, je
grösser die verfehlte Anlage war, d. h. je grösser der Ar-
beitsaufwand war, der gemacht wurde um schliesslich eigentlich doch Nichts zu Stande zu bringen.

Indess muss man hier zwischen Kleingewerbe und Grossindustrie unterscheiden, weil die Werkanlagen beider wesentliche Verschiedenheiten aufweisen. Die Werkstätte des Handwerkers bildet zwar ein zusammenhängendes Ganzes, aber der Zusammenhang der einzelnen Einrichtungsstücke derselben ist ein ziemlich loser, weil die einzelnen Bestandtheile dieser Einrichtung eine sehr verschiedene Verwendung gestatten. Der Hammer und die Säge, die der Tischler benutzt, sind allerdings sehr wesentliche Einrichtungsstücke seiner Werkstätte, allein sie sind nicht ausschliesslich Tischler-Handwerkszeug und können ebenso gut in der Werkstätte eines Drechslers, Wagenbauers, Böttchers u. dgl. Verwendung finden. Ueberdies repräsentirt bekanntlich die ganze Einrichtung der Werkstätte eines Handwerkers in der Regel einen relativ geringen Werth. Aus diesem Grunde ist auch die Gesammtheit an dem Bestande einer Handwerkerwerkstätte verhältnismässig wenig interessirt Stirbt ein Handwerker oder geht er zu Grunde, so ist es für die Gesammtheit ziemlich gleichgiltig ob ein neuer Meister in die verwaiste Werkstätte einzieht oder ob dieselbe aufgelöst wird, denn die einzelnen Einrichtungsstücke der Werkstätten verlieren nicht ihren Werth wenn sie auseinander gerissen werden. Die Hobelbank des verstorbenen Tischlers wandert in die Werkstätte eines neuen Meisters, Hammer, Säge, Hobel desgleichen oder sie übergehen in die Hände eines Drechslers, Zimmermannes etc. und funktioniren dort ruhig weiter wie wenn sie sich nie in einer anderem Umgebung befunden hätten. Ueberdies ist die Werkstätte eines Handwerkers aus den eben dargelegten Gründen keine Anlage, deren Dauer auf Generation hinaus berechnet wäre, sondern eine Anlage, die in der Regel nur so lange vor-

halten soll als der Mann lebt und sein Gewerbe betreibt.
Fasst man daher nur diese Umstände in's Auge, so mag
es gerechtfertigt oder zulässig erscheinen, wenn die moderne
Gesetzgebung dem Kleingewerbe gegenüber nicht weiter
nach dem Bedürfnisse fragt, wenn sie Jeden, der die gesetzlichen Bedingungen erfüllt, zum Betriebe eines Handwerkes zulässt. Wenn heute im Zeitalter der Eisenbahnen,
wo der Absatz der Gewerbeprodukte nicht mehr an den Ort
gebunden ist, in einem Staate beispielsweise 10 000 selb-
ständige Schuhmacher existiren, ist es allerdings schwer zu
behaupten, dass just diese 10.000 Meister dem Bedürfnisse
der Gesammtheit entsprechen, dass die Zahl von 9.999
Schuhmacher schon eine zu geringe, die von 10.001 schon
eine zu grosse wäre. Im Kleingewerbe also mag allenfalls
die Staatsverwaltung Jedem zum Gewerbebetriebe zulassen
und sich bei der Annahme beruhigen, dass die Zahl der
Gewerbetreibenden sich schwer fixiren lasse, und dass die
Zahl der jährlichen Neuanmeldungen zum Gewerbebetriebe,
etwa der Zahl der Todesfälle unter den Gewerbetreibenden
oder der der Gewerbe-Abmeldungen entsprechen werde.

Ganz anders hingegen in der Grossindustrie. Die Anlage einer Fabrik ist nicht nur mit viel grösseren Kosten
verbunden als die einer Handwerkerwerkstätte, sondern die
Einrichtung einer Fabrik bildet überdies ein organisches
Ganzes, dessen einzelne Theile so ineinander gepasst sind,
dass sie nicht ohne empfindlichen Werthverlust auseinander
gerissen werden können. Der Dampfhammer oder die Ho-
belmaschine der Maschinenfabrik können nicht in eine Zuckerfabrik oder in eine mechanische Spinnerei übertragen werden um dort Verwendung zu finden. Aus diesem Grunde
ist auch das fernere Schicksal einer Fabrik für die Gesammt-

heit nicht so gleichgiltig wie das einer Handwerkerwerkstätte. Die Anlage eines grösseren Industrie-Etablissements
auferlegt der Gesammtheit bedeutende Opfer; viele Menschen
mussten lange Zeit hindurch thätig sein um das betreffende
Werk herzustellen, die Gesammtheit hat somit ein Interesse
daran, dass die Arbeit jener Menschen und das verwendete
Material nicht verschwendet wurde, und muss daher wünschen, dass die Werkanlage erhalten bleibe und betrieben
werde. Ueberdies ist die Anlage und der Betrieb einer
Fabrik kein Unternehmen, das nur auf die Lebensdauer
eines Menschen berechnet wäre und das mit dem Tode
seines Besitzers erlischt, sondern ein Werk, das auf die
Dauer funktioniren soll. Man kann daher bei der Grossindustrie nicht wie beim Kleingewerbe annehmen, dass die
neu entstehenden Fabriken an die Stelle der aufgelassenen
treten, die neue Fabrik tritt vielmehr in der Regel neben
die bestehenden im Betriebe stehenden Fabriken und vergrössert das Angebot an Industrie-Erzeugnissen vielleicht
über den Bedarf hinaus. Wurde aber eine überzählige
Fabrik errichtet und muss in Folge dessen entweder diese
Fabrik selbst oder eine andere zu Grunde gehen, so ist dies
ein ziemlich empfindlicher Verlust für die Gesammtheit und
darum scheint mir in der Grossindustrie das Konzessionssystem und seine Rücksicht auf den Bedarf bei der Verleihung der Gewerbekonzession durchaus nicht so „prinzipiell" verfehlt, als die liberale Oekonomie dies darzustellen
pflegt. Diesen, meines Erachtens sehr wesentlichen und
tief gehenden Unterschied haben die modernen Gewerbeordnungen unberücksichtigt gelassen, wenn sie das Kleingewerbe und die Grossindustrie nach gleichen Grundsätzen
behandeln, wenn sie die Anlage von Handwerksunterneh-

mungen und von Fabriken gegen einfache Anmeldung gestatten, ohne weiter darnach zu fragen ob das geplante
Unternehmen einem vorhandenen Bedürfnisse entspricht
oder nicht.

Der zweite und wesentlichste Einwand, der gegen den
Gedanken einer Monopolisirung der Kartelle erhoben werden wird, ist wohl der, dass durch die Verschmelzung der
verschiedenen Etablissements einer Branche zu einer einzigen
Riesen-Unternehmung im Staate alle Konkurrenz beseitigt
würde, dass in Folge dessen aller Fortschritt in der Industrie aufhören und das Publikum gezwungen würde schlechte
Waare theuer zu bezahlen. Der Einwand wiegt nicht leicht,
denn die Konkurrenz ist bekanntlich wirklich der kräftigste
Sporn des Fortschrittes, indess scheint es mir denn doch
fraglich, ob dadurch die Konkurrenz wirklich so gänzlich
aus der Welt geschafft würde, als es auf den ersten Blick
zu sein scheint.

Nehmen wir an, dass in Folge der Monopolisirung der
Kartelle beispielsweise die sämmtlichen Eisenwerke eines
Staates wirklich fusioniren würden, und dass wir demgemäss im ganzen Staate nur eine einzige grosse Eisenwerks-
gesellschaft hätten, die in ihren verschiedenen Etablissements
Eisen produziren würde. Auf den ersten Blick scheint allerdings in einem solchen Falle alle Konkurrenz beseitigt und
richtig ist, dass die äussere Konkurrenz, d. h. die Konkurrenz der einzelnen Eisenwerke unter einander, die bis
dahin bestand, fortfallen würde. Hat aber damit die
innere Konkurrenz, d. h. die Konkurrenz im Innern der
grossen Gesellschaft auch aufgehört? — Ich glaube nicht.
Der Betrieb und die Leitung der verschiedenen Eisenwerke
würde nun ausschliesslich in die Hände von Beamten ge-

legt und da jeder Beamte zu avanciren wünscht und demgemäss bemüht ist sich hervorzuthun, so würden nunmehr
die Werksbeamten veranlasst (wie dies ja übrigens heute
schon der Fall ist) auf Verbesserungen zu sinnen und sich
gegenseitig zu überbieten. Ich glaube der Schlusseffekt der
Fusion wäre im Wesentlichen der, dass die Konkurrenz, die
gegenwärtig unter den Unternehmern selbst besteht, dann
in die Kreise der Bediensteten der Unternehmung verlegt
würde, dass aber die Konkurrenz nach wie vor vorhanden
und wirksam bliebe. Fraglich kann nur scheinen ob die oberste
Leitung der Gesellschaft sich jedesmal so rasch entschliessen
würde irgend eine Erfindung eines ihrer Bediensteten sofort
einzuführen wie dies gegenwärtig bei den einzelnen Werks-
besitzern in Folge der unter ihnen herrschenden Konkurrenz
der Fall ist.

Undenkbar ist eine derartige Verlangsamung des Fortschrittes nicht, indess dürfte diese Gefahr auch wieder nicht
so gross sein, als sie auf den ersten Blick erscheint. Zunächst bliebe ja auch in einer derartigen Riesen-Unternehmung der Trieb wirksam Geld zu verdienen, es würde also
auch die oberste Leitung derselben gern jede Gelegenheit
ergreifen, sei es durch Ausdehnung des Absatzes mehr Geld
zu verdienen, sei es durch eine Verbesserung des Produk-
tionsverfahrens an Kosten zu ersparen. Ueberdies lehrt uns
die Erfahrung, dass auch die streng monopolisirten staatlichen Unternehmungen — Post, Tabak — dem Fortschritt
huldigen und kontinuirlich bestrebt sind einerseits die Produktionskosten zu ermässigen und andererseits den Wünschen des Publikums entgegen zu kommen um ihren Kundenkreis zu vergrössern. Ist dies schon beim Staate der
Fall, der bekanntlich weit weniger auf den Erwerb ange-

wiesen ist, so würde ein gleiches Streben bei einer eigentlichen Erwerbsgesellschaft in noch höherem Masse vorwal-
ten. Endlich hätte es ja der Staat — wie oben angedeutet
— in der Hand die monopolisirte Gesellschaft durch Kon-
zessionirung neuer Unternehmungen oder durch Ermässi-
gung der Einfuhrszölle der Konkurrenz preiszugeben.

Bezüglich der Festsetzung der Preise müsste sich allerdings, wie schon erwähnt, der Staat einen weit gehenden
Einfluss wahren, u. zw. hätte er hiefür ziemlich zuverlässige Anhaltspunkte in den Lohnforderungen der korporativ
geeinigten Arbeiter. Die Gewerbvereine der Arbeiter verfolgen bekanntlich die Preisbewegung der betreffenden Artikel sehr genau und passen derselben ihre Lohnforderungen
an. Die Arbeiter, die mitten drin stehen in der Produktion
der fraglichen Artikel, sind auch recht wohl im Stande das
Verhältnis zwischen Lohn und Preis zu beurtheilen, es würde
daher für die Regierung — namentlich wenn sie nach Ab-
lauf einiger Zeit genügende Erfahrung gesammelt hätte —
nicht so schwer auf Grundlage der Forderungen der Unternehmer einerseits und der Arbeiter andererseits und unter
gleichzeitiger Berücksichtigung der Wünsche des Publikums
die Preise festzusetzen.

Endlich wäre noch ein Umstand zu berücksichtigen.
Der Gedanke einer Monopolisirung der Produktion in den
Händen der Kartelle wird — wie schon erwähnt — Manchem als ein ungeheuerlicher und ganz unannehmbarer erscheinen. Dem steht jedoch andererseits die Erwägung
gegenüber, dass das staatlich geregelte Monopol privater
Unternehmer immer noch besser ist als ein wildes, d. i. als
ein staatlich nicht geregeltes Monopol und diesem letzteren
gehen wir im anderen Falle entgegen. Die freie Konkur-

renz, d. i. der schrankenlose Kampf um's Dasein muss auch
auf wirthschaftlichem Gebiete die Erscheinung hervorrufen,
dass die schwächeren Exemplare derselben Gattung von den
Stärkeren unterdrückt werden. Und wenn ich auch nicht
so unbedingt wie Marx und Lassalle annehmen möchte, dass
jede kleinere Unternehmung ausnahmslos von einer grösseren unterdrückt werden muss — denn der scheinbar Schwache
geniesst mitunter einen singulären Vortheil, der seine Position gewissermassen zu einer uneinnehmbaren Festung macht —
so lässt sich doch nicht läugnen, dass heute die Tendenz
zur Bildung immer wenigerer aber desto grösserer Unternehmungen auf allen Gebieten der Industrie rapide Fortschritte macht, und dass die letzteren dem faktischen Monopol immer näher rücken.

Ich wäre sogar geneigt anzunehmen — und die vorhin erwähnte Fusion der steierischen Eisenwerke scheint
mir dies zu bestätigen — dass gerade die mangelnde staatliche Anerkennung der Karteile diese noch rascher der
Fusion entgegen treibt. Die Kartelle existiren, ungeachtet
sie vom Staate nicht einmal als einfache Vereine gesetzlich
anerkannt sind, denn der Drang nach einer Einigung der
Produzenten, nach einem einheitlichen und planmässigem
Vorgange derselben, um dem gegenwärtig herrschenden
chaotischen Zustande der Industrie ein Ende zu bereiten,
wirkt so mächtig und liegt so tief im Wesen der Wirthschaft (als „planmässiger" Thätigkeit zum Behufe der
Deckung des Bedarfes), dass er absolut nicht unterdrückt
werden kann und allen gesetzlichen Hindernissen zum Trotz
immer wieder zum Durchbruch gelangen wird. Je mangel-
hafter nun die Kartelle wegen der fehlenden staatlichen
Anerkennung funktioniren, um so intensiver muss das Be-

streben der kartellirten Unternehmer werden sich zu einigen, und wird ihnen die losere Form der Einigung (das Kartell) nicht gesetzlich gestattet, so werden sie geradezu gezwungen die vom Gesetze gestattete strammere Form der Einigung, die Fusion zu wählen. Dann aber hat man auch wieder, was die Anhänger der freien Konkurrenz noch viel weniger wollen als das Kartell: das wilde Monopol, d. i. das faktische Monopol einer privaten Unternehmergesellschaft, das durch keine staatliche Massregel eingeschränkt ist, dem also das Publikum ganz wehrlos preisgegeben ist. Das wilde Monopol einerseits, das staatlich geregelte andererseits, das ist die Alternative, der wir meines Erachtens entgegen gehen — die Wahl zwischen beiden kann nicht schwer sein.

Andererseits hätte jedoch das Kartellsystem seine unläugbaren eminenten Vortheile. Zunächst würde durch dasselbe Ordnung in die ungeregelte gewerbliche Produktion gebracht; die Produktion würde dem Bedarfe angepasst und damit wären die ewigen Krisen — Ueberproduktion und Absatzstockung — beseitigt. Die gewerbliche Produktion, die heute mit einem bedeutenden wirthschaftlichen Risiko verknüpft und demgemäss stäts ein gewagtes Unternehmen ist, würde ferner wieder zu dem, was sie im Mittelalter war und was jede nützliche Arbeit für die Gesammtheit eigentlich sein soll, zu einem lohnenden und ganz besonders zu einem sicheren Geschäfte. Endlich — und hierin würde ich den wesentlichsten Vorzug dieses Systems erblicken — würde es auf diese Weise möglich den berechtigten Klagen der Arbeiter abzuhelfen. Stünden nämlich die Unternehmer in Folge des Schutzes fest, den ihnen der Staat angedeihen lässt, dann könnte auch andererseits wieder der Staat an

sie mit der Forderung herantreten, dass sie nunmehr auch
für ihre Arbeiter entsprechend sorgen und diesen eine gesicherte Stellung einräumen. Den kartellirten und privilegirten Unternehmern könnte der Staat ohne Weiteres die
Verpflichtung auferlegen:

1) ihre Arbeiter lebenslänglich anzustellen,

2) denselben einen genügenden Minimallohn zu zahlen,

3) denselben je nach ihrer Qualifikation das Recht des
   Vorrückens in höhere und besser dotirte Posten einzuräumen,

4) denjenigen Arbeitern, die nicht avanciren können,
   eine mit den Dienstjahren steigende Gage (Quinquen-
   nal- oder Dezennalzulagen) zu bewilligen, wie dies
   bei den Staatsbeamten der Fall ist,

5) den ausgedienten oder vorzeitig invalid gewordenen
   Arbeitern analog den Staatsdienern eine lebensläug-
   liche Pension zu zahlen,

6) für die Wittwen und Waisen verstorbener Arbeiter
   zu sorgen; mit einem Worte den Arbeitern die nämliche Stellung einzuräumen, die die Staatsdiener
   einnehmen.

Damit wäre den Arbeitern der Grund zum klagen be-
nommen und der Agitation unter denselben der Boden unter
den Füssen weggezogen, denn mehr als eine bescheidene
aber gesicherte Stellung könnte ihnen auch der sozialdemokratische Volksstaat nicht gewähren. Gleichzeitig wäre
damit die Sorge für die Arbeiter denjenigen Schultern aufgebürdet, die sie eigentlich tragen sollen, der Industrie.
Dem heutigen Unternehmer kann man diese Last unmöglich aufbürden. Er steht — wie wir gesehen haben —
selbst auf viel zu schwachen Füssen und kann, weil er selbst

13*

nur von heute auf morgen existirt, unmöglich die Verpflichtung auf sich nehmen für andere Personen dauernd zu sorgen. Ebenso wenig ist selbstverständlich daran zu denken
dass der Arbeiter sich selbst gegen die Eventualitäten des
Alters und der Invalidität sichern solle; wer selbst nicht
mehr hat als das Existenzminimum, von dem kann man
nicht verlangen, dass er Etwas für die Tage der Erwerbs-
losigkeit zurücklegen soll. Nicht minder bedenklich scheint
es mir, zu verlangen, dass der Staat die Sorge für die alten
und invaliden Arbeiter übernehmen soll, denn der Staat
partizipirt nicht am Gewinn der industriellen Unternehmungen, er steht denselben ganz fremd gegenüber, es ist
daher auch nicht wohl abzusehen, auf welchen Rechtstitel
hin dem Staate die Verpflichtung zur Versorgung der Invaliden der Arbeit aufgebürdet werden soll. Ich wäre geneigt
in dieser Art der Staatshilfe einen Kommunismus der
schlimmsten Art zu erblicken, der nur geeignet ist das
Uebel zu verschlimmern. Die Gewissheit, dass der Staat
die Versorgung der alten und arbeitsunfähigen Arbeiter
übernimmt, muss nur die Tendenz haben den Arbeitslohn
noch mehr gegen das Existenzminimum herabzudrücken und
die Sorglosigkeit der Unternehmer, d. i. die Anarchie der
Produktion noch mehr zu steigern, weil er beide Theile, die
Arbeiter wie die Unternehmer von einer Sorge befreit, die
heute immer noch einen gewissen mässigenden Druck auf
die Betreffenden ausübt.

Nur beiläufig möchte ich an dieser Stelle erwähnen,
dass der im Vorstehenden entwickelte Gedanke der monopolisirten Kartelle, der Manchem als ein ungeheuerlicher
erscheinen wird, durchaus nicht aus der Luft gegriffen ist,
und dass er noch um die Mitte des laufenden Jahrhundertes

in einzelnen Fällen mit geringen Modifikationen verwirk-
licht war, u. zw. namentlich in einzelnen Nahrungsgewerben
wie beispielsweise im Bäckergewerbe in den Städten. Speziell sei hier auf Dasjenige hingewiesen, was Lexis („Ge-
werkvereine und Unternehmerverbände in Frankreich",
Leipzig, 1879, Heft 17 der Schriften des Vereins für Sozialpolitik, pag. 27 ff.) über die Syndikate der pariser Bäcker
sagt. Ungeachtet der Einführung der absoluten Gewerbefreiheit in Frankreich während der grossen Revolution, wurde
das Bäckergewerbe bereits 1801 durch den ersten Napoleon,
der nach seinem eigenen Ausspruche „ein leistungsfähiges
Bäckergewerbe" haben wollte, in der oben angedeuteten
Weise monopolisirt. Die Zahl der Bäcker in den Städten,
speziell in Paris wurde fixirt, dagegen wurden dieselben
verpflichtet ihr Gewerbe regelmässig zu betreiben, stäts ein
gewisses Quantum Mehl vorräthig zu halten und das Brod
um eine gewisse, von der Regierung vorgeschriebene Taxe
zu verkaufen und diese Einrichtung blieb bis zum Jahre
1863 in Kraft. Der einzige Unterschied gegenüber den
oben entwickelten Ideen lag darin, dass die napoleonische
Organisation des Bäckergewerbes wohl an das Publikum
und an die Bäckermeister, nicht aber an die Bäckergesellen
dachte und die Stellung der letzteren, speziell deren Löhne
nicht regelte.

Das Urtheil, das Lexis über diese Einrichtung fällt,
lautet durchaus nicht zu ihrem Ungunsten, er sagt (a. a. O.
pag. 32):

„Was die Folgen der Freiheit der Bäckerei betrifft, so sind
dieselben isolirt natürlich nicht zu ermitteln. Zwei Thatsachen
treten jedoch nach 1863 deutlich hervor: die Zahl der
Bäcker nimmt in Paris bedeutend zu und der Brot-

preis geht erheblich über die nach den früheren
Prinzipien berechnete Taxe hinaus. Statt 930 Bäcker,
der Zahl von 1860, weist die Volkszählung von 1866 in Paris
1398 auf, die Enquête der Handelskammer von 1872 ergab als
Anzahl derselben 1450. Und was den Brodpreis betrifft, so
legte man bei der Berechnung der offiziösen Taxe eine Back-
vergütung von 9 Francs für den metrischen Zentner oder 14
Francs 13 Cent. für den Sack Mehl zu Grunde — also einen
Satz, der über den 1858 von dem Syndikat vergebens gefor-
derten noch um 1 Frc. hinausgieng — und doch überschritt
der wirkliche Preis diese Berechnung in der Regel, je nach der
Qualität des Brodes, um 2—6 Cent. für das Kilogramm. Der
Brodverbrauch auf den Kopf der Pariser Bevölkerung aber betrug nach Husson's Berechnung in der Periode von 1860—65
durchschnittlich jährlich 156.$_5$ Kil. und in der Zeitstrecke von
1866 – 69 jährlich 155.$_7$ Kil. Hiernach hätte also
weder der einzelne Bäcker, noch der Konsument
einen Vortheil von der Reform gehabt, sondern
die Wirkung derselben wäre die gewesen, dass
zur Lieferung des nur langsam mit der Bevölkerung zunehmenden absoluten Brodbedarfes eine
relativ grössere Anzahl von Bäckerei-Unterneh-
mungen existenzfähig geworden sind. Eine unter
solchen Bedingungen auftretende Vermehrung der Produzenten
oder Zwischenglieder dürfte auch in manchen anderen Fällen
als Folge der Aufhebung von wirthschaftlichen Restriktionen
nachweisbar sein."

Wenn jedoch Lexis hinzufügt: „Diese Erscheinung
stimmt zwar mit den abstrakten Voraussetzungen wenig
zusammen, ist aber keineswegs von vornherein als ein volks-
wirthschaftlicher Nachtheil zu betrachten" — so möchte
ich dieser Anschauung keineswegs unbedingt zustimmen.
In unserer individualistisch organisirten Volkswirthschaft

werden allerdings manche Erscheinungen verschleiert, so dass
sie einen ganz anderen Anschein gewinnen. Wenn beispielsweise nach der Freigebung der Bäckerei in Paris (im Jahre
1866) 1398 Bäcker vorhanden waren, während im Jahre
1860, zur Zeit des monopolisirten Syndikates nur 930 Bäcker
daselbst existirten, so kann dies auf den ersten Blick als
eine erfreuliche Thatsache gedeutet werden, weil dasselbe
Gewerbe um 468 Personen mehr ernährte als früher, und
heute, wo Jeder froh sein muss einen Erwerb zu erhaschen,
ist dies thatsächlich ein Gewinn, weil sonst diese 468 Personen vielleicht der Armenversorgung zur Last gefallen
wären. Wenn man sich jedoch auf den höheren Standpunkt
der Volkswirthschaft stellt, so kann man in dieser Thatsache keine besonders erfreuliche Erscheinung erblicken.
Richtig gedeutet besagt nämlich diese Thatsache, dass zur
Zeit der Organisation des Bäckergewerbes 930 Bäcker ge-
nügten um die Bevölkerung von Paris mit Brod zu versorgen, während in der Zeit der ungeregelten — der anarchischen — Bäckerei 1398 Menschen in der Brodbereitung
thätig waren, d. h. 468 Personen waren überflüssiger Weise
im Bäckergewerbe thätig (die kleine Differenz, die sich aus
der Bevölkerungszunahme ergiebt, kann hier füglich unberücksichtigt bleiben), ihre Arbeitsleistung war somit eine
verschwendete und die Gesammtheit musste diese Arbeits-
verschwendung im höheren Brodpreise bezahlen. Besässen
wir eine einheitlich geregelte Volkswirthschaft, so hätten
diese 468 überflüssigen Bäcker in einer anderen, für die
Gesammtheit nützlicheren Weise beschäftigt werden können.

Und wenn eben jetzt (Mitte März 1882) den Tagesblättern zu Folge der Regierungsvertreter im preussischen
Volkswirthschaftrath in der Debatte über die Einführung

des Tabakmonopols in Deutschland den Nachweis erbrachte,
dass das Tabakmonopol dem Reiche jährlich 100 Millionen
Mark mehr einbringen würde als das gegenwärtige Zoll-
und Steuersystem, u. zw. ohne dass es nöthig wäre die
Tabaksorten zu verschlechtern oder ihre Preise zu erhöhen,
so beweist dies auch wieder nur, dass im Falle einer einheitlichen Regelung der Tabakproduktion in Deutschland
100 Millionen Mark jährlich erspart und dem Reiche zu-
fliessen würden; während heute in der ungeregelten Tabak-
industrie diese 100 Millionen Mark jährlich in den Händen
so und so vieler überflüssiger Zwischenpersonen hängen
bleiben, somit volkswirthschaftlich absolut verschwendet
werden.

Ich kann hier nur wiederholen, was ich an früherer
Stelle bemerkte: Es fehlen uns leider die bezüglichen statistischen Daten, allein die Verschwendung an Arbeitskräften,
die die anarchische Volkswirthschaft nothwendiger Weise
bedingt, muss eine kollossale sein und es kann keinem
Zweifel unterliegen, dass die Sozialdemokratie unbedingt
recht hat, wenn sie kontinuirlich darauf hinweist, dass eine
planmässige Regelung der Volkswirthschaft, d. h. dass eine
planmässige Leitung und Verwendung der vorhandenen
menschlichen Arbeitskräfte eine Erhöhung der Volkswohlfahrt zur Folge haben müsste, von der wir kaum zu träu-
men wagen. Daten, wie die eben mitgetheilten, werfen
zwar ein schwaches Streiflicht auf die bestehenden Verhältnisse, geben uns aber noch immer kein genügendes Bild
von unserer heutigen Kräftevergeudung. Dass jede Organisation der Volkswirthschaft, wie überhaupt jede menschliche Einrichtung ihre Mängel und Unzukömmlichkeiten
besässe, unterliegt wohl keinem Zweifel, sie können jedoch

unmöglich so gross sein wie diejenigen sind, die sich aus
der planlosen Volkswirthschaft ergeben. Wir empfinden die
letzteren nur weniger, weil wir unter dem Eindrucke derselben leben und daher an sie gewöhnt sind.

Die vorstehende Erörterung hat uns zu dem Ergeb-
nisse geführt, dass die künftige Organisation der Industrie
in der Richtung der staatlich anerkannten und regulirten
Kartelle zu suchen sein dürfte. Zwei Umstände müssen
jedoch an dieser Stelle hervorgehoben werden. Zunächst
müssen wir uns gegenwärtig halten, dass das vorstehende
Resultat nur auf dem Wege des deduktiven Denkens gewonnen wurde und demgemäss keine unbedingte Geltung
beanspruchen kann. Die Theorie geht von den ihr bekannten Grundlagen aus und baut auf dem Wege der logischen
Schlussfolgerung auf denselben weiter. Dieser logische Gedankengang kann ein unbedingt richtiger gewesen sein und
kann den Anschein erwecken als habe man unumstössliche
Wahrheiten ergründet und dennoch genügt es, dass ein ganz
kleiner Umstand, den das Auge des Theoretikers gar nicht
zu entdecken vermochte, übersehen wurde um den ganzen
stolzen Bau über den Haufen zu werfen. Ein derartiges
Versehen kann auch hier vorliegen und dann ist auch das
hier gewonnene Resultat hinfällig. — Das muss sich der
Theoretiker immer vor Augen halten.

Sodann möchte ich an dieser Stelle bemerken, dass mir
die Kartelle wohl die der Grossindustrie entsprechende Form
der Organisation zu sein scheinen, dass ich aber ein Gleiches nicht unbedingt für das Kleingewerbe behaupten möchte.
Prinzipiell unmöglich sind allerdings die Kartelle von Klein-

gewerbetreibenden nicht. Kann — wie schon erwähnt — ein Gewerkverein mehrere Zehntausende von Fabrikarbeitern vereinigen und sie zu gemeinsamen Handeln veranlassen, so ist nicht abzusehen warum die kleinen Unternehmer nicht ebenso gut einen grossen, das ganze Staatsgebiet umfassenden Verein bilden sollen. Andererseits aber kann nicht geläugnet werden, dass ein Kartell, welches einige Tausend Handwerker umfassen soll, jedenfalls mit weit grösseren Schwierigkeiten kämpft als ein solches, das von verhältnismässig wenigen Grossindustriellen abgeschlossen wird. Sodann darf man die Thatsache nicht übersehen, dass die Kartelle speziell aus den Kreisen der Grossindustrie hervorgegangen sind, während sie in den Kreisen der Kleingewerbetreibenden noch nicht festen Fuss gefasst zu haben scheinen, wenigstens ist mir bisher kein Handwerkerkartell bekannt geworden.

Ausserdem sind speziell im Kleingewerbe zwei Gruppen zu unterscheiden, die wesentlich verschiedene Interessen haben, u. zw. diejenigen Gewerbe, deren Erzeugnisse transportfähig sind, und diejenigen Gewerbe, deren Erzeugnisse nicht transportirt werden können. Zu den letzteren gehören die meisten Nahrungsgewerbe (Bäcker, Fleischhauer, Zuckerbäcker, Restaurateure u. dgl.), die Gewerbe der persönlichen Dienstleistung (Droschken-Unternehmungen, Dienstmannsgewerbe, Friseure, Barbiere, Schornsteinfeger u. dgl.), sowie die Baugewerbe. Diese letzteren Gewerbe sind auch heute noch ebenso wie die mittelalterlichen Handwerke vorwiegend oder ausschliesslich lokale Gewerbe, bei denen eine Ueberschwemmung des Marktes mit fremden Erzeugnissen nicht wohl vorkommen kann. Macht sich also hier überhaupt das Bedürfnis nach einer Organisation geltend, so ist es wohl kaum nothwendig eine das ganze Staatsgebiet umfassende Organisation zu schaffen, dann genügt .eine lokale Ordnung, etwa nach der Art der früheren Zünfte oder ein lokales Kartell, wie beispielsweise das oben erwähnte Kartell der Bierbrauer einer Stadt. Ob aber das Bedürfnis nach einer Regelung dieser Gewerbe vorhanden ist, das ist eine Frage, die selbstverständlich nicht die Theorie, sondern nur das praktische Leben beantworten kann, und demgemäss wäre ein regelnder Eingriff der Staatsgewalt nach dieser Richtung hin nur dann gerechtfertigt, wenn genügende Anzeichen hiefür vorliegen. Am ehesten scheint mir das Bedürfnis für eine Organisation der Approvisionirungsgewerbe in den grossen Städten vorhanden zu sein, hier aber weniger im Interesse der Produzenten oder Händler als vielmehr im Interesse des konsumirenden Publikums. Indess ist es auch hier für die Theorie ganz unmöglich in vorhinein anzugeben, welche Form für die Approvisionirung einer grossen Stadt die zweckmässigste ist, ob etwa ein grosser freiwilliger Konsumverein, der die privaten Produzenten und Händler indirekt zu einem reellen Gebaren zwingt; ob eine Organisation der Produzenten und Händler nach Art des vorhin erwähnten Symdikates der pariser Bäcker; ob eine Anstalt die von der Stadt selbst und ausschliesslich in's Leben gerufen wird (etwa eine städtische Bäckerei u. dgl.); ob eine Kommanditgesellschaft auf Aktien, der die Stadt als persönlich haftender Gesellschafter angehört u. dgl.

Bei denjenigen Gewerben, deren Erzeugnisse transportabel sind (Schneider, Schuhmacher, Möbeltischler, Spängler u. dgl.) ist theoretisch die Ueberschwemmung des Marktes mit auswärtigen Erzeugnissen sehr wohl denkbar und so weit sie möglich ist, ist auch ein den ganzen Staate um-

fassende Organisirung dieser Gewerbe wünschenswerth oder
doch wenigstens gerechtfertigt. Andererseits darf man
jedoch nicht übersehen, dass auch diese Gewerbe zum guten
Theile nur über vorhergegangene Bestellung produziren, und
dass sie sich ferner zum guten Theile mit Reparaturen beschäftigen, und so weit sie dies thun, arbeiten sie in der
Regel doch nur für den Ortsbedarf. Man darf daher wohl
sagen, dass diese Gewerbe zur einen Hälfte lokaler Natur
sind, und dass sie nur zur anderen Hälfte für ein grösseres
geografisches Absatzgebiet arbeiten. Diese Doppelnatur der
betreffenden Gewerbe lässt es einigermassen zweifelhaft
erscheinen ob für sie die Kartelle, so wie sie in der Grossindustrie existiren, die geeignete Form der Organisirung
bilden. Thatsächlich hat auch die Reformbewegung in den
Kreisen der Kleingewerbetreibenden wenigstens bisher eine
andere Richtung angenommen als in der Grossindustrie.
Während diese durch den Abschluss von Kartellen des
anarchischen Zustandes der Produktion Herr zu werden
sucht, so gut es eben geht, dreht sich in den Kreisen der
Kleingewerbtreibenden der Streit vorwiegend um den Nachweis bestimmter Kenntnisse als Bedingung der Zulassung
zum Gewerbetriebe und um die Form und Kompetenz der
Genossenschaften der selbständigenden Gewerbetreibenden,
die nach der Intention der Gewerbeordnungen an die Stelle
der ehemaligen Zünfte treten sollten. Es wäre daher ein
gewagtes Experiment, wollte die Staatsverwaltung dieser
Gruppe der Kleingewerbe eine Organisationsform aufzwingen,
wenn sich keine Ansätze zu einer solchen in den Kreisen
der betreffenden Gewerbe freiwillig bilden und zeigen.

Wie man sieht sind die Schwierigkeiten nicht gering,
die sich einer entsprechenden Regelung der Industrie ent-

gegenstellen, ja ich wäre geneigt dieselben nahezu als un-
überwindlich zu bezeichnen, wenn man, wie die gegenwärtig
in Oesterreich und Deutschland geltenden Gewerbeordnuu-
gen es thun, die gesammte Industrie als ein unterschieds-
loses Ganzes behandelt und dieselbe in einem einheitlichen
Gesetze zu ordnen unternimmt. Die Interessen der einzelnen Gruppen der Industrie sind eben so sehr verschieden,
dass eine befriedigende Lösung dieser Aufgabe m. E. nur
möglich ist, wenn man sich entschliesst dem Beispiele der
Engländer zu folgen und die Verhältnisse der Industrie
durch Spezialgesetze für die einzelnen Gruppen zu ordnen.
Uns Bewohnern des europäischen Festlandes erscheint es
allerdings auf den ersten Blick befremdend und fast lächerlich, wenn die bedächtigen Engländer in ihrer Fabriksge-
setzgebung nur Schritt für Schritt vorgiengen, wenn sie
zuerst durch ein besonderes Gesetz etwa die Verhältnisse
der in der Baumwoll-Industrie beschäftigten Arbeiter regel-
ten und später wieder besondere Gesetze für die Arbeiter
der Leinen- und der Schafwoll-Industrie etc. erliessen.
Wir sind geneigt zu generalisiren und glauben am klügsten
zu handeln, wenn wir die Arbeiter, ohne Rücksicht darauf,
ob sie in der Baumwoll- oder in der Leinen- oder in der
Metall-Industrie beschäftigt sind, einfach als „Arbeiter"
behandeln und ihre Angelegenheiten summarisch in einem
einheitlichen „Fabriks"-Gesetz regeln. Bei näherer Betrachtung zeigt es sich jedoch, dass der Weg der Spezial-
gesetzgebung der richtigere ist, weil die Verhältnisse dieser
einzelnen Industriezweige in den Details Verschiedenheiten
aufweisen, die nicht wohl nach einem einheitlichen Massstabe gemessen und beurtheilt werden dürfen. Hat man
einmal die verschiedenen Spezialgesetze, dann ist es leicht

aus denselben die allgemeinen Bestimmungen herauszuheben und etwa ein allgemeines Gesetz (dem die Detailbestimmungen für die verschiedenen Industriegebiete beigefügt werden) an die Stelle der bisherigen Einzelgesetze zu setzen.

Was speziell die Grossindustrie anbelangt, so scheint mir die Regelung derselben verhältnismässig leicht, weil eben die Ansätze zur Neubildung in den Kartellen vorhanden sind, deren Existenzberechtigung nicht wohl geläugnet werden kann. Der Weg, den die Regierung hiebei einzuschlagen hätte, scheint sich mir von selbst zu ergeben. Die Regierung müsste sich mit den hervorragendsten Kartellen in's Einvernehmen setzen und dieselben auffordern ihre Wünsche betreffend ihre künftige Stellung zu formuliren. Sodann wären die Bediensteten (die Beamten) und die Arbeiter der betreffenden kartellirten Werke in gleicher Weise aufzufordern, auch ihre Wünsche in Betreff ihrer künftigen Stellung der Regierung vorzulegen. Ueber diese beiderseitigen Desiderien wäre allenfalls eine Enquête zu veranstalten, um namentlich auch die Stimmen der Gegner zu vernehmen und schliesslich wäre auf Grund dieses Materials an die Ausarbeitung des bezüglichen Gesetzes zu schreiten. Würde sich die Nothwendigkeit herausstellen den Kartellen der verschiedenen Industriebranchen eine verschiedene gesetzliche Behandlung angedeihen zu lassen, so könnte auch diesem Bedürfnisse durch die Erlassung mehrerer Spezialgesetze für die verschiedenen Zweige der Grossindustrie Rechnung getragen werden.

2. Die künftige Organisation der Landwirthschaft.

Die Agrarverfassung des späteren Mittelalters war, wie wir gesehen haben, durch die damalige Heeresorganisation bedingt, der sie zur Grundlage diente. Das eigentliche Lehengut sollte die Offiziere und Soldaten der mittelalterlichen Armee ernähren und sie in den Stand setzen sich zum Kriege auszurüsten; das unfreie Bauernland sollte die Knechte ernähren, welche die Grundstücke der Krieger zu bestellen und für sie zu arbeiten hatten. Wenn wir daher heute uns die Frage vorlegen, welche Form die künftige Organisation des Grundbesitzes anzunehmen hätte, so steht zunächst fest, dass die künftige Organisation des Grundbesitzes nicht etwa mit der des Mittelalters identisch sein kann, denn wir haben gesehen, dass die letztere durch die geänderte Heeres- und Steuerverfassung der Neuzeit ihres Inhaltes beraubt und zum Falle gebracht wurde. Der heutige Soldat erhält seine Löhnung in Geld und wird theilweise vom Staate in natura verpflegt, er braucht somit keine Landdotation.

Allein, wenn somit auch zugegeben werden muss, dass die Form der mittelalterlichen Agrarverfassung heute veraltet ist, so ist damit noch nicht bewiesen, dass auch der Grundgedanke derselben seine Berechtigung für die Gegenwart verloren haben müsse. Der Grundgedanke der mit-

telalterlichen Agrarverfassung war, wie wir sahen, ein dop-
pelter. Es war einmal der Gedanke, dass der Grund und
Boden wegen seiner eminenten Bedeutung für die Gesammtheit nicht dem Einzelnen, sondern der Gesammtheit (nach
der lehenrechtlichen Auffassung dem Könige als dem obersten Lehensherrn) gehöre, und dass dem Einzelnen nur ein
— allerdings ziemlich weitgehendes, weil erbliches —
Nutzungsrecht an den ihm verliehenen Grundstücken zustehe.
Es war zweitens der Gedanke, dass jedem Beneficium ein
entsprechendes Officium gegenüberstehe, d. h. dass es keine
Rechte ohne entsprechende Pflichten gebe, oder mit andern
Worten, dass der nominelle Grundbesitzer nur ein Beamter
der Gesellschaft sei, der in erster Reihe sehr wesentliche
Pflichten gegen die Gesammtheit zu erfüllen habe, und dass
sein Grundbesitz nur eine Form der Entlohnung für seine
Dienste bilde.

Diese beiden Gedanken sind uns abhanden gekommen.
Die Heeresorganisation wurde im Laufe der Zeit eine andere,
desgleichen die Steuerverfassung und damit wurde das
Lehenwesen und die Unfreiheit des bäuerlichen Grundbesitzes sinnlos. Beide wurden durch die Grundentlastung
gänzlich beseitigt, und weil die gesammte unter dem Banne
der brittischen Nationalökonomie stehende Zeitrichtung im
Grundbesitz nichts anderes sah als einen Vermögensbesitz
wie jeden anderen, wurde derselbe einfach dem geltenden
(römischen) brügerlichen Rechte unterstellt. Der Grundbesitz wurde für frei, d. i. für frei theilbar, frei veräusser-
lich, frei vererblich und frei verschuldbar erklärt.

Nun ist zwar der Grundbesitz allerdings ein Vermögensbesitz, allein er ist doch nach einer Richtung hin von
den übrigen Vermögensobjekten wesentlich verschieden und

diese Verschiedenheit beruht darin, dass der Grund und
Boden nicht von Menschenhand gemacht ist, und dass daher
die Masse der Grundstücke im Laude eine festbestimmte
ist, die weder vermehrt noch vermindert werden kann. Die
gangbare Grundrententheorie hat diesen Unterschied wohl
herausgefühlt, sie hat denselben jedoch m. E. nicht scharf
genug zu formuliren verstanden.

Die Grundrententheorie scheint mir theils in Aeusser-
lichkeiten stecken geblieben zu sein, theils den eben angedeuteten Unterschied zwischen dem Grundbesitz und dem
sonstigen Vermögen nur zur Hälfte erfasst zu haben, wenn
sie die Grundrente als Monopolgewinn definirt. Ricardo,
der wie die ganze orthodoxe Nationalökonomie jener Zeit
ausschliesslich auf dem privatwirthschaftlichen Standpunkte
stand, wollte in seiner Grundrententheorie den Nachweis
liefern, erstens dass in der Landwirthschaft nicht nur die
Arbeit und das Kapital, sondern auch das Grundstück als
solches einen Ertrag (Rente) abwerfe und zweitens, dass
dieser Ertrag des Grund und Bodens, die „Grunrente" ein
Monopolgewinn sei. Um nun die Existenz einer Grundrente zu beweisen, weist er darauf hin, dass zwei gleich
grosse aber ungleich fruchtbare Grundstücke, die mit gleicher Sorgfalt und gleichem Kapitalsaufwande bestellt werden, einen ungleichen Ertrag geben, dass das Plus in dem
Ertrage des fruchtbareren Feldes auf Rechnung der grösseren
Fruchtbarkeit dieses Feldes, auf Rechnung der „im Boden
waltenden ewigen und unzerstörbaren Naturkräfte" zu setzen,
dass es als „Grundrente" zu betrachten sei. Ferner lehrt
Ricardo bekanntlich, dass anfänglich in einem dünn bevölkerten Lande, in dem herrnloses Land noch im Ueberflusse
zu haben ist, nur die fruchtbarsten Grundstücke in Kultur

genommen und bestellt werden, und dass der Ertrag derselben eben nur hinreiche um den Arbeitslohn und den
Ersatz des verwendeten Kapitals zu decken. Steige dann
die Bevölkerung und die Nachfrage nach Bodenprodukten,
d. i. ihr Preis, so müssen — wenn der fruchtbarste Boden
schon durchgehends bestellt wird — die Grundstücke zweiter Kategorie (von minderer Fruchtbarkeit) in Kultur genommen werden. Der Ertrag dieser Grundstücke decke
nunmehr knapp den Arbeitslohn und die Kapitalsrente,
während der Ertrag der Grundstücke erster Klasse (des
fruchtbareren Bodens) jetzt in Folge der gestiegenen Getreidepreise einen Ueberschuss über den Arbeitslohn und
die Kapitalsrente, d. i. „Grundrente" ergebe. Und dieser
Vorgang wiederhole sich mit dem Anwachsen der Bevölkerung kontinuirlich. Ist der sämmtliche Boden zweiter Kategorie dem Pfluge unterworfen, so müsse zu den Grundstücken dritter Klasse gegriffen werden, nun geben schon
die Grundstücke zweite Klasse „Grundrente", während die
Grundrente des Bodens erster Klasse noch höher steigt.
Später werden die Grundstücke vierter, fünfter Klasse bebaut etc. etc.

Mit diesem ganzen schwerfälligen Apparat scheint mir
blutwenig gewonnen, ja ich möchte sagen, dass diese Erklärung die Erscheinung mehr verdunkelt als aufhellt. Zunächst
lässt sich die Existenz einer Grundrente (d. i. die Thatsache, dass von dem Ertrage der Landwirthschaft ein Theil
auf Rechnung der bei der Produktion mitwirkenden Grundstücke zu setzen kommt) viel einfacher beweisen, wenn man
den kleinbürgerlichen Standpunkt der Privatwirthschaft verlässt und die Dinge, ich möchte sagen, aus der Vogelperspektive betrachtet. Ist beispielsweise der Ertrag eines

Feldes in einem Jahre 100 Hektoliter Weizen, und wurde dieses Feld mit einem gewissen Aufwande an Arbeit und Kapital bestellt, so wird jeder unbefangen Denkende sich sagen: „um diese 100 Hektoliter Weizen zu erzeugen, waren drei Dinge (Produktionsfaktoren) nothwendig: eine gewisse menschliche Arbeit, ein gewisses Kapital (fundus instructus) und dieses Feld; man darf daher oder muss annehmen, dass von diesen 100 Hektolitern Weizen: X auf Rechnung der menschlichen Arbeitskraft, Y Hektoliter auf Rechnung des fundus instructus (des Kapitales) und Z Hektoliter auf Rechnung des Feldes oder seiner natürchen Fruchtbarkeit zu setzen kommen."

Eine derartige Verrechnung des Ertrages ist indess keine Eigenthümlichkeit der Landwirthschaft, sondern kommt bekanntlich überall vor. Und wenn etwa der Miethkutscher nach vollendeter Fahrt vom Fahrgaste einen Gulden erhält, so muss er strenggenommen in der nämlichen Weise rechnen und sich sagen, dass von diesem Gulden X Kreuzer als sein Arbeitslohn anzusehen seien, dass Y Kreuzer für die Erhaltung (und Neuanschaffung) des Pferdes, und dass Z Kreuzer für die Benutzung und Abnutzung des Wagens und des Pferdegeschirres zu verrechnen seien.

Ebenso wenig scheint mir der Hinweis auf den ungleichen Ertrag der zwei gleich grossen aber ungleich fruchtbaren Felder das Wesen der „Grundrente" zu erklären, da dieselbe Erscheinung auch auf anderen Gebieten vorkommt. Ein Pferdezüchter, der etwa zwei Fohlen mit ganz gleicher Sorgfalt und gleichem Kostenaufwande aufzieht, wird es nicht verhindern können, dass das eine dieser beiden Pferde dem anderen an Kraft, Schnelligkeit, Ausdauer u. dgl. nachstehen wird. In der ungleichen Rentabilität der einzelnen

14*

Grundstücke liegt nicht das Wesen der Grundrente und noch viel weniger die Eigenthümlichkeit des Grundbesitzes. Und wenn Ricardo schliesslich darauf hinweist, dass zuerst die Grundstücke erster Kategorie, später die der zweiten, dritten, vierten Klasse etc. in Kultur genommen werden, so hat er damit auch wieder keine Besonderheit des Grundbesitzes, sondern lediglich die Thatsache berührt, dass der Mensch zunächst nach denjenigen Mitteln zur Befriedigung seiner Bedürfnisse greift, die er für die besten hält, dass er sich im Nothfalle mit immer schlechteren Mitteln begnügt, und dass jedesmal für die besseren Befriedigungsmittel höhere (Monopols-)Preise gezahlt werden. Das aber ist eine Thatsache, die sich im gewöhnlichen Leben unzählige Male wiederholt und wenn beispielsweise an einem schönen Sommernachmittage in einem stark besuchten Ausflugsorte ein unerwarteter Regen niedergeht und die vorhandenen Fuhrwerke (Fiaker, Droschken, Omnibusse) nicht genügen um all die zahlreichen Ausflügler nach der Stadt zurück zu befördern, so werden hier Erscheinungen zu Tage treten, die mit denen der Ricardo'schen Grundrente vollkommen identisch sind. Zunächst wird sich die Nachfrage den ganz gedeckten Wagen zuwenden und werden hiefür die höchsten Preise gezahlt werden, hierauf werden die halbgedeckten und dann die offenen Wagen an die Reihe kommen. Und wenn dies alles nicht hinreicht, so werden schliesslich alle erdenklichen Karren und Fuhrwerke im Orte selbst, mögen sie mit Pferden oder Ochsen bespannt sein, ihre Kundschaft und ihre Preise finden.

Die Eigenthümlichkeit des Grundbesitzes, die ihn von allen übrigen Vermögensarten wesentlich unterscheidet, liegt meines Erachtens weder darin, dass der Grundbesitz überhaupt eine Rente oder einen Ertrag abwerfen kann, noch darin, dass die Rente der verschiedenen Grundstücke eine ungleiche ist, noch auch darin, dass die Grundrente ein Monopolgewinn ist, denn Monopolgewinne kommen bekanntlich auch anderweitig oft genug vor, sondern nur darin, dass der Grund und Boden nicht von Menschenhand geschaffen wurde, und dass er daher weder vermehrt, noch auch vermindert werden kann. In diesem Umstande, in seiner Unvermehrbarkeit, aber nicht minder in seiner Unverminderbarkeit liegt einerseits die Stärke, andererseits aber auch wieder die Schwäche des Grundbesitzes.

Steigt die Nachfrage nach irgend einem Industrieartikel dauernd und damit sein Preis, so werden allerdings die Fabriken, die diesen Artikel erzeugen, anfänglich einen höheren Gewinn erzielen, weil das Angebot des fraglichen Artikels nicht im Handumdrehen vergrössert werden kann. Der andauernd höhere Gewinn dieser Unternehmungen würde jedoch in kurzer Zeit eine vergrössertes Angebot des Artikels zur Folge haben; die bestehenden Fabriken würden ihre Anlagen vergrössern und neue Etablissements dieser Art würden errichtet, und die weitere Folge dieses vergrösserten Angebotes wäre, dass der Preis jenes Artikels und damit die Rente der betreffenden Etablissements annähernd wieder auf das frühere Niveau hinuntergedrückt würde. Steigt also die Nachfrage nach einem gewöhnlichen Industrieartikel dauernd, so ist die Wirkung hievon im Allgemeinen lediglich die, dass neben die fraglichen Fabriken eine grössere oder geringere Zahl neuer Etablissements derselben Art hintritt, während der Preis des Artikels und die Höhe der Rente dieser Unternehmungen keine wesentliche Veränderung erfährt. Steigt andererseits in Folge einer

Zunahme der Bevölkerung die Nachfrage nach Bodenprodukten dauernd, so muss man unterscheiden ob in dem betreffenden Lande der anbaufähige Boden schon durchgehends
in Kultur genommen ist, oder nicht. Im letzteren Falle,
wenn anbaufähiger Boden noch in genügender Menge vorhanden ist (ob derselbe von ungleicher Fruchtbarkeit ist,
wie Ricardo mit Nachdruck hervorhebt, oder von gleicher
Güte, ist für das Verständnis der Erscheinung sehr gleichgiltig), wird die steigende Nachfrage nach Bodenprodukten
die gleichen Wirkungen hervorrufen wie die steigende
Nachfrage nach Industrie - Erzeugnissen. Es wird nämlich weder der Preis der Bodenprodukte noch der Ertrag der Landwirthschaft erheblich steigen (der Einfachheit wegen sehe ich von der ungleichen Fruchtbarkeit
der einzelnen Grundstücke ab), sondern es werden so und
so viele Grundstücke, die bisher Wald oder Weide waren,
neu in Kultur genommen werden, es wird also eine Ver-
grösserung der angebauten Fläche eintreten. Ist jedoch der
gesammte unbaufähige Boden im ganzen Lande bereits dem
Pfluge unterworfen, und steigt die Bevölkerung noch weiter,
so wird der Preis der Bodenprodukte, deren Angebot nun
nicht so leicht vermehrt werden kann (die Vermehrung findet
bekanntlich statt in Folge intensiverer Bewirthschaftung des
Bodens, aber dies geht nicht so rasch und verursacht steigende Kosten), steigen und die Landwirthe werden
Monopolsgewinnste, d. i. Gewinnste erzielen, welche die
landesüblichen Kosten der Bodenbewirthschaftung (die
Produktionskosten des Getreides) mehr oder weniger übersteigen.

Dieser Monopolgewinn, d. i. dieser Ueberschuss des
Getreidepreises über die Produktionskosten, den die gangbare

Lehre als „Grundrente" bezeichnet, wird zum landesüblichen Zinsfusse kapitalisirt und die so berechnete Summe gilt überall, wo der Grund und Boden in das Eigenthum der Einzelnen übergegangen ist und frei verkauft werden darf, als Werth der betreffenden Grundstücke. Beides, die Monopolsrente wie die Kapitalisirung derselben ist jedoch keine Besonderheit des Grundbesitzes, jede renommirte Firma geniesst eine derartige höhere oder niedrigere Monopolsrente und jedesmal wenn eine solche Firma verkauft wird, bildet der kapitalisirte Betrag jener Monopolsrente den Kaufschilling der Firma. Hier jedoch zeigt sich die erste theilweise Verschiedenheit in der Behandlung des Grund und Bodens (aber wohlgemerkt nur dort, wo der Grund und Boden frei verkäuflich ist) und des übrigen Vermögens. In der Industrie und im Handel bildet die Monopolsrente des Unternehmens oder der Firma die Ausnahme, nicht jede Firma befindet sich im Besitze eines werthvollen Fabriksgeheimnisses oder geniesst ein hervorragendes Renommé. Bei dem Besitzübergange von Handels- oder Industrie-Unternehmungen, sei es im Wege der Vererbung oder des Verkaufes, bildet also die Kapitalisirung jener eventuellen Monopolsrente die vergleichsweise seltene Ausnahme und derartig seltene Ausnahmen vermögen den wirthschaftlichen Verkehr nicht zu beeinflussen. Sodann — und dies ist nicht minder wichtig — wird es Kaufleuten und Industriellen nicht leicht beifallen das Renommé der Firma oder das etwaige Fabriksgeheimnis als eine ewige Rentenquelle zu betrachten, sie werden sich vielmehr sagen, dass die Monopolsrente zwar gegenwärtig vorhanden ist, dass sie wohl auch für einige Jahre andauern wird, dass man aber über kurz oder lang auf das Aufhören des Extragewinnes gefasst sein müsse.

Demgemäss werden derartige Monopolsrenten im Handel und in der Industrie nicht leicht unter Zugrundelegung des landesüblichen Zinsfusses von etwa 4 bis 5 Prozent, sondern nach einem weit höheren, etwa 10% Zinsfusse kapitalisirt, d. h. der Kaufschilling der Firma beträgt nicht das 20- oder gar 25 fache, sondern vielleicht nur das 10 fache (oder weniger) der Monopolsrente. Versiegt die letztere dann wirklich und erleidet der neue Erwerber des Unternehmens dadurch einen Verlust, so ist dieser doch nicht gar zu empfindlich.

Beim Grund und Boden dagegen — wo derselbe im unbeschränkten Privateigenthume steht — liegen die Verhältnisse gerade umgekehrt. Die steigende Nachfrage treibt die Getreidepreise im ganzen Lande in die Höhe und jedes einzelne Grundstück tritt dadurch in den Genuss einer (höheren oder niedrigeren) Monopolsrente; die letztere bildet somit nicht die Ausnahme, sondern vielmehr die ausnahmslose Regel. Ferner gilt der Grund und Boden in der ganzen Welt als die allersicherste Ertragsquelle und fällt es — man kann fast sagen — gar Niemanden ein zu glauben, dass der Ertrag des Bodens jemals auch nur im Mindesten sinken könne. Und die Folge dieses felsenfesten Vertrauens in die Rentabilität des Bodens ist, dass man jene Monopolsrente nicht nach einem 10-, sondern einem 5- oder 4prozentigen Zinsfusse kapitalisirt, dass man den Werth der Grundstücke nicht nach dem 10 fachen, sondern mindestens nach dem 20- oder 25 fachen Betrage der Monopolsrente berechnet.

Die gangbare Grundrententheorie hat schon diese Eigenthümlichkeit in der üblichen Behandlung des Grundbesitzes nicht erkannt, ihr war es lediglich darum zu thun zu zeigen,

dass nicht nur das Kapital und die Arbeit einen Ertrag
abwerfe, sondern dass auch der Grund und Boden einen
solchen, die sog. „Grundrente" gebe, dass diese „Grundrente" je nach der natürlichen Fruchtbarkeit oder Lage der
einzelnen Grundstücke bald höher bald niedriger sei, während das „Kapital" in allen Unternehmungen überall nur
denselben landesüblichen Zinsfluss abwerfe, endlich dass die
„Gruntrente" ein steigender Monopolgewinn sei, der den
Grundbesitzern „mühelos in den Schooss falle", während
der „Kapitalszins" regelmässig und allerorts einem stäten
Sinken unterliege.   Mit einem Worte, es war der herrschenden Schule vorwiegend um eine schön abgerundete
„Theorie", um die „Lehre von der Grundrente" zu thun
und sie glaubte die Frage erschöpft zu haben, wenn sie die
Grundrente als einen Monopolsgewinn definirte.   Es kam
ihr aber gar nicht in den Sinn darnach zu fragen, wie sich
die Dinge im praktischen Leben gestalten, wie die Grund-
stücke im wirthschaftlichen Verkehr (Verkauf, Erbschaft,
Verschuldung) behandelt werden, und welche Folgen diese
Behandlung nach sich ziehe und ebenso wenig dachte sie
an die Kehrseite der Medaille, an die sinkende Grundrente.
Diese Seite der Frage wurde in der Regel mit wenigen
Worten abgethan, wie etwa dass eine Verminderung der
Bevölkerung ein Sinken der Getreidepreise und damit einen
Rückgang der Grundrente zur Folge habe u. dgl.   Indess
erklärt sich diese Einseitigkeit der Grundrententheorie zum
Theile aus den historischen Verhältnissen.   Ungefähr seit
dem dreissigjährigen Kriege lagen die Verhältnisse für die
europäische Landwirthschaft günstig. Die Bevölkerung wuchs
seit jener Zeit ziemlich stätig, an eine Zufuhr fremder Bodenprodukte nach Europa war bisher nicht zu denken, die

europäische Landwirthschaft befand sich somit im Besitze
eines faktischen Monopols, das ihr kontinuirlich steigende
Renten sicherte. Es ist daher begreiflich, dass die Theorie
nur diese eine Seite des Grundbesitzes, sein natürliches
Monopol in's Auge fasste.

Damit ist jedoch die Eigenthümlichkeit des Grundbesitzes nicht erschöpft. Die Menge der Grundstücke ist nicht
nur unvermehrbar, der Grund und Boden ist nicht nur der
Träger eines Monopols, sondern die Masse der Grundstücke
kann andererseits auch nicht vermindert werden, und hierin
liegt die Schwäche des Grundbesitzes. Alle kaufmännischen
und industriellen Unternehmungen können nicht nur vermehrt, sondern andererseits auch vermindert werden und
diese Möglichkeit der Verminderung verleiht ihnen nach
einer anderen Richtung hin ein gewisses Uebergewicht über
den Grundbesitz.

Vermindert sich nämlich die Nachfrage nach einem
Industrie-Artikel dauernd, so wird, weil das Angebot dieses
Artikels nicht sofort vermindert werden kann, sein Preis
sinken und demgemäss auch die Rente aller Fabriken, die
den Artikel erzeugen, eine geringere werden. Vielleicht werden
schon dadurch einige Unternehmer veranlasst ihre Etablissements aufzulassen, jedenfalls aber wird der gesunkene
Ertrag die Wirkung haben, dass so und so viele Unternehmungen Bankrott machen und gänzlich aufgelassen werden, und diese Verminderung des Angebotes wird den Preis
des in Rede stehenden Artikels und damit die Rente derjenigen Fabriken, die die Krisis überdauert haben, ungefähr
wieder auf das frühere Niveau heben. Und derselbe Prozess
spielt sich ab, wenn die Produktionskosten des fraglichen
Artikels erheblich steigen, wenn etwa die Rohstoffe theuerer

werden, wenn der Arbeitslohn oder der Zinsfuss steigt oder
wenn die Steuern erhöht werden. Auch in diesem Falle
wird die Schmälerung des Gewinnes den Ruin und die
gänzliche Auflassung einer gewissen Zahl von Etablissements
nach sich ziehen, und diese Verminderung des Angebotes
wird so lange andauern und den Preis so lange in die Höhe
treiben, bis die Ueberwälzung der gestiegenen Produktionskosten auf die Konsumenten gelungen ist und bis diejenigen
Fabriken, die intakt aus der Krisis hervorgegangen sind,
wieder annähernd die nämliche Rente abwerfen wie vorher.
Mit anderen Worten die Möglichkeit, die Zahl der kaufmännischen oder industriellen Unternehmungen zu vermindern, verleiht diesen die Macht, eine gewisse angemessene
Rente und damit gleichzeitig die Ueberwälzung ihrer Produktionskosten auf die Konsumenten zu erzwingen.

Diese Kraft hat der Grundbesitz nicht. Sinkt der Preis
der Bodenprodukte, sei es weil die Bevölkerung sich vermindert, sei es weil grosse Quantitäten von billigen Bodenprodukten aus dünn bevölkerten und billiger produzirenden
Ländern zugeführt werden, so ist eine Verminderung der
Bodenproduktion in den dadurch bedrohten Ländern nicht
möglich. Es wird zwar auch hier eine gewisse Anzahl von
minder kapitalkräftigen Grundbesitzern ruinirt und zum
Verkaufe ihrer Grundstücke gezwungen werden, allein die
Bodenproduktion selbst wird darum keine Einschränkung
erfahren. Die neuen Erwerber werden nämlich die Grundstücke mit Rücksicht auf deren gesunkenen Ertrag nur zu
einem entsprechend billigen Preise kaufen, allein sie können
sie darum nicht unbenützt liegen lassen, sondern werden
dieselben nach wie vor behauen. so dass das Angebot an
Bodenprodukten eben so gross bleibt wie früher. Diese

neuen Erwerber der Grundstücke nun werden allerdings — wenn das Sinken der Getreidepreise nicht weiter vorschreitet — ihre Rechnung finden und eine angemessene Rente ihrer Landgüter erzielen, weil sie dieselben eben um so viel billiger gekauft haben, aber die ganze grosse Masse der übrigen Grundbesitzer, die ihre Landgüter noch zu dem früheren hohen Preise übernommen haben, werden wirthschaftlich dahinsiechen und die Zwangsverkäufe der Landgüter werden so lange andauern, bis die Güterpreise um den kapitalisirten Betrag der gesunkenen Rente im ganzen Lande reduzirt sein werden.

Und dasselbe findet statt, wenn die Produktionskosten des Landwirthes (Zinsfuss, Arbeitslohn, Grundsteuer) erheblich steigen, denn die Landwirthschaft kann nicht wie die Industrie die Ueberwälzung ihrer Produktionskosten auf die Käufer der Bodenprodukte erzwingen, u. zw. aus dem Grunde nicht, weil sie das Angebot ihrer Erzeugnisse nicht einzuschränken vermag. Steigen nämlich die Produktionskosten der Landwirthschaft erheblich und dauernd, so werden die gleichen Erscheinungen wie im Falle der gesunkenen Getreidepreise eintreten. Alle diejenigen Grundbesitzer, die eine Schmälerung ihres Reingewinnes nicht vertragen, werden zu Grunde gehen und zum Verkaufe ihrer Landgüter gezwungen. Die neuen Käufer werden diese Güter entsprechend billiger kaufen und demgemäss beim Betriebe der Landwirthschaft ihre Rechnung finden und die weitere Folge hievon ist, dass das Angebot an Bodenprodukten nicht vermindert wird, der Preis der letzteren somit nicht in die Höhe getrieben werden kann. Die übrigen Landwirthe, deren Landgüter die Produktionskosten, ungeachtet deren Steigerung decken, werden zwar nicht aus ihrem bisherigen

Besitze durch Zwangsverkäufe vertrieben, allein sie erleiden
einen adäquaten Vermögensverlust, weil die Preise der Landgüter im ganzen Lande (wie im vorhergehenden Falle) um
den kapitalisirten Betrag des geschmälerten Ertrages sinken.
Allerdings giebt es auch in der Landwirthschaft einen Punkt,
wo die Produktionskosten für die Preise massgebend werden, allein von dieser Grenze sind wir so weit entfernt, dass
sie praktisch gar nicht in Betracht kommt. Dieser Punkt
liegt dort, wo der Grund und Boden unentgeltlich zu haben
ist. Erst dann wenn der Grund und Boden gar nichts
mehr kostet, beginnen die Produktionskosten für die Getreidepreise massgebend zu werden. Erst wenn man an dieser
Grenze angelangt ist, können die Getreidepreise nicht unter
die Produktionskosten sinken, weil sonst, (wie in der Industrie) eine Einschränkung der Produktion, des Angebotes
eintritt, die den Preis so lange in die Höhe treibt, bis er
die Produktionskosten deckt. So lange aber der Grund und
Boden selbst noch einen Geld- oder Vermögenswerth repräsentirt, können die Getreidepreise auf Kosten des Bodenwerthes weichen oder die landwirthschaftlichen Produktionskosten auf Kosten des Bodenwerthes steigen, ohne dass
darum die landwirthschaftliche Produktion vermindert zu
werden brauchte. Denn jedesmal wird — wie wir gesehen
haben — im Falle weichender Getreidepreise oder steigender Betriebskosten der Preis der Landguter selbst zurück-
gehen, und wird der neue Erwerber, der das Landgut um
den kapitalisirten Betrag der verminderten Rente billiger
gekauft hat, beim Betriebe der Landwirthschaft auf die
Kosten kommen und die Produktion nicht einschränken.

Diesen tiefgehenden Unterschied zwischen dem Grundbesitz und dem sonstigen Vermögensbesitz hat die gangbare

Grundrententheorie, wie schon erwähnt, wohl dunkel gefühlt aber nicht klar zu formuliren vermocht. In der Industrie bewirkt die dauernde Steigerung der Nachfrage keine Erhöhung der Rente, sondern lediglich eine entsprechende Ausdehnung der Produktion, dagegen bewirkt sie in der Landwirthschaft, wo die Ausdehnung der Produktion mittels Ueberganges zu intensiverer Kultur nur sehr allmählich eintreten kann, eine Steigerung der Rente und damit eine entsprechende Erhöhung des Bodenwerthes. Hier also ist der Grundbesitz im Vortheile gegenüber dem industriellen Besitz. Verringert sich dagegen die Nachfrage oder steigen die Produktionkosten dauernd, so vermindert die Industrie ihr Angebot und dies setzt sie in den Stand dem Sinken des Preises Einhalt zu gebieten und sowohl eine angemessene Rente als die Ueberwälzung der Produktionskosten auf die Käufer zu erzwingen, während der Grundbesitzer eine derartige Krisis wehrlos über sich ergehen lassen und ruhig zusehen muss wie ihm der Vermögenswerth seiner Grundstücke unter den Händen zusammenschrumpft. In der Industrie rafft die Krisis die schwächeren Unternehmer hinweg und durch den wirthschaftlichen Tod verhältnissmässig weniger Individuen wird die Gesundung der Uebrigen erkauft, während in der Landwirthschaft die Gesundung Weniger durch die Krankheit Aller erkauft wird. Der Ruin nach so vieler Grundbesitzer vermag die Uebrigen nicht zu retten, sondern Jeder dieser letzteren muss die Schmälerung seines Vermögens ruhig über sich ergehen lassen und die Krisis dauert für jeden einzelnen Gutsbesitzer so lange, bis er die entsprechende Werthabschreibung an seinem Landgute vollzogen hat.

Die geschilderten Erscheinungen können selbstverständlich nur dort zu Tage treten, wo der Grund und Boden im freien und unbeschränkten Eigenthum der Einzelnen steht. Wäre der Einzelne, wie im Mittelalter nicht Eigenthümer der Substanz des Landgutes, sondern lediglich Nutzniesser des letzteren, so würde eine Steigerung der Getreidepreise zwar sein Einkommen erhöhen, allein er könnte diese Erhöhung seiner Rente nicht kapitalisiren und die betreffende Summe nicht wirklich einkassiren und für sich behalten wie dies heute der Fall ist, wenn der Besitzer sein Gut verkauft. Andererseits würde aber der Landwirth durch einen Rückgang der Getreidepreise oder eine Steigerung der Produktionskosten nicht so empfindlich getroffen wie heute, weil dies für ihn nicht mehr bedeuten würde als eine Schmälerung seiner Jahresrente. Eine solche ist zwar selbstverständlich niemals eine angenehme Sache, allein eine Schmälerung des Jahreseinkommens kann zur Noth noch immer ertragen werden, man schränkt sick ein und trachtet durch zu kommen, so gut es eben geht. Und zwar gilt dies nur für den grösseren Landwirth, der den grösseren Theil seiner Produkte gegen Geld verkauft und mit dem Erlöse seine Ausgaben bestreitet. Der kleine Landwirth dagegen, der nicht mit gezahlten Lohnarbeitern, sondern mit seinen Familienangehörigen seine Felder bestellt, der ferner den grösseren Theil der erzielten Feldfrüchte im eigenen Haushalte verbraucht, würde durch eine Steigerung der Produktionskosten oder den Rückgang der Getreidepreise weit weniger berührt. Er erntet darum nicht mehr und nicht weniger als früher, lebt also nicht anders als zuvor. Dadurch aber, dass der Grundbesitz heute wie jedes andere Vermögen behandelt wird, dass das Grundstück selbst für Geld gekauft und verkauft wird, wie etwa eine Fabrik oder

wie ein Börsenpapier, ist die Lage des Landwirthes wesentlich präkerer geworden, denn heute involvirt ein Sinken des
Ertrages der Landwirthschaft eine entsprechende Entwerthung des Landgutes, d. i. einen theilweisen Vermögensverlust und ein solcher wird selbstverständlich weit schwerer getragen als eine Verringerung des Jahreseinkommens.

Diese Schwäche des Grundbesitzes in den Zeiten einer
andauernd ungünstigen landwirthschaftlichen Konjunktur ist
erst seit der Ausbreitung der Eisenbahnen allmählich her-
vorgetreten und erst in der allerletzten Zeit in Folge der
immer fühlbarer werdenden Konkurrenz des amerikanischen
Getreides klar erkannt worden. Bis zur Zeit der Eisenbahnen hatte nicht nur die europäische, sondern speziell die
Landwirthschaft jedes Landes ein natürliches Monopol, denn
jedes Land musste, da grössere Getreidetransporte nur ausnahmsweise (Wasserstrassen) möglich waren, im Wesentlichen die Nahrungsmittel für seine Bewohner selbst produziren. Dieses Monopol wurde durch die Vervollkommnung
der Transportmittel gebrochen, aber selbstverständlich konnten die Wirkungen der Eisenbahnen nur allmählich fühlbar
werden. Die Eisenbahnen wurden bekanntlich zuerst in den
dichtbevölkerten Ländern gebaut, die ohnehin keinen nen-
nenswerthen Getreide-Export besitzen, die sich daher auch
gegenseitig keine merkliche Konkurrenz bereiten konnten.
Erst später drangen die Eisenbahnen nach den dünner bevölkerten Ländern des Ostens vor, nach Ungarn, nach Ost-
Galizien, nach dem südlichen Russland und nach Rumänien.
Und selbst da vergiengen erst Jahre, ehe die Bevölkerung
dieser Gegenden es lernte von den Vortheilen dieses neuen
Verkehrsmittels Gebrauch zu machen, ehe sie daran dachte
aus der natürlichen Fruchtbarkeit ihres fast jungfräulichen

Bodens Nutzen zu ziehen, d. h. ihren Getreidebau auszudehnen und den Ueberschuss ihrer Ernten nach dem Westen
zu versenden. Dann begann wohl die Landwirthschaft in
Mitteleuropa in dem Masse zu kranken, als die osteuro-
päische Konkurrenz sich fühlbar machte, allein die Krankheit trat nicht akut auf, sondern glich einem schleichenden
Fieber dessen Symptome so schwach sind, dass man sie
nicht recht zu deuten weiss. Und erst als seit dem Anfange
der siebenziger Jahre der Import des nordamerikanischen
Getreides immer grössere Dimensionen annahm [1]), erkannte
man, dass die mittel- und westeuropäische Landwirthschaft
in Gefahr sei durch die Konkurrenz Ost-Europa's und noch
mehr durch die Nord-Amerika's erdrückt zu werden. Die
Regierungen der dadurch am meisten bedrohten Länder
sahen sich in der allerjüngsten Vergangenheit veranlasst
Massregeln zum Schutze ihrer Landwirthschaft zu ergreifen
und seither ist eine förmliche Literatur von Broschüren,
Flugschriften und Journalartikeln entstanden, die die Frage
der europäischen Landwirthschaft und der amerikanischen
Konkurrenz zum Gegenstande haben und wesentlich zur
Klärung der Anschauungen über die Natur des Grundbesitzes und seiner Besonderheit gegenüber der Industrie beigetragen haben.

Ist nun schon die Lage des mitteleuropäischen
Grundbesitzers, der in Folge der immer mehr an-
schwellenden Getreidezufuhren aus dem Osten und aus
dem neuen Welttheile seine Rente und den Werth seines
Besitzes immer mehr zusammenschrumpfen sieht, keine be-

---

[1]) Vgl. Alexander Peez: „Die Amerikanische Konkurrenz". Wien,
1881.

neidenswerthe, so wird dieselbe durch die dem Grund und
Boden aufgebürdete Schuldenlast noch wesentlich verschlim-
mert. Die Statistik hat bisher allerdings keine offiziellen
Daten über die gesammte hypothekarische Belastung des
Grundbesitzes in den einzelnen Ländern veröffentlicht, allein
annähernd kann man sich ein Bild von der Grösse dieser Schuldenlast machen, wenn man erwägt, dass (laut einer im Novem-
ber-Hefte 1880 in der Wiener „Statistischen Monatschrift"
veröffentlichten Abhaudlung von Winkler: „Realitätenverkehr
und Realitätenbelastung in den im Reichsrathe vertretenen
Königreichen und Ländern im Jahre 1879") der gesammte
Grundbesitz Westösterreichs (allerdings mit Einschluss der
städtischen Häuser und der Bergwerke, die nicht ausgeschieden
werden konnten) während der neun Jahre von 1871 bis
1879 mit einem Betrage von über 938 Millionen Gulden
mehr belastet wurde. Die gesammte Neubelastung des
Grundbesitzes in Westösterreich während dieser Periode
betrug nämlich nahezu 3000 Millionen Gulden, die Entla-
stung während derselben Zeit etwas über 2000 Millionen,
so dass sich als Mehrbelastung die erwähnte Summe von
938 Millionen Gulden ergiebt.

Diese ungeheuere Schuldenlast, die dem Grundbesitze
allerorts in Folge der „Freierklärung" aufgebürdet wurde,
kann nach L. v. Stein („die drei Fragen des Grundbesitzes
und seiner Zukunft", Stuttgart, 1881) auf einige wenige
Ursachen zurückgeführt werden. Die eine und vielleicht
zahlreiste Klasse von Hypothekarschulden sind die sog. Familienschulden, d. i. die Erbtheile, die der Erbe, der das
Gut übernimmt, seinen Geschwistern und Miterben nicht
baar hinauszahlen kann, und die er daher auf dem Gute
hypothekarisch sicherstellen lässt. Eine zweite wesentliche

Ursache der Verschuldung der Landgüter sind die Kauf-schillingsreste beim Kauf von Grundstücken. Die dritte Kategorie der wirthschaftlich gerechtfertigten Schulden end-lich sind die Meliorationsanleihen, die bekanntlich häufig genug kontrahirt werden. Dass dann überdies eine nicht unerhebliche Menge von Hypothekarschulden in leichtsin-niger Weise in Folge unwirthschaftlichen Lebens der Grund-besitzer kontrahirt werden, bedarf keiner näheren Ausein-andersetzung.

Diese Schuldenlast, die dem Grundbesitze aufgebürdet ist, ist eine ungeheuere Kalamität, die nicht nur den Grund-besitzer, sondern schliesslich in nicht minderem Masse die Gläubiger bedroht und gefährdet. Was zunächst den Grund-besitzer anbelangt, so liegt die Gefahr, die ihm aus einer weitergehenden Verschuldung seines Landgutes erwächst darin, dass er sich auf Jahre hinaus verpflichtet seinem Gläubiger zu bestimmten Terminen fixe Geldsummen (Zinsen und eventuell Kapitalsabstattungen) zu bezahlen, während er selbst auf den Eingang des Geldes nicht sicher rechnen kann. Streng genommen gilt dies allerdings auch für den Industriellen, der Schulden kontrahirt, allein dieser befindet sich denn doch in einer wesentlich günstigeren Situation als der Landwirth Der Industrielle kann zunächst für das technische Gelingen seiner Produktion besser einstehen als der Landwirth, denn er ist von Wind und Wetter unab-hängig, er arbeitet das ganze Jahr hindurch ruhig in seinem Etablissements und die Qualität seiner Artikel hängt aus-schliesslich ab von seinem technischen Wissen und der richtigen Auswahl seiner Arbeiter, Maschinen und Rohstoffe — durchgehends Dinge, für die er verantwortlich gemacht werden kann. Der Landwirth hingegen — er mag noch

15*

so tüchtig gebildet sein — kann für das technische Gelingen seiner Produktion niemals so unbedingt einstehen, denn
der Ausfall seiner Ernten hängt in erster Reihe vom Wetter
ab. Sodann hat — wie wir gesehen haben — die Industrie
den wirthschaftlichen Erfolg ihrer Thätigkeit mehr in der
Hand als die Landwirthschaft. Die industriellen Unternehmungen können, wie oben dargelegt wurde, im allgemeinen
eine gewisse als angemessen geltende Rente erzwingen,
während die Landwirthschaft einer ungünstigen Konjunktur
ganz wehrlos gegenübersteht und absolut ausser Stande
ist dem Rückgang der Getreidepreise Einhalt zu gebieten.

Von diesem Gesichtspunkte aus betrachtet erscheint es
allerdings als ein grösseres Wagnis, wenn der Landwirth
Schulden kontrahirt und sich zur pünktlichen Bezahlung
fest bestimmter Geldsummen verpflichtet als wenn dies der
Industrielle thut, weil dieser seinerseits mit weit grösserer
Wahrscheinlichkeit auf den richtigen Eingang seiner Gelder
rechnen kann als jener. Diese aus der Verschuldung sich
ergebende Gefahr ist indess für den grossen Grundbesitzer
weit weniger empfindlich als für den Bauer. Der Grossgrundbesitzer, selbst wenn sein Landgut mit Hypotheken
belastet ist, besitzt wenigstens in vielen Fällen noch ein
anderes Vermögen, städtische Häuser, Werthpapiere u. dgl.,
oder er hat auf seinem Landgute eine Zuckerfabrik, eine
Bierbrauerei, eine Branntweinbrennerei, kurz er hat in der
Regel neben seinem Landgute noch andere Ressourcen, mit
Hilfe deren er sich erforderlichen Falles das nöthige Geld
zur Bezahlung seines Gläubigers beschaffen kann. Der
Bauer hingegen, der über derartige Reserven fast nie verfügt, kann nur zu leicht in die Lage kommen seinem Gläubiger zahlen zu sollen, ohne dass er sich das erforderliche

Geld hiezu beschaffen kann, und wird dann durch den Zwangs-
verkauf von Haus und Hof verjagt.

Diese Gefahr wird überdies namentlich für den mittleren und kleinen Grundbesitz durch das heutige Erbrecht
wesentlich verschärft, weil derselbe dadurch zur Verschuldung geradezu gezwungen wird Unser heutiges, dem römischen Rechte entnommenes Erbrecht schreibt bekanntlich
vor, dass der väterliche Nachlass, wenn keine letztwillige
Anordnung vorliegt, zu gleichen Theilen unter die Kinder
zu vertheilen sei, und da man im Grundbesitz nichts anderes
sah als ein Vermögen, das sich von dem sonstigen Vermögensbesitz nicht unterscheidet, so wurde auch der Grundbesitz diesem Erbrechte unterworfen. Der Grossgrundbesitzer, der in der Regel ein gebildeter Mann ist, kann
dieser Gefahr eher begegnen, weil er sich leichter dazu
entschliesst seinen letzten Willen niederzuschreiben. Er
wird dann sein Landgut einem seiner Söhne letztwillig zuwenden und diesen scheinbar begünstigen, allein er hat
Mittel und Wege genug um noch bei seinen Lebzeiten die
im Testamente verkürzten Kinder anderweitig zu entschä-
digen, oder er besitzt noch ein anderweitiges Vermögen,
welches die Erbtheilung unter den Kindern wesentlich er-
leichtet. Der Bauer dagegen errichtet in der Regel kein
Testament und hat in der Regel ebenso wenig ein anderweitiges Vermögen, seine Kinder können somit nicht eine
derartige Theilung des Nachlasses vornehmen, dass der eine
Sohn das Bauerngut übernimmt und die übrigen Kinder
den sonstigen Nachlass erhalten. Soll daher das Bauerngut nicht in natura getheilt werden, so erhält der eine Sohn
die Wirthschaft, u. zw. muss er sie zu ihrem vollen Verkehrswerthe übernehmen und seinen Geschwistern die so

berechneten Erbtheile baar hinauszahlen, und da er dies in der Regel nicht kann, so muss er diese Erbtheile schuldig bleiben und auf dem Gute hypothekarisch sicherstellen lassen und beginnt auf diese Weise seinen Wirthschaftsbetrieb damit, dass er Schulden kontrahirt, die er in der Regel nie mehr zurückzahlen kann.

Die grosse Gefahr, der unter der Herrschaft der heutigen Agrarverfassung aller Grundbesitz, speziell aber der mittlere und kleine ausgesetzt ist, liegt darin, dass der Grundbesitz als ein Vermögen angesehen wird, das auf die Dauer eine (im Durchschnitt) bestimmte Rente abwirft und das demgemäss einen bestimmten Werth hat. Auf dieser ganz unbegründeten und unhaltbaren Voraussetzung beruht der gesammte Verkehr mit Grundstücken. Der Reinertrag des Grundstückes während der letzten Jahre wird zum laufenden Zinsfusse kapitalisirt und dieser so berechnete, g a n z i m m a g i n ä r e Werth des Grundstückes wird allen Verkehrsakten zu Grunde gelegt. Das Grundstück wird zu diesem Werthe gekauft und verkauft, es wird zu diesem Werthe im Falle des Erbganges vom Erben übernommen, es wird nach Massgabe dieses Werthes mit Hypotheken belastet, immer unter der stillschweigenden Voraussetzung, dass es für alle Zukunft mindestens die nämliche Rente abwerfen und daher mindestens denselben Werth haben wird.

Die Verschuldung des Grundbesitzes gefährdet indess nicht blos dem Grundbesitzer, sondern in nicht minderem Masse den Gläubiger. Dadurch, dass heute der Grundbesitz allgemein als die allersicherste Hypothek angesehen wird, dass er in allen Staaten mit Passivkapitalien belastet ist, die Milliarden repräsentiren, sind heute alle Klassen der Bevölkerung in ihrem Vermögensbesitz bedroht, wenn das

Erträgnis der Landwirthschaft auf die Dauer erheblich sinkt. Eine nur einigermassen weiter gehende Entwerthung des Bodens, durch welche nur ein Theil der auf dem Grundbesitz haftenden Hypothekarlasten annullirt würde, würde Vermögensverluste und eine Krisis heraufbeschwören, der gegenüber die grösste Handels- oder Industriekrisis als ein harmloses Kinderspiel erscheinen würde [1]).

---

[1]) L. v. Stein hebt in seiner kürzlich erschienenen geistreichen Schrift: „Die drei Fragen des Grundbesitzes und seiner Zukunft" (Stuttgart, 1881) mit Recht hervor, dass die fortschreitende Entwerthung des Grund und Bodens schliesslich auch die Industrie schädigen müsse. Geht nämlich der Rückgang der Getreidepreise so weit, dass ungeachtet der Entwerthung des Bodens die eigentliche Landwirthschaft sich nicht mehr lohnt, werden die Kleingrundbesitzer durch die fortgesetzten Zwangsverkäufe von Haus und Hof verjagt, und sind nun die nunmehrigen Latifundienbesitzer gezwungen das Feld in Weide oder gar in Wald zurück zu verwandeln, die beide bekanntlich nur wenige Arbeitskräfte erfordern, so bleibt der ehemaligen bäuerlichen Landbevölkerung, deren Arbeitskraft nunmehr entbehrlich geworden ist, kein anderer Ausweg als auszuwandern. Verarmt aber die Landbevölkerung und wandert der grössere Theil derselben aus, so verliert die Industrie ihre beste und sicherste Kundschaft und geht auch sie ihrem Ruin entgegen. So unbestreitbar richtig ein derartiger Entwickelungsgang jedoch ist, so möchte ich ihn als keine besondere Folgeerscheinung des Ruins der Landwirthschaft, also als keine Eigenthümlichkeit des Grundbesitzes ansehen. Nehmen wir nämlich umgekehrt den — allerdings unwahrscheinlichen – Fall an, dass ein Staat etwa plötzlich seine Industriezölle dauernd aufheben, und dass in Folge dessen der grössere Theil der Industrie dieses Staates durch die Konkurrenz des vorgeschritteneren Auslandes ruinirt würde, so müsste dies umgekehrt die nämliche Wirkung ausüben wie oben der Ruin der Landwirthschaft. Die brodlos gewordenen Industriearbeiter würden entweder verhungern oder müssten auswandern und in jedem Falle hätte diese Verminderung der Industriebevölkerung die Folge, dass der Landwirthschaft ihre beste und sicherste Kundschaft geraubt, dass dieselbe daher ebenso, wie im früheren Falle die Industrie, ihrem Untergange entgegen geführt würde. Die gesammte Volkswirthschaft eines Staates ist eben ein Organismus und jede Krankheit, die den einen Theil dieses lebenden Körpers erfasst, wirkt nothwendig auf alle seine übrigen Theile zurück.

Die zweite Gefahr, die in der Freigebung des Grundbesitzes liegt, ist die Bodenzersplitteeung, namentlich in
Folge von Erbtheilungen. Sie führt nur zu leicht zur Ver-
nichtung des Bauernstandes, zur Bildung eines landwirthschaftlichen Proletariates und in letzter Reihe zur Latifun-
dienwirthschaft. Trotzdem möchte ich diese Gefahr nicht
so hoch veranschlagen, wie jene, die sich aus der Verschuldung des Grundbesitzes ergiebt. Zur Theilung des väter-
lichen Landgutes sind die Erben wenigstens nicht gezwungen
und thatsächlich hat sich die Bodenzersplitterung in Folge
der Freitheilbarkeit der Grundstücke nicht überall bemerkbar gemacht. Man kann eben nach dieser Richtung hin
bis zu einem gewissen Grade dem gesunden Sinn der Bevölkerung vertrauen und annehmen, dass die Einsicht der
Landbevölkerung sowie das wirthschaftliche Bedürfnis eine
zu weit gehende Parzellirung des Bodens hintanhalten wird.
Zur Verschuldung dagegen wird speziell der mittlere und
kleine Grundbesitz, wie wir gesehen haben, durch das bürgerliche Erbrecht geradezu gezwungen und das ist eine Gefahr,
der gegenüber die Staatsverwaltung nicht passiv bleiben sollte.

Unter der Herrschaft der mittelalterlichen Agrarverfassung war beides nicht möglich, der grosse Grundbesitz
war dem Lehenbande unterworfen, das Bauernland war un-
frei. Der nominelle Grundbesitzer war nicht Eigenthümer
der Substanz seines Landgutes, er konnte somit gar nicht
die Verpflichtung haben seinen Geschwistern im Falle des
Erbganges den auf sie entfallenden Antheil vom Werthe
des Landgutes baar hinauszuzahlen; überdies war der Grundbesitz wegen der auf ihm haftenden öffentlichen Lasten
untheilbar, unveräusserlich, und einer bestimmten Erbfolge
unterworfen. Später wurde zwar der grosse Grundbesitz

theilweise (die sog. Allodialgüter) frei verkäuflich und dem gangbaren römisch-rechtlichen Erbrechte unterworfen, die nachtheiligen Wirkungen hievon traten jedoch wegen der grösseren Wohlhabenheit der Grossgrundbesitzer, die — wie schon erwähnt — eine leichtere Erbtheilung gestattet, nicht so grell hervor und erst als der bäuerliche Grundbesitz für gänzlich frei erklärt wurde, nahm die Verschuldung desselben und theilweise auch seine Zersplitterung geradezu erschreckende Dimensionen an.

Die radikalste Lösung dieser Frage wäre es allerdings, wenigstens den bäuerlichen Grundbesitz zum Staatseigenthum zu erklären und das Land im Wege der Erbpacht an seine bisherigen Besitzer wieder zu verleihen. Indess sind Radikalkuren bekanntlich ein ziemlich gewagtes Experiment, das ein besonnener Staatsmann nicht leichthin unternimmt. Ein anderes dagegen scheint mir die Frage, ob die fortschreitende Verschuldung des bäuerlichen Grundbesitzes nicht von selbst zu dieser Lösung hindrängen wird. Sollte einmal die Gefahr der Bodenentwerthung akut werden, was durchaus nicht ausserhalb des Bereiches der Möglichkeit liegt, dann würde wohl für die Gesammtheit (ob Staat, Provinz oder Gemeinde ist gleichgiltig) kein anderer Ausweg offen bleiben, um die riesigen Verluste der Hypothekargläubiger (man denke nur an die Gelder der Waisen, der Kuranden, Stiftungen u. dgl., die vorwiegend auf Hypotheken elozirt sind) hintanzuhalten, als die Haftung für die Verzinsung und Ammortisirung der Hypothekarlasten zu übernehmen, dafür aber sich das Eigenthum an der Substanz der Landgüter von den bisherigen Besitzern abtreten zu lassen und diese letzteren als Erb- oder Zeitpächter zur Entrichtung eines entsprechenden Pachtschillings zu verhalten.

Vorläufig sind wir von einer derartigen Gefahr noch nicht bedroht, ist also von dem möglichen Heilmittel auch keine Rede. Ebenso wenig scheint es mir zulässig zu sein heute schon zu einer Gebundenheit des bäuerlichen Grundbesitzes allgemein zurückzukehren. Den Grundbesitz für untheilbar zu erklären, mag dort ausnahmsweise gerechtfertigt sein, wo die Bodenzersplitterung gefahrdrohende Dimensionen angenommen und wo man vielleicht mit Opfern die zersplitterten Parzellen wieder zu Bauerngütern zusammengelegt hat, wo aber die Parzellirung noch nicht zur öffentlichen Kalamität geworden ist, oder zu werden droht, würde die Untheilbar-Erklärung des Grundbesitzes eine Beschränkung des Wirthtschaftslebens involviren, die so lange als ungerechtfertigt angesehen werden muss, als nicht das Gegentheil — sei es durch die Erfahrung, sei es durch eine sorgfältige Enquête oder sonst — erwiesen wurde. Man darf eben nicht übersehen, dass die Freitheilbarkeit der Grundstücke nicht nur die Zersplitterung, sondern gleichzeitig auch die Arrondirung der Landgüter begünstigt, und dass eine Erschwerung des Verkehrs mit Grundstücken zum Hemmschuh der Entwickelung wird, wenn die Majorität der Bevölkerung von der Freiheit einen weisen Gebrauht macht.

Dagegen scheint es mir nicht zu weit gegangen, wenn die Staatsverwaltung heute schon bemüht ist gewissermassen die Quellen zu verstopfen, aus denen die Verschuldung des Grundbesitzes fliesst, und als die wesentlichste derselben haben wir oben das heutige römisch-rechtliche Erbrecht erkannt. Alle übrigen Kategorien von Grundschulden mag die Gesetzgebung, wenn sie will, ignoriren, nur die Familienschulden nicht. Die Schulden, die sich aus den Kauf-

verträgen ergeben, die Restkaufschillinge, kann der Grundbesitzer vermeiden, er muss nicht neue Grundstücke kaufen
und soll nicht leichtsinnig kaufen, wenn er nicht den Kaufschilling gänzlich oder wenigstens zum überwiegend grössten
Theile baar bezahlen kann. Dasselbe gilt von den Meliorationsschulden. Der ratinell wirthschaftende Grundbesitzer
wird keine Meliorationen vornehmen, wenn er die Kosten
derselben nicht bezahlen kann oder wenn er nicht weiss,
dass die Meliorationen die Anleihe verzinsen und ammorti-
siren werden. Der Grundbesitzer, der an seinen Kaufschil-
lings- oder Meliorationsschulden zu Grunde geht, hat höchst
wahrscheinlich leichtsinnig gehandelt, man kann also sagen,
er möge die Folgen seiner Handlungsweise tragen. Und
selbstverständlich noch viel weniger braucht das Gesetz den
Landwirth zu schützen, der verschwenderisch lebt und sein
Gut mit leichtsinnigen Konsumtionsschulden belastet und
der in Folge dessen zu Grunde geht.

Anders hingegen bei den Erbtheilungsschulden, zu
denen namentlich der mittlere und kleine Grundbesitz heute
durch das Gesetz direkt gezwungen wird. Der Erbe, der
das Landgut übernimmt, muss es nach dem geltenden Erbrechte zu seinem vollen Verkehrswerthe übernehmen und
seinen Miterben die nach Massgabe dieses Werthes zu be-
rechnenden Erbtheile hinauszahlen oder schuldig bleiben.
Beim Grossgrundbesitzer, der wenigstens oft genug noch
ein anderweitiges Vermögen hinterlässt, mag dies allenfalls
noch angehen, weil die Miterben aus diesem sonstigen Nach-
lassvermögen wenigstens theilweise befriedigt werden können,
so dass die Schuldenlast, die dem Erben, der das Gut übernimmt, nicht gar so gross wird. Der mittlere und kleine
Grundbesitz aber, dem derartige Ressourcen fehlen, wird

durch das Gesetz zur Verschuldung gezwungen und wird — wenn die Getreidepreise dauernd sinken — durch das heutige Recht seinem Ruin, man darf wohl sagen, entgegengetrieben. Hier thut Abhilfe dringend Noth. Indess wäre es vielleicht zu weit gegangen, wenn die Gesetzgebung schon heute, ehe genügende Erfahrungen gesammelt sind, in einem Zwangsgesetz den Grundsatz aussprechen wollte, dass die Landgüter überhaupt oder die Bauerngüter einer besonderen Erbfolgeordnung unterworfen sein sollen, der zu Folge ein einziger Erbe das Gut zu übernehmen und die Miterben nach einem „mässigen Anschlage" oder vielleicht gar nicht abzufinden habe. Die richtige Mitte für die heutigen Verhältnisse scheint mir das Gesetz vom 2. Juni 1874 betreffend das „Höferecht" in der Provinz Hannover getroffen zu haben, wodurch die „germanische" Erbfolgeordnung (das „Anerbenrecht") in die Landgüter nicht zwangsweise eingeführt, sondern in das Belieben des jeweiligen Besitzers gestellt wird [1]).

Nach diesem Gesetze steht es dem Gutsbesitzer frei sein Landgut in ein von der Behörde geführtes Verzeichnis, die sog. „Höferolle" eintragen zu lassen, und besteht die Wirkung dieser Eintragung darin, dass das Landgut, wenn der Besitzer nichts anderes verfügt, an einen einzigen seiner Erben (den „Anerben") übergeht, der sodann die übrigen

---

[1]) Die österreichische Regierung beabsichtigt eine ähnliche Einrichtung in Oesterreich einzuführen und haben die betheiligten Ministerien (der Justiz und für Ackerbau) am Ende des verflossenen und im Anfange des laufenden Jahres sich an die politischen und Justizbehörden, an die landwirthschaftlichen Gesellschaften in den verschiedenen Provinzen sowie an einzelne Vertreter der Wissenschaft mit der Aufforderung gewendet, ihre Gutachten über ein derartiges Gesetz der Regierung vorzulegen.

Miterben nach einem mässigen Ansatze abzufinden hat. Es
steht jedoch dem Besitzer jeder Zeit frei sein Gut aus der
Häferolle wieder löschen zu lassen oder über dasselbe unter
Lebenden oder von Todeswegen beliebig anderweitig zu verfügen. Die Wirkung des Gesetzes ist somit lediglich die,
dass es dem Besitzer freisteht, wenn er will, sein Gut dem
allgemein geltenden Erbrechte zu entziehen und es der
früheren germanischen Erbfolgerung zu unterwerfen, ohne
dass er darum in der sonstigen beliebigen Verfügung über
dasselbe beschränkt würde. Allerdings gestattet schon das
heute geltende bürgerliche Recht einem Jedem dasselbe zu
thun. Jeder Besitzer eines Landgutes kann heute letztwillig verfügen, dass sein Landgut nach seinem Tode einem
seiner Söhne zufallen solle, und wenn er gleichzeitig bestimmt,
dass seine übrigen Kinder nicht mehr als den Pflichttheil
erhalten sollen, so wird er annähernd denselben Effekt oder
vielleicht noch mehr erzielen als wenn er sein Landgut in
die Höferolle eintragen lässt. Allein das Geheimnis liegt
darin, dass die meisten Menschen und speziell die Bauern
es unterlassen ein Testament zu machen, und dass es für
den Landmann viel bequemer ist sein Landgut gelegentlich
in die Höferolle eintragen zu lassen als in aller Form
Rechtens seinen letzten Willen zu erklären [1]).

---

[1]) Der westfälische Entwurf eines analogen Gesetzes betreffend, das
Höferecht (abgedruckt in den von der österr. Regierung an die Begutachter
verschickten „Bemerkungen" und „Fragen") geht um einen Schritt weiter
als das hannöver'sche Höferecht. Während nämlich dieses es dem einzelnen
Grundbesitzer freistellt, ob er sein Gut in die Höferolle eintragen lassen will
oder nicht, verfügt der westfälische Entwurf, dass jedes Landgut (von bestimmter Grösse) dem Höferechte unterworfen sein soll, wenn der Besitzer
nichts anderes bestimmt. Diese Verfügung des Entwurfes, welche die Freiheit des Eigenthümers ebenso wenig beschränkt wie das hannöver'sche Gesetz,
scheint mir noch zweckentsprechender zu sein, weil sie die dem Menschen

Es mag auf den ersten Blick befremden, dass ein Gesetz erlassen wird, dessen Anwendung vollständig fakultativ ist und das ausserdem ganz überflüssig zu sein scheint, weil das geltende Recht Jedem fast das Nämliche zu thun gestattet, allein gerade in dieser Zwangslosigkeit des „Höferechtes" scheint mir mit Rücksicht auf die heutigen Verhältnisse der besondere Vorzug dieses Gesetzes zu liegen. Die historische Entwickelung hat es mit sich gebracht, dass der Grundbesitz für frei erklärt und dem allgemein geltenden Zivilrechte unterworfen wurde, und diese Entwickelung war, wenigstens zum Theile eine unbedingt gerechtfertigte, weil die frühere Gebundenheit des Grundbesitzes in Folge der geänderten wirthschaftlichen Verhältnisse unhaltbar geworden war. Diese Freiheit hat ihre unläugbaren Schattenseiten, sie hat aber auch ihre ebenso unläugbaren Vortheile und es ist für den Gesetzgeber jedesmal ausserordentlich schwer, so lange nicht genügende Erfahrungen oder Ansätze einer Neubildung vorliegen, regelnd einzugreifen, weil jedesmal die Gefahr vorliegt, dass das neue Gesetz zu weit geht und daher die Entwickelung eher hemmt als fördert. Diese Gefahr nun ist bei dem hannöver'schen „Höferechte" absolut nicht vorhanden, weil es eben ein fakultatives Gesetz ist. Die Einführung dieses „Höferechtes" ist wie die Einführung jedes neuen Gesetzes ein Experiment, allein speziell dieses Experiment besitzt den unschätzbaren Vorzug, dass es absolut unschädlich ist.

Das hannöver'sche „Höferecht" kann die Volkswirthschaft nicht schädigen, weil es Niemanden zwingt sich dem Gesetze zu unterwerfen, es kann jedoch nützen, weil es dem

___

angeborene Trägheit in Rechnung zieht und demgemäss nicht wartet bis der Grundbesitzer selbst kommt um sein Gut dem Höferechte zu unterstellen.

einzelnen Grundbesitzer die Möglichkeit erschliesst sich
gegen die Verschuldung seines Landgutes anlässlich der
Erbtheilung zu schützen. Wird dann die Erfahrung lehren,
dass das „Höferecht" dem Bedürfnisse der Bevölkerung
entspricht [1]), weil viele Grundbesitzer sich demselben freiwillig unterwerfen und dabei gut fahren und wird sich
ferner im Laufe der Zeit an der Hand der gewonnenen
Erfahrungen das Bedürfnis herausstellen weiter zu gehen
und das Gesetz obligatorisch zu machen, so wird man dies
seiner Zeit thun können, und wird hiebei gleichzeitig den
Vortheil erzielt haben, dass die Volkswirthschaft nicht durch
eine unzeitgemässe obligatorische Einführung einer besonderen Erbfolge in die Landgüter geschädigt wurde.

Die Begünstigung des Anerben gegenübtr seinen Miterben, die das Höferecht allerdings involvirt, wird wohl
von Manchem als eine Ungerechtfertigkeit angesehen werden, und erscheint auch thatsächlich als solche, wenn man
in dem Landgute nichts anderes erblickt als ein Vermögen,
das seinem Besitzer lediglich eine Fülle von Rechten gewährt, denen keine Pflichten gegenüberstehen. Ist der Grundbesitz wirklich nur ein Beneficium, nur eine Quelle von
Vortheilen und Annehmlichkeiten, dann erscheint es allerdings als eine Ungerechtigkeit, wenn man das Vermögen,
das der Erblasser hinterlässt, nur einem Sohne zuwendet
und nicht gleichmässig unter alle seine Kinder vertheilt.
Stellt man sich hingegen auf den höheren Standpunkt der

---

[1]) Laut der von den österr. Ministerien verschickten „Bemerkungen"
und „Fragen" wurden in Hannover in der Zeit vom 1. Jänner 1875 bis Mai
1881 von 100.125 eintragungsfähigen landwirthschaftlichen Besitzungen rund
61.000 in die Höferolle eingetragen; wohl ein Beweis dafür, dass das Gesetz
den Bedürfnissen der ländlichen Bevölkerung entspricht.

Volkswirthschaft und erblickt man in dem Landwirth einen öffentlichen Funktionär, der die Aufgabe hat für die Gesammtheit zu arbeiten, ihr die nothwendigen Bodenprodukte zu liefern, dann erscheint die gesetzliche Bestimmung, dass das Landgut ungetheilt auf einen Erben übergehen solle, nicht mehr als eine Verkürzung der übrigen Kinder zu Gunsten des Anerben, sondern als ein Modus der Berufung irgend Jemandes zu einem Amte.

Das Höferecht kann jedoch nur den ersten Anfang einer Reform der Agrargesetzgebung bilden, denn es will lediglich einem der bestehenden Uebelstände, den Familien- oder Erbtheilungsschulden entgegenwirken. An das Höferecht müsste sich — wie auch die österreichische Regierung in ihren erwähnten „Bemerkungen" und „Fragen" andeutet — ein „Heimstättengesetz" anschiessen, welches nach dem Muster der amerikanischen Gesetzgebung ein Minimum des bäuerlichen Grundbesitzes gegen die Exekution Seitens des Gläubigers schützt und verhindert, dass der Bauer durch diesen von Haus und Hof verjagt werde. Der Zweck eines derartigen Gesetzes ist, den Bauernstand als solchen zu erhalten und zu verhüten, dass derselbe durch den Gläubiger, speziell durch den Wucherer aus seinem Besitze verdrängt werde. Dass diese Möglichkeit unter der Herrschaft der heutigen Agrargesetzgebung vorhanden ist, ist selbstverständlich und ein Blick auf die statistischen Ausweise über die gerichtlichen Zwangsverkäufe lehrt, dass die Expropriation der Bauern thatsächlich in nicht geringem Umfange vorkommt. Fraglich kann nur erscheinen ob hieraus der Gesammtheit wirklich eine Gefahr erwächst, denn so viel steht jedenfalls fest, dass auch der Wucherer, der die Bauernwirthschaft im Falle des gerichtlichen Zwangsverkaufes an sich bringt, die Felder nicht unbenutzt liegen lassen, sondern sie nach wie vor bestellen wird. Auf den ersten Blick scheint somit ein derartiger Besitzwechsel für die Gesammtheit ziemlich gleichgiltig.

Auch die gangbare Erklärung, dass durch die gerichtlichen Zwangsverkäufe ein neues Hörigkeitsverhältnis des Bauers gegenüber dem „Geldkapital" begründet werde, weil der Wucherer, der die Bauernwirthschaft gekauft hat, den ehemaligen Eigenthümer als Knecht in den Dienst nimmt und die Landwirthschaft durch ihn besorgen lässt, scheint mir das Vorhandensein einer öffentlichen Gefahrt nicht genügend zu beweisen. Läge hierin die Kalamität, so wäre der Grossgrundbesitz nicht minder eine Gefahr für die Gesammtheit, weil es bei diesem bekanntlich überaus häufig vorkommt, dass der Eigenthümer sein Landgut nicht persönlich bewirthschaftet, sondern durch seine Bediensteten bewirthschaften lässt. Die Gefahr scheint mir darin zu liegen, dass der Gläubiger, der das Bauerngut bei der Feilbietung erwirbt, demselben gleichgiltig gegenübersteht, während der Bauer mit Liebe an seinem Besitz hängt. Das Bauerngut, welches sich durch Generationen im Besitze der Familie befindet, ist dem Bauer an's Herz gewachsen und weil dem so ist, bestellt er es mit Sorgfalt und lässt sich's angelegen sein das Gut in gutem Stande zu erhalten, selbst wenn es ihm in Folge dessen ein Paar Gulden weniger tragen sollte. Der Geldspekulant hingegen, der, um nicht seine Hypothekarforderung zu verlieren, gezwungen war das Gut bei der gerichtlichen Feilbietung zu erstehen, betrachtet das Gut als simples Spekulationsobjekt, aus dem so rasch als möglich herausgeschlagen werden muss, was eben herausgeschlagen werden kann. Mit anderen Worten: während der Bauer sorgfältig und nachhaltig wirthschaftet, wird der Geldspekulant Raubwirthschaft zu treiben geneigt sein, und tritt dies allgemeiner auf, so wird dadurch der Landbau im ganzen Lande gefährdet.

L. v. Stein, der sich bekanntlich durch seine grossartige und geniale Auffassung der wirthschaftlichen Fragen auszeichnet, entwirft in seiner kürzlich erschienenen Schrift: „die drei Fragen des Grundbesitzes und seiner Zukunft" (Stuttgart, 1881) ein ferneres Programm des künftigen Agrarrechtes, welches vom österreichischen Justizministerium laut einer von demselben veröffentlichten lithografirten Denkschrift im Wesentlichen akzeptirt worden zu sein scheint. Hiernach sollen die mittleren und kleinen Landwirthe in der Gemeinde ihre Grundstücke — ohne das Eigenthum an denselben aufzugeben — zusammenlegen und wie ein Grossgut mit Anwendung von Maschinen u. dgl. bewirthschaften um der amerikanischen Konkurrenz mit Erfolg die Spitze bieten zu können. Ferner solle die Gemeinde die Haftung für die bisherigen Grundschulden übernehmen und solle der einzelne Grundbesitzer nur dann berechtigt sein eine Hypothekarschuld zu kontrahiren, wenn die Gemeinde ihre Einwilligung dazu giebt. — Die Idee ist eine grossartige und möglich ist es, dass die Entwickelung der Agrarverfassung diesen Gang nehmen wird, wenn sie ihn aber nimmt, dann scheint mir dies nur eine Etappe auf dem Wege zu jenem Schlussresultate zu sein, das oben angedeutet wurde und dem wir wenn die Anzeichen nicht trügen entgegen gehen — dem Uebergange des Grund und Bodens in den Besitz der Gesammtheit, d. i. der Gemeinde, der Provinz oder des Staates.

V.

Schlussbemerkung.

Der Staatsozialismus.

Es mag auffallend erscheinen, dass ich in den vorstehenden Blättern mit keiner Silbe des sog. Staatssozialismus erwähnte. Der Staatssozialismus will bekanntlich eine Reihe von wirthschaftlichen Funktionen auf den Staat übertragen wie dies der eigentliche Sozialismus verlangt, der Unterschied besteht nur darin, dass der eigentliche Sozialismus hiebei an den Volksstaat denkt, in welchem die sämmtlichen Produktionsmittel im wirklichen Kollektiveigenthum der Bürger stehen, die sodann den Ertrag der Produktion nach einem bestimmten Modus unter sich vertheilen, während der Staatssozialismus den heutigen Staat vor Augen hat und will, dass dieser gewisse wichtigere Produktionszweige übernehme, ohne die bestehende Institution des Privateigenthums zu alteriren. Uebrigens stecken wir bekanntlich schon heute ziemlich tief im Staatssozialismus, denn wenn der Staat das Schulwesen, die Post, den Telegrafen, die Eisenbahnen, die Strassen, Banken, Forste, Berg- und Hüttenwerke etc. in der Hand hat, wenn die Gemeinden, Gas- und Wasserwerke, Stadtbahnen, Sparkassen u. dgl. besitzen und betreiben, so ist dies weiter nichts als ein sog. Staatssozialismus.

16 *

Die in den vorstehenden Kapiteln entwickelten Anschauungen treten dem Staatssozialismus nirgends entgegen. Die Tendenz der vorliegenden Blätter gieng nur dahin zu zeigen, einerseits dass die Aufhebung der Institution des Privateigenthums wenigstens für absehbare Zeiten nicht möglich sein dürfte und andererseits, dass eine Besserung der Lage der arbeitenden Klassen nicht so sehr von der Aufhebung der Institution des Privateigenthums als vielmehr von der Regelung und Organisation der Volkswirthschaft zu erwarten sei. Dass der Staatssozialismus eine Regelung und Organisation der Industrie ebenso gut herbeizuführen vermag wie das oben entwickelte „Kartellsystem", bedarf keines weiteren Beweises, wenn ich trotzdem der „regulirten Unternehmung" oder der „delegirten Verwaltung" das Wort geredet habe, so geschah dies vornehmlich aus dem Grunde, weil ich glaube, dass durch eine Regulirung der Privatunternehmungen das Nämliche erreicht werden kann, was der Staatsbetrieb anstrebt, und dass die Regulirung der bestehenden Privatunternehmungen weit leichter durchzuführen ist als eine Uebernahme der betreffenden Produktionszweige auf den Staat. Jedenfalls ist eine sofortige und so weit gehende Ausdehnung der Staatsthätigkeit absolut nicht denkbar, weil die Last der staatlichen Verwaltungsthätigkeit dadurch mit einem Schlage so ungeheuer vergrössert würde, dass nicht abzusehen ist, wie der Staat im Stande sein sollte dieselbe zu bewältigen.

Ob freilich der natürliche Lauf der Dinge uns nicht dem Staatssozialismus allmählich immer mehr und mehr entgegenführt, und ob speziell die Regulirung der privaten Unternehmungen, im Wege des oben dargelegten Kartellsystems oder sonst nicht etwa die Tendenz hätte diesen

Entwicklungsgang zu beschleunigen und wenigstens die wichtigeren Produktionszweige nicht noch rascher dem Staate
in die Hände spielen würde, mag dahin gestellt bleiben.
Die| Theorie darf und soll bestrebt sein ihr Schärflein
zur Förderung des Volkswohles mit beizutragen, ob aber
das Wohl der Gesellschaft auf Grundlage dieses oder jenes
„Prinzips" erreicht wird, ist ziemlich gleichgiltig.

INHALTSVERZEICHNIS.